ELIZABETH
TAYLOR

THERE

IS

NOTHING

LIKE

A DAME

天使不落泪

伊丽莎白·泰勒
的率性绽放

［美］达尔文·波特
［美］丹福思·普林斯 著

崔阳洋 译

Darwin Porter
Danforth Prince

北京联合出版公司
Beijing United Publishing Co., Ltd.

图书在版编目（CIP）数据

天使不落泪：伊丽莎白·泰勒的率性绽放 /（美）波特，（美）普林斯著；崔阳洋译 . —北京：北京联合出版公司，2015.5（2022.11 重印）

ISBN 978-7-5502-4852-6

Ⅰ.①天… Ⅱ.①波… ②普… ③崔… Ⅲ.①泰勒，E.（1932~2011）—传记 Ⅳ.① K837.125.78

中国版本图书馆 CIP 数据核字 (2015) 第 050697 号

北京市版权局著作合同登记号：图字 01-2015-1326

Elizabeth Taylor: There is Nothing Like a Dame
Copyright © 2012, Blood Moon Productions, Ltd.
The simplified Chinese translation rights arranged through Rightol Media
（本书中文简体版权经由锐拓传媒取得 Email:copyright@rightol.com）

天使不落泪：伊丽莎白·泰勒的率性绽放

作　　者：［美］波特　［美］普林斯
译　　者：崔阳洋
出 品 人：赵红仕
责任编辑：喻　静
封面设计：吴黛君

北京联合出版公司出版
（北京市西城区德外大街83号楼9层 100088）
北京新华先锋出版科技有限公司发行
涿州汇美亿浓印刷有限公司印刷　新华书店经销
字数225千字　787毫米×1092毫米　1/16　17印张
2015年5月第1版　2022年11月第2次印刷
ISBN 978-7-5502-4852-6
定价：69.00元

对我来说，生活就是这么自然而然地发生了，当然，其他人也是如此。我的一生非常幸运，我认识到了伟大的爱，也见识到了很多无与伦比的美好的东西。

——伊丽莎白·泰勒

目录
content

Elizabeth Taylor

引　子

Part 01　野心与野性

泰勒家的小公主 / 002

妈妈，我想当演员 / 010

绽放的紫罗兰 / 018

我会快快长大 / 026

童真或成熟 / 034

Part 02　最漂亮的女人

从女孩到女人 / 042

甜美的 16 岁 / 049

公主的爱情故事 / 054

第一次艰难抉择 / 061

银幕女神 / 071

热恋中的女神 / 082

被冷落的新娘 / 088

失败的"天作之合" / 097

当公主遇上骑士 / 102

我的孩子值这个价 / 111

Part 03 婚姻在左，事业在右

Part 04 任性女王范儿

倔强的泰勒 / 122

灾难之夜 / 131

环游世界的新娘 / 139

最浪漫的泰勒先生 / 148

绝望的利兹 / 156

Part 05　最吸金的影后

女王的新生 / 166

夏日里的爱情 / 174

首位百万女星 / 181

死里逃生 / 190

假戏真做 / 197

绯闻中的女王 / 204

艳后的爱情 / 212

完美伴侣 / 222

巅峰辉煌 / 229

缘尽情未了 / 238

从影后到爱心大使 / 246

Part 06　永恒的紫罗兰

尾　声　幸福到永远

谨以此书：

献给迪克·汉利和罗迪·麦克道尔以及各方朋友和敌人。

感谢你们分享了伊丽莎白的故事。

Elizabeth
Taylor

引 子

伦敦城的大本钟又一次响起。已是凌晨 2 点。这是一个清冷的夜晚，大雾笼罩着整个伦敦城，泰晤士河上的船只也变得模糊起来。在苏活区里，站街女们还在路边徘徊。

此时，医生查尔斯·尤金海姆（Charles Huggenheim）驾驶着一辆黑色轿车飞速地穿行于寂静的街区，他要赶往汉普斯特德，那里有一位正要生产的孕妇等着他。一声刹车之后，他在高特格林区自然林路 8 号前停下，两个男人急忙把他迎进了屋。他来不及细想谁是孩子的父亲，就随保姆上了楼。楼上的主卧里，不断传来萨拉因疼痛而发出的哭喊声。好在，接生的过程很顺利。2 点 30 分，一个重达 8.5 磅的女婴降临了。分娩之前，萨拉·泰勒（Sara Taylor）还对医生说："两年前我生了个男孩，他是个小可爱。不管这个孩子是男孩还是女孩，我知道他都会更加漂亮可爱。"

生完孩子，萨拉安心地睡了过去，醒来时已是破晓时分，清晨的太阳驱散了夜间的浓雾。她的左边是丈夫弗朗西斯·泰勒（Francis Taylor），他温情地握着她的手；她的右边则是保守党国会议员维克多·卡扎莱特（Victor Cazalet），他握着她的另一只手。两个男人都温柔地看着她。女儿很健康，但萨拉并不确定孩子的父亲是弗朗西斯还是维克多，不过她知道，他们都会将这个孩子视为己出，这就足够了。弗朗西斯会是孩子的父亲，维克多则会成为孩子的教父。

弗朗西斯和维克多把女儿抱给萨拉，萨拉充满爱意地看着自己的女儿。突然，她惊声尖叫起来，刚出生的婴儿身上竟长满了细细的绒毛！不过医生告诉他们，婴儿不会永远这么难看的，几个月后她就会脱毛，大部分孩子都如此。他们给这个孩子取名伊丽莎白·罗斯蒙德·泰勒（Elizabeth Rosemond Taylor）。那时谁也没想到，这个头大身子小、全身长满绒毛的婴儿长大后竟然成了"世上最漂亮的女人"。

这天是 1932 年 2 月 27 日，一个普通而又特殊的日子。

我非常喜欢冒险。世界上有许多门
都是开着的，我不怕看到门背后的
东西。

>>> part 01

野 心 与 野 性

泰勒家的小公主

我们过着同样的生活——童星的大悲剧。伊丽莎白像一位母亲，而且不只是母亲。她是朋友，是戴安娜王妃，是英国女王，还是温蒂①。

——歌手 迈克尔·杰克逊

  伊丽莎白·泰勒出生于一个富裕的家庭，父亲从事画廊生意，母亲在结婚前是一名演员，外祖母在成为全职家庭主妇之前则是一名歌手兼钢琴家。可以说，伊丽莎白日后能够成为蜚声世界的影后，与家族血脉不无关系。她的母亲萨拉从小就雄心勃勃，希望有朝一日能成为闪耀的大银幕上的一员，并为此辍学，到了洛杉矶。

  1922 年，萨拉在舞台剧《门上的记号》（*The Sign on the Door*）中扮演了一个小角色。由于表现出色，在接下来的《傻瓜》（*The Fool*）中，萨拉出演了主角——15 岁的残疾女孩玛丽。《傻瓜》公演后，批评家骂声连天，观众们却喜欢得不得了，甚至连当红女星艾拉·娜兹莫娃（Alla Nazimova）也观看了演出。萨拉很快就和娜兹莫娃成了朋友，她还搬到了娜兹莫娃的住处——位于日落大道的"艾拉花园"。然而，娜兹莫娃这个银幕女王不是表面上看起来那么简单，事实上，她是一名女同性恋者。人们因此怀疑萨拉也在和女性

①温蒂：迪士尼动画电影《小飞侠》（*Peter Pan*）中的主角。

交往。虽然萨拉极力否认，但传闻还是损害了她的名誉。

不久，萨拉接受百老汇的邀请去了纽约，她与老詹姆斯·科克伍德（James Kirkwood, Sr.）合作，重演了《傻瓜》。1924 年 9 月，伦敦阿波罗剧院也上演了这部剧，萨拉依旧出演女主角，男主角则换为亨利·安利（Henry Ainley）演。在伦敦，萨拉和同性恋女演员塔卢拉赫·班克海德（Tallulah Bankhead）交往甚密，这让萨拉再次备受舆论质疑。

1925 年 3 月，《傻瓜》在伦敦谢幕，萨拉回到了纽约。此时的萨拉在舞台上已然有了一席之地。然而接下来的一年，她却星途黯淡，虽然出演了《匕首》（*The Dagger*）、《阿拉伯式花纹》（*Arabesque*）、《傻瓜的钟声》（*Fool's Bells*）、《女声蓝调》（*Mama Loves Papa*）等作品，但始终没能再上一个台阶。

年近三十的萨拉意识到自己正在一点点老去。1926 年 8 月，她出演了人生中最后一部电影《小小的烈性子》（*The Little Spitfire*），之后毅然告别了演艺生涯。她已经决定扮演一个新的角色——成功男士的妻子。在摩洛哥饭店寻找目标时，萨拉偶遇了她在阿肯色州的老朋友——弗朗西斯·泰勒。看着年轻有为的弗朗西斯，萨拉认为，她最理想、最合适的丈夫已经出现了。

弗朗西斯出生于 1897 年 12 月 18 日，他来自伊利诺伊州，后来随父母迁居阿肯色州。在姨父霍华德·杨（Howard Young）的帮助下，弗朗西斯来到纽约，帮助姨父打理位于第五大道 620 号的杨氏画廊。弗朗西斯非常喜欢这份工作，他优雅得体的举止和俊朗的外貌让他备受顾客的欢迎。眼见生意越来越好，霍华德决定扩大画廊。他准备让弗朗西斯全权打理，但条件是弗朗西斯必须尽快成家。

与萨拉重逢后，弗朗西斯开始和她频频约会。很快，两人决定结婚。1926 年 10 月 23 日，两人在第五大道的长老会教堂举行了婚礼。婚后两人住进了霍华德出资为他们租的西 55 街 55 号的曼哈顿公寓。在霍华德的资助下，泰勒夫妇到欧洲进行了蜜月旅行，弗朗西斯还趁机在欧洲各地搜寻名贵油画，运回纽约充实画廊。

返回伦敦后，两人搬到了汉普斯特德。不过，萨拉似乎不喜欢这个新家，她在日记中写道："那些郁金香高达三英尺，仿佛唯恐被人忽视。还有紫罗兰、'烈焰冲天'的金鱼草、深红色的桂竹香。这不过是个寻常的花园。"

然而就是在这里，他们拥有了两个可爱的孩子。1929 年，他们的第一个孩子降生了，是一个非常可爱的男孩，夫妇俩给他起名霍华德，借此表达对姨父的感激。三年后，霍华德有了妹妹伊丽莎白。不管怎么看，这都是一个富足、美满、温暖的家庭。而维克多·卡扎莱特的到来，让这个家庭多了几分不可思议。

维克多是一位富有的艺术品收藏者，同时也是一名政客。一个闲散的午后，他走进弗朗西斯的画廊，一口气买下了三幅名画。用维克多的政敌们的话说，他还"买下了弗朗西斯"，因为自那天起，他们几乎形影不离，直到"二战"爆发才被迫分开。

融入泰勒家后，维克多对萨拉也很迷恋，于是，他同时拥有了泰勒夫妇。那时，伊丽莎白还没有出生。在维克多的帮助下，弗朗西斯和萨拉结识了很多政治家、文学家、明星和当权贵族，演员劳伦斯·奥利弗（Laurence Olivier）就是其中之一。维克多和泰勒夫妇的密切交往引起很多人的关注，上流社会对此流言颇多。维克多的妹妹西尔玛·卡扎莱特 - 凯依尔（Thelma Cazalet-Keir）也知道这件事，但她不仅没有干涉哥哥与泰勒夫妇的交往，后来还成了伊丽莎白的教母。

1954 年，萨拉在为女性杂志《麦考尔》供稿时描述了伊丽莎白的出生，"那个宝贵的包袱被放到了我胳膊里，刹那间，我的心就安静了。她是我见过的最精致的婴儿。她的头发又黑又长，耳边还留有少许绒毛。她的鼻子仿佛上翘的小按钮，小脸儿紧皱，似乎这个世界还没向她敞开"。很显然，这与事实相去甚远。萨拉还说伊丽莎白出生十天后才睁开眼睛。但西尔玛·卡扎莱特却说，伊丽莎白出生后的第二天，眼睛就已经睁得大大的了，非常澄澈。卡扎莱特甚至觉得，这个小姑娘绝对是维克多的孩子，因此她应该叫伊丽莎

（左图）幼年的伊丽莎白·泰勒与同学们的合照（右四）

（右图）泰勒兄妹——帅气的霍华德和甜美的伊丽莎白

白·泰勒·卡扎莱特。

伊丽莎白是在蓝领密集的亨登区进行出生登记的，紧邻亨登区的是一个高档街区——汉普斯特德区。多年以后，伊丽莎白坚称自己出生于汉普斯特德区，她当时的丈夫伯顿开玩笑地说："亲爱的，你不过是个生在亨登区的穷女孩。"当然，事实上她并不穷。

在维克多的百般宠爱下，伊丽莎白过着小公主般的生活。维克多经常送她贵重的礼物。很多时候，他比弗朗西斯更称职。伊丽莎白3岁时突然生了一场大病。维克多得知后，冒着大雨驱车九十英里去看她，并日夜守在床边，亲自照顾她。据维克多的传记作家说，维克多把政务和生意全都抛诸脑后，陪了伊丽莎白整整三周，因此和她建立了深厚的感情。维克多还送了一处房产给伊丽莎白。这座宅邸靠近肯特郡，是一栋建于16世纪的建筑。房子共有十四个房间，周围还有三千英亩的庄园。伊丽莎白的房间窗口常有燕子驻足，因而维克多把房子命名为"小燕子"。

随着时间的流逝，泰勒公主慢慢蜕变成一个有着浓密黑发的漂亮女孩。因为有维克多和弗朗西斯的资金支持，泰勒一家过着优渥的生活。他们有一名全职司机、三名女仆、一名私人厨师和一名保姆。维克多和弗朗西斯经常飞往巴黎，为他们的小公主购买时尚裙装。维克多还为伊丽莎白买了一匹马，伊丽莎白给它取名"贝蒂"。她喜欢骑着马，在自家广阔的庄园里自由地驰骋。她曾说："童年时期最大的乐趣莫过于骑着贝蒂尽情探索肯特郡。"肯特郡可爱的乡村生活和伦敦华丽的公寓生活使伊丽莎白拥有了一个趣味无穷的童年。

让这位小公主烦恼的只有一个问题——她身上的绒毛迟迟没能褪掉。据医生诊断，伊丽莎白患有先天性多毛症，这是一种基因缺陷疾病。因为没有有效的治疗方法，在后来的日子里，她不得不定期把手臂上的毛剃掉。因为多毛症，哥哥喜欢叫她"蜥蜴人利兹"。也正因为如此，她很反感别人叫自己"利兹"。她的朋友们都知道要叫她"伊丽莎白"。1995年，作家大卫·哈里曼（David Heymann）为她写了本厚厚的传记，书名正是《利兹》，伊丽莎白得知后火冒三丈。

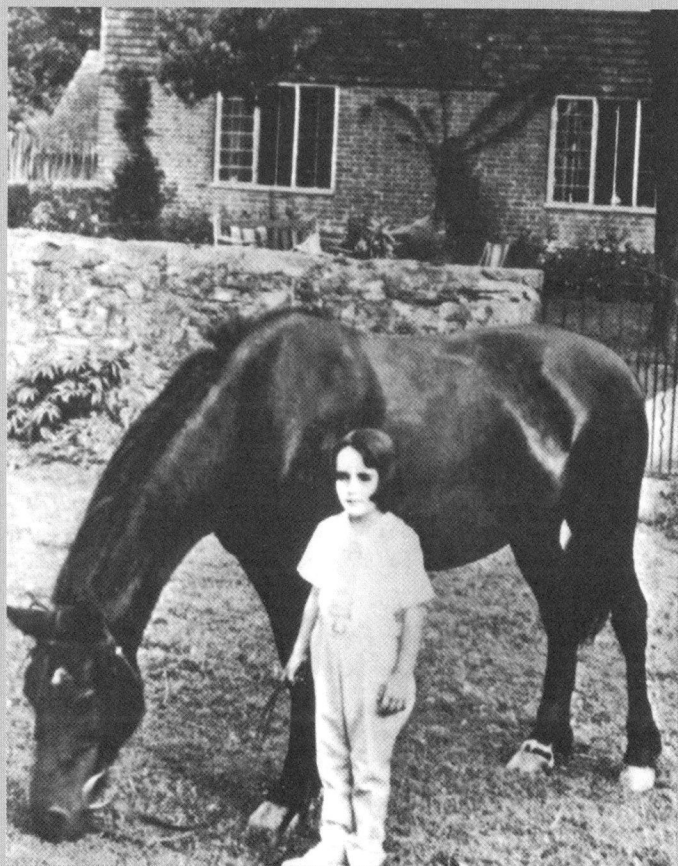

（左上）母亲萨拉抱着伊丽莎白，笑容满面

（左下）霍华德和伊丽莎白长得都很漂亮，母亲曾希望霍华德也当童星

（右图）幼年的伊丽莎白牵着马，她非常喜欢骑马驰骋的感觉。能够出演电影《玉女神驹》，与她从小喜欢骑马不无关系

伊丽莎白还患有另一种基因病变疾病——双行睫，即双层眼睫毛。这让她的眼睫毛看起来相当浓密。伊丽莎白后来和儿童演员罗迪·麦克道尔（Roderick McDowall）一起拍摄《灵犬莱西》（*Lassie Come Home*）时，导演突然叫停，要求把伊丽莎白弄下台来，说她的睫毛膏涂得太多、眼妆太浓了。回到后台，化妆师却惊讶地发现伊丽莎白根本没涂睫毛膏。

泰勒夫妇在汉普斯特德的房子原为奥古斯都·约翰（Augustus John）所有。他是英国知名的后印象派画家。20 世纪 20 年代，他一跃成为英国的顶级肖像画家，笔下的知名人物有《智慧的七柱》（*Seven Pillars of Wisdom*）的作者 T.E. 劳伦斯（Thomas Edward Lawrence）、英国剧作家萧伯纳（George Bernard Shaw）和《德伯家的苔丝》（*Tess of the D'Urbervilles*）的作者托马斯·哈代（Thomas Hardy）等。奥古斯都搬出去之后，家中墙壁上依然挂有他的作品。弗朗西斯将它们据为己有，运到纽约卖了一大笔钱。

弗朗西斯经常到奥古斯都的住处拜访，仔细翻找垃圾桶，悄悄"救出"奥古斯都半途而废和不甚满意的作品，然后运到纽约高价出售。时至今日，艺术界有不少人都认为，奥古斯都的名气是拜弗朗西斯所赐。奥古斯都的很多作品都是裸体美女，认识 6 岁的伊丽莎白后，他请求为这个可爱的小姑娘作画。泰勒夫妇欣喜若狂，但得知需要伊丽莎白脱光衣服后，萨拉断然拒绝了。多年后，得知这件事的伊丽莎白遗憾地说："当初我应该让奥古斯都给我画个光屁股。天啊！那这幅画现在肯定价值连城。"

到了入学年龄，伊丽莎白进入了贵族学校"拜伦之家"。这所学校出了名的势利和严格，只接收最上流家庭的孩子。伊丽莎白对那里风格统一的校服十分反感，她不喜欢和别人穿得一样。她对老师说："等我长大了，我只穿专人设计的衣服。"伊丽莎白的校外活动是在维卡妮舞蹈学校学习舞蹈。伊丽莎白说自己在那里学习了芭蕾，但学校负责人在一次采访中否认了此事，因为

①《智慧的七柱》：描劳伦斯"一战"时期在阿拉伯半岛战争经历的纪实作品，在文学、历史、军事、宗教等领域均具有价值。

她们从来不教那么小的孩子学芭蕾。伊丽莎白在那里学的其实是踢踏舞、波尔卡以及华尔兹之类的交谊舞。维卡妮舞蹈学校非常有名，学期结束时，约克公爵夫人带着两个女儿——伊丽莎白公主和其妹妹玛格丽特公主参加了舞蹈表演会，不过，两位公主的舞蹈是白金汉宫的私人教师教的。在演出中，伊丽莎白·泰勒扮演一只蝴蝶，屈膝在舞台上扑扇翅膀。

演出结束后，伊丽莎白·泰勒和玛格丽特公主聊起了天。令萨拉吃惊的是，两个小姑娘的话题竟然不是布娃娃，而是帅气的男孩子。萨拉不由得担心女儿会不会太过早熟，弗朗西斯却不以为然，还建议萨拉去听听安娜·弗洛伊德（Anna Freud）的课程。安娜是著名心理学家西格蒙德·弗洛伊德（Sigmund Freud）的女儿。她是一位儿童性欲专家，常年在伦敦开课。安娜认为，5 岁的儿童就已经会对性产生兴趣。

不久后，萨拉还发现，女儿对成熟男人也有好感，比如他们家的新朋友——肯尼迪大使的二儿子。1939 年的伦敦城，最出名的美国人要数美国驻英国大使约瑟夫·P.肯尼迪（Joseph Patrick Kennedy）。在维克多的安排下，泰勒夫妇很快便和大使夫妇熟络起来。大使夫妇邀请萨拉、弗朗西斯和维克多一同到大使馆参加奢华的派对，作为答谢，维克多邀请肯尼迪一家到肯特郡共度周末，7 岁的伊丽莎白因此遇到了 22 岁的约翰·肯尼迪（John Kennedy）——未来的美国总统。

伊丽莎白后来时常与好莱坞的朋友们谈论那个下午。在幼小的她眼中，约翰·肯尼迪阳光帅气、高大魁梧、青春洋溢并且相当迷人。伊丽莎白一见到他就对他非常着迷，她很喜欢这个笑声爽朗的大哥哥。每当约翰向她投以微笑，她的心就止不住地怦怦乱跳。约翰还和年幼的伊丽莎白一起去骑马，途中他对伊丽莎白很是亲切，像照顾自己的妹妹一样。回家之前，伊丽莎白勇敢地对约翰表白了，她希望约翰能够耐心地等她长大，然后嫁给他。不只如此，小小的伊丽莎白还对他说，哪怕到时候他不想结婚，自己也要成为他的女朋友。伊丽莎白长大后确实见到了约翰·肯尼迪，只是那时这个小姑娘已经不想嫁给他了。

富裕的物质生活和长辈的疼爱让伊丽莎白享受着无忧无虑的童年，然而战争的脚步已经临近，安宁祥和的生活很快就会被打破。

妈妈，我想当演员

我认为，她真的像是最后的电影明星。她曾经说过，在她的一生中，她从来没有不出名的时候。

——主持人 芭芭拉·沃尔特斯

1939 年春，英国政府开始为伦敦市民分发防毒面具。英国已不再安全。萨拉觉得是时候把儿子和女儿转移到安全的"美国堡垒"了，甚至连大使约瑟夫·肯尼迪也建议弗朗西斯尽快盘点伦敦的业务。但维克多此时却无法离开。"二战"一触即发之际，维克多选择了与温斯顿·丘吉尔（Winston Churchill）同样的立场，坚决反对张伯伦（Arthur Chamberlain）的绥靖政策。维克多极力主张为犹太人提供避难所，他一直都对犹太人抱有同情和好感，他曾写道："如果我是犹太人，我会强烈呼吁建立犹太人自己的国度。"在紧张的局势下，维克多必须留在英国。弗朗西斯不忍与维克多分离，他让萨拉带孩子们去美国，自己则陪着维克多一同面对即将到来的战争。

维克多和弗朗西斯一同为萨拉及孩子们送行。伊丽莎白清晰地记得自己在伦敦的最后一个周末，那天，维克多拉着她的小手，和她一同看着士兵们在海德公园附近挖战壕。按照计划，母子三人搭乘"曼哈顿"号穿越大西洋，八天后抵达了纽约港。船上大部分乘客都是从奥地利和德国出逃的犹太人，幼小的伊丽莎白听到大家谈论纳粹蹂躏下的捷克斯洛伐克，她深刻地意识到，战争是一场灾难。

离开伦敦前，伊丽莎白从《泰晤士报》上剪下了约翰·肯尼迪的照片，还把照片贴到了船舱卧室的墙壁上。萨拉注意到女儿这一前所未有的兴趣已经持续了一段时间，她随即给弗朗西斯写信。抵达纽约港后，她立刻将途中写的八封信都寄了出去。在其中一封信中，萨拉写道："伊丽莎白对大使的儿子约翰·肯尼迪很有好感。那个骑马的下午到底发生了什么？同伊丽莎白一样大时，我对男孩子毫无兴趣，只热衷于自己的玩偶或者新裙子。估计我们的女儿会步入早婚的行列。至于霍华德，他相当漂亮，我只需要保护他免受某些恋童癖的骚扰。"

为消磨时光，乘客们在船上观看了电影《小公主》(*The Little Princess*)。这部电影的主角是一个失去母亲的小女孩，父亲在前线牺牲后，她失去了庇护，无奈之下，她只得在贵族学校做起了女仆。影片希望传达的思想是女孩应当坚强，不被困境击败。主演是当时最红的童星秀兰·邓波儿(Shirley Temple)。7 岁的伊丽莎白目不转睛地盯着秀兰，对这部电影极其入迷。次日早餐期间，伊丽莎白对萨拉说："妈妈，我想当演员，做一名电影明星！"伊丽莎白相当自信，她认为自己要比秀兰·邓波儿可爱多了。电影杂志上写秀兰比她大 4 岁，这就意味着秀兰很快就无法扮演年幼的孩子，而这正是她的好机会。萨拉对女儿的想法感到吃惊，她没想到女儿竟是如此成熟，如此野心勃勃。

经过数天的跋涉，三人终于抵达了纽约。伊丽莎白很快便被纽约的繁华征服了。此时的纽约毫无战争阴云，人们其乐融融，与气氛紧张的英国截然不同。对于去向，萨拉有两个选择——加州和纽约，她在这两个地方都生活过。她最终选择了加州，理由是"以便时常与娘家人走动"。实际上，她还有其他考虑：她准备帮助女儿实现童星梦，而好莱坞就在加州的西北郊。后来人们经常指责萨拉是"星妈"，一味逼迫女儿进军演艺圈。她对此坚决否认，说："或许到了后来我确实如此。不过一开始，是我女儿一心想要取代秀兰·邓波儿。她抓住一切机会，努力寻找'伯乐'。我写信给弗朗西斯时就

说，女儿是 7 岁的年龄，30 岁的心计。"

四天后，泰勒一家踏上了开往加州的列车。抵达加州后，萨拉带孩子们拜访了自己父亲的养鸡场。萨拉和伊丽莎白都难以忍受那个地方，她们渴望回归都市生活。萨拉的父亲开着自家的小货车送他们去洛杉矶，并给他们租了一间屋子。

弗朗西斯最终还是忍痛告别了维克多，来到加州与家人会合。他在好莱坞开了一家画廊，一家人很快就搬到了名流云集的比弗利山庄。恐怖片演员兼艺术爱好者文森特·普莱斯（Vincent Price）和演员爱德华·G.罗宾逊（Edward G. Robinson）都是弗朗西斯的早期主顾。伊丽莎白也有了新的生活轨迹：白天在维拉德中学上学，晚上则被接到画廊温习功课。伊丽莎白希望自己能邂逅一些影星，她清晰地记得自己遇到的第一个明星是詹姆斯·梅森（James Mason）。她走上前去，发现他已经醉得东倒西歪。不过，醉酒的梅森还是没忘了夸她长得漂亮。

当时，影片《乱世佳人》（Gone with the Wind）是好莱坞最热门的话题。这部影片改编自玛格丽特·米切尔（Margaret Mitchell）的畅销小说《飘》。为了挑选男主角，制片人大卫·塞尔兹尼克（David Selznick）煞费苦心。他先后约见了许多演员，包括埃罗尔·弗林（Errol Flynn）和加里·库珀（Gary Cooper）等，甚至还有亨弗莱·鲍嘉（Humphrey Bogart）。再三考虑之后，他选定了克拉克·盖博（Clark Gable）。与此同时，一场全国范围内轰轰烈烈的选秀活动也拉开了序幕。美女们为得到女主演之位争得你死我活。最后，塞尔兹尼克找到了他心目中的斯嘉丽——初到纽约的英国美女费雯·丽（Vivien Leigh）。费雯的男友劳伦斯·奥利弗当时也在好莱坞，他正准备拍摄《呼啸山庄》（Wuthering Heights）。伊丽莎白曾在伦敦见过奥利弗，他是维克多和弗朗西斯的老熟人。

1964 年，伊丽莎白在其出版的回忆录《伊丽莎白·泰勒笔下的伊丽莎白·泰勒》中写道："跟妈妈一起外出购物时，经常有人跑过来告诉她，我跟费雯·丽极为神似。去参加塞尔兹尼克的工作室试镜吧！我绝对适合扮演斯嘉丽的女儿。当然，每次听到这话我都会极度兴奋。"影片中瑞德和斯嘉丽的女儿小名叫邦尼。伊丽莎白打听到邦尼的人选还未确定，而且这一角色还需要骑马时，她非常激动，认为这个角色非她莫属。

得知女儿非常渴望出演这一角色，弗朗西斯致电昔日的朋友奥利弗，邀请他和费雯·丽一同来比弗利山庄的家中做客。虽然这对情侣迟到了一个小时，但在伊丽莎白看来，这丝毫无损两人的耀眼形象。多年后，伊丽莎白经常回忆起当时的场景。"两人的魅力相得益彰，不分伯仲。我当时就暗下决心，长大后一定要和费雯一样。"而费雯则惊叹于伊丽莎白的美貌，对伊丽莎白很满意。她打算说服塞尔兹尼克和导演乔治·库克（George Cukor），让伊丽莎白扮演邦尼。奥利弗还带来了长长的剧本，向伊丽莎白展示了邦尼的台词。然而伊丽莎白失望地发现，这个角色简直微不足道，但她还是礼貌地感谢了奥利弗和费雯，表示自己会耐心等待米高梅①公司的回音，争取试镜机会。后来，费雯在拍摄《象宫鸳劫》（Elephant Walk）时精神失常，因而只得由伊丽莎白接替，这让伊丽莎白成就感十足。

与费雯见过面后的一天，伊丽莎白正在父亲的画廊玩耍，葛丽泰·嘉宝（Greta Garbo）走了进来。嘉宝注意到了伊丽莎白，认为漂亮的伊丽莎白非常适合拍电影。伊丽莎白也认出了葛丽泰·嘉宝，伊丽莎白曾看过嘉宝主演的电影《茶花女》（Camille）。面对嘉宝的夸赞，伊丽莎白十分兴奋，非常希望可以和嘉宝一起演电影。嘉宝还表示自己会给梅耶打电话，推荐伊丽莎白出演邦尼，伊丽莎白对此十分感激。

但是，伊丽莎白一直没能收到试镜邀请，因此专栏作家赫达·霍珀（Hedda Hopper）成了她最后的希望。霍珀是维克多兄妹的好友，跟弗朗西斯也有生意往来。她没见过伊丽莎白，但碍于和泰勒一家的交情，她还是在专

---

① 米高梅：Metrò-Goldwyn-Mayer（MGM），好莱坞五大电影公司之一，成立于1924年，创始人是路易·B.梅耶（Louis B. Mayer）。

栏中力捧伊丽莎白，称其是邦尼的不二人选，可惜没有什么效果。为了说服霍珀到家中观看女儿的才艺展示，萨拉可谓费尽心机。然而，霍珀并不欣赏伊丽莎白的才艺，她在回忆录中写道："这个小女孩满脸忧愁和委屈，泪汪汪的。她弱弱地唱了一首《蓝色多瑙河》，边唱边紧张地摆弄着头发，更不敢跟我有眼神交流。这可真煎熬！最后，我对萨拉说，让伊丽莎白享受快乐的童年吧，不要再逼她拍电影了。"霍珀对伊丽莎白判了"死刑"，讽刺的是，在伊丽莎白成名后，她却转而声称自己"慧眼识珠"。

虽然伊丽莎白在实现梦想的道路上止步不前，但泰勒一家凭借画廊的可观收入和霍华德·杨的支持，日子越过越红火，还搬到了高档社区宝马山花园。他们的邻居有昔日米高梅的当家女星瑙玛·希拉（Norma Shearer）以及好莱坞名牌制片人达里尔·扎努克（Darryl Zanuck）。在那里，伊丽莎白继续上舞蹈课，还跟被称为"好莱坞之狮"的路易·B.梅耶的外孙女们交上了朋友。

得知邦尼的角色由 4 岁的卡米·金（Cammie King）扮演后，伊丽莎白很伤心。在《乱世佳人》上映五年后的 1944 年，伊丽莎白在《香衾情泪》（*The White Cliffs of Dover*）的片场遇到了卡米。卡米回忆说，伊丽莎白对自己"很不友好"。不过，虽然没能得到出演《乱世佳人》的机会，伊丽莎白并不气馁。在萨拉的安排下，她努力充实自己，积极寻找演出机会，但幸运女神却迟迟没有降临。

安德里亚·考登（Andrea Cowden）的出现，使伊丽莎白的事业有了一丝曙光。她是环球影视 CEO 奇弗·考登（Cheever Cowden）的妻子。她在弗朗西斯的画廊购买了价值两万美元的奥古斯都的画作，其中一些正是弗朗西斯从奥古斯都的垃圾桶里挽救出来的。在画廊的墙壁上，安德里亚注意到萨拉挂上的伊丽莎白与费雯·丽的合影，照片里的两人十分相像。萨拉见此情景，灵机一动，邀请考登夫妇到家中喝茶。不过，所谓的喝茶最后变成了一顿奢华大餐。

大餐过后，身穿百褶裙的伊丽莎白走了出来，这是萨拉花了一整天精心打扮的成果。奇弗·考登果然惊呆了，称赞伊丽莎白是"最漂亮的女孩"。考登一向只投资心仪的演员，很幸运，伊丽莎白被看中了。1941年4月21日，环球影视和伊丽莎白签了为期五个月的合同，周薪为一百美元。在与环球影视签约之前，伊丽莎白参观过米高梅，她形容那里是"满是嬉笑儿童的公园派对"。她一心想签约顶级的工作室，对二流喜剧片和恐怖片很不屑。但萨拉告诉她，很多时候影星是没有选择的，就算是不喜欢的片子也不得不接，想做什么就做什么是不可能的。在后来的生活中，伊丽莎白对此深有体会。

伊丽莎白在环球的第一部片子是《每分钟出生一个孩子》（*There's One Born Every Minute*），于1942年上映。照伊丽莎白的话说，她当时"演了个小破孩，只知道疯跑，还傻乎乎地用橡皮筋偷袭胖女人们的屁股"。影片中，伊丽莎白与卡尔·斯威策（Carl Switzer）出演对手戏。卡尔头发乌黑，脸有雀斑。他唱歌跑调和满口脏话是出了名的。他教伊丽莎白他所知道的全部脏字儿，伊丽莎白后来恶毒的说话方式或许正是拜卡尔所赐。

卡尔死于1959年1月21日。当晚，40岁的卡尔因为帮摩西·斯迪尔兹（Moses Stiltz）找到了走失的狗，因而前去领取五十美元的赏金。两人喝得酩酊大醉，结果，摩西失手开枪杀死了卡尔。在后来的审判中，摩西声称开枪是出于自卫，最终他被无罪释放。卡尔是第一个体验"泰勒的诅咒"的

《每分钟出生一个孩子》的剧照，这是伊丽莎白的第一部电影。站在她左边的是卡尔·斯威策

人。"泰勒的诅咒"是指伊丽莎白的很多合作者都不幸英年早逝，包括蒙哥马利·克利夫特（Montgomery Clift）和詹姆斯·迪恩（James Dean）。当然，责任不在伊丽莎白。但即使如此，她还是被封为"黑寡妇"。赫达·霍珀后来还挖苦说："最好的死法就是跟伊丽莎白合拍电影。"

这一年，泰勒一家遇到了大难题。1941年，美国宣布加入"二战"，画廊生意因此很不景气，霍华德·杨也已不再为泰勒一家提供经济支持。不过，霍华德·杨承诺，如果弗朗西斯的画作在自己的画廊里出售，他将会给弗朗西斯20%的分红。因此，伊丽莎白的父母都希望借助女儿的演艺事业重振这个家。然而，环球影视的一名星探全程观看了伊丽莎白的处女作。他报告老板说："她的眼神相当老成，毫无童真之感。事实上她一无所长。我还是喜欢玛格丽特·奥布赖恩（Margaret O'Brien）。"在他的建议下，环球影视没有与伊丽莎白续约。

1943年春，维克多受英国政府的派遣，到了纽约，弗朗西斯开心地从洛杉矶飞抵纽约迎接他。两人在曼哈顿华尔道夫酒店订了一间套房，弗朗西斯一直陪在维克多身边。结束在曼哈顿的任务后，维克多又陪弗朗西斯返回洛杉矶，萨拉在机场迎接了他们。维克多在泰勒家小住了一段时间，他很关心自己心爱的伊丽莎白。萨拉谎称女儿与环球影视签了七年的合同，而且她主演的片子马上就要上映了，维克多十分开心。维克多闲暇之时，伊丽莎白就黏着他，有时还亲亲"爸爸"，或者坐在他的腿上。维克多非常疼爱女儿。虽然当时伦敦战火纷飞，但他还是不远千里带了伊丽莎白最喜欢的糖果。

在洛杉矶的日子里，弗朗西斯陪同维克多进行了多场演讲，还向各界人士报告战况。维克多是伊丽莎白女王的教子，因而吸引了大批名流来参加自己的演讲。维克多多次劝说泰勒一家，希望他们战后能返回英国。维克多说战争胜利在望，但事实上，在1943年，战况对同盟军极为不利。维克多还跟伊丽莎白保证，战后英国的电影业将会迅速复兴，在英国，伊丽莎白会成为大明星，好莱坞根本不值一提。

多年后，伊丽莎白依旧清晰地记得与维克多含泪告别的场景。她回忆说："父亲对他依依不舍，仿佛两人再无重逢之日。我也为父亲感到惋惜。我知道他深爱着维克多。他把自己的爱都给了维克多，对萨拉和我则略显漠然。"伊丽莎白说这些话的时候丝毫没有鄙夷之意，她是发自内心地理解父亲和教父。虽然这理解并不深刻，但她一直用包容的态度看待这类事情，尤其是在她未来的生活中。

维克多离开几周后，泰勒一家收到了他的死讯。1943 年 6 月 12 日，维克多乘坐"解放者"号轰炸机从中东出发返回伦敦。途中飞机停在直布罗陀海峡加油，然而再次起飞后不久，飞机便坠毁在海港中。机上还有波兰流亡政府的总理瓦迪斯瓦夫·西科尔斯基（Władysław Sikorski），维克多当时担任他的秘书。各界对飞机失事原因的猜测从未中断，但始终没有定论。维克多罹难的消息登上了伦敦《每日邮报》的头版头条，文章称他是"最闪耀也最全能的公众人物"。维克多去世后，泰勒一家与卡扎莱特家族的联系并未中断。维克多的侄女后来说："伊丽莎白常会来拜访，每次都身穿一袭黑衣，她是在缅怀英年早逝的维克多。"

没有人比弗朗西斯更伤心。维克多死后，他一直闭门不出，整日借酒消愁，甚至扬言要自杀，萨拉只得叫来医生。一段黑暗期过后，弗朗西斯变得沉默寡言，连维克多的名字都听不得。萨拉对弗朗西斯无计可施，只好把精力放在女儿身上。她不断邀请电影界名流来家中做客，希望为女儿争取到签约机会。

当时，伊丽莎白和哥哥霍华德就读于离家不远的霍桑小学。这所学校更加高级，学生也更加狂妄，他们经常嘲笑伊丽莎白和哥哥的伦敦口音。伊丽莎白 10 岁生日时，萨拉邀请了很多朋友到家中做客。她为女儿买了一个大蛋糕庆祝，伊丽莎白吹灭蜡烛，沮丧地说："我才 10 岁，却已经尝到了被一部又一部的电影给拒绝的滋味儿了。"萨拉对女儿的失落感同身受，她也很难过。因此，每天早晨伊丽莎白上学之前，萨拉都会对女儿说："你每天都在变美。有朝一日你会成为明星。我们随时都有可能遇到贵人。"

绽放的紫罗兰

伊丽莎白在《玉女神驹》中塑造了电影史上最优秀的青少年形象。

——克拉克·加布利

萨拉的话果真应验了。

米高梅制片人塞缪尔·马克思（Samuel Marx）与泰勒家同住一个街区。塞缪尔同时也是一名防空队员，帮助居民防备日军的空袭，弗朗西斯也自愿加入其中。闲暇之时，两人常常谈论伊丽莎白。一天晚上，塞缪尔透露说，他打算解雇童星玛丽·弗林（Marie Flynn），她本来是要出演《灵犬莱西》中英国公爵的孙女普里西拉一角的，但因个头太高而落选了，又说这一角色的扮演者还悬而未定，伊丽莎白正合适，而且角色刚好需要英式口音。弗朗西斯急忙赶回家，把这个消息告诉了萨拉。萨拉一刻也不愿多等，立刻带女儿去了米高梅公司。一路上，伊丽莎白兴奋不已，她预感自己即将成为大明星！

母女俩到达米高梅时已是下午 6 点，不过导演弗雷德·M.威尔科克斯（Fred M. Wilcox）还是接待了她们。威尔科克斯永远也忘不了第一眼看到的伊丽莎白。那天，她披了一件紫色披风，紫色的眼睛也被衬得更加美丽，就像一朵绚烂的紫罗兰，很漂亮，也很有感染力。

威尔科克斯现场安排她试镜，结果，她很快就和《灵犬莱西》的主角莱西混熟了。莱西是一只柯利牧羊犬，被称为好莱坞演技最棒的"明星"之一。威尔科克斯给莱西的周薪是九十美元，后来涨到了二百五十美元，而伊丽莎白的周薪只有七十五美元。米高梅公司的高层路易·梅耶对这一选角非常满意，但他对伊丽莎白本人评价不高。他认为伊丽莎白"没有秀兰·邓波儿的酒窝，没有朱迪·嘉兰（Judy Garland）动听的嗓音，没有简·鲍威尔（Jane Powell）的曼妙歌声，也学不来玛格丽特·奥布赖恩那样哭得梨花带雨"，不过他还是签下了她。

《灵犬莱西》是当时为数不多的彩色影片。在彩色电影里，伊丽莎白一头秀丽的黑发变成了蓝黑色，因此，威尔科克斯希望把她的头发染成金色。塞缪尔则要求她拔掉一些眼睫毛，并把脸上的痣去掉，甚至要求她改名为弗吉尼亚·泰勒。10 岁的伊丽莎白拒绝了这些无理的要求，坚持以真实面貌进行拍摄。

开拍的第二天，伊丽莎白认识了 14 岁的罗迪·麦克道尔。罗迪在 1939 年就出演了电影《青山翠谷》（How Green Was My Valley），当时已小有名气。拍摄完《灵犬莱西》后，两人成了挚友。罗迪后来回忆说："第一次看到伊丽莎白，我就被她的魅力感染了。她实在是太美了。她十分早熟，眼神也相当老练。"伊丽莎白告诉罗迪，母亲萨拉用尽各种方法让她成名。萨拉还曾想让她哥哥霍华德当童星，为此还和弗朗西斯激烈地争吵过。罗迪则告诉伊丽莎白自己是同性恋。伊丽莎白很惊讶，但没有歧视或疏远他，反而对他颇为包容。对于伊丽莎白和罗迪的友谊，萨拉并不反对，她允许伊丽莎白参加罗迪的周末派对。在那里，伊丽莎白可以喝着柠檬汁与朋友们畅聊。

伊丽莎白不再是个孩子了，拍戏之余，她接拍了很多广告——力士香皂、惠特曼牌巧克力和光泽洗发水。她成了家里的顶梁柱，赚得比父亲还要多。《灵犬莱西》的拍摄初步完成后，梅耶把伊丽莎白单独叫到了办公室，跟伊丽莎白续签了七年的合同，起薪是每周一百美元，后来逐渐涨到了七百五十美元。萨拉告诉女儿，这只是个开头。她颇有先见之明，预测日后女儿的片酬将高达一百万美元。

伊丽莎白的事业蒸蒸日上，生活中也有了新的目标。她向罗迪坦言，自己在学校里遇到了"世上最美丽的男孩"。他叫德里克·哈里斯（Derek Harris），比伊丽莎白大6岁，也想成为一名演员。伊丽莎白很喜欢他，希望有朝一日能够和对方一起成为最耀眼的银幕恋人。在1964年出版的回忆录中，伊丽莎白回忆了自己的初恋，她说那是她有生以来第一次怦然心动。那天，她和德里克·哈里斯一起乘电梯，德里克不留神把她绊倒了，于是慌忙把她拉起来，还对她说："美女你好。"这是两人的第一次对话，伊丽莎白抑制不住内心的狂喜，慌忙躲进了卫生间。这成了她回忆中最美妙的瞬间。

后来，德里克·哈里斯改名为约翰·德里克（John Derek），并且很快与伊丽莎白谈起了恋爱。在罗迪的帮助下，伊丽莎白和德里克偷偷地在罗迪家游泳池旁的小屋里幽会。第一次幽会时，德里克还为伊丽莎白表演了脱衣舞。伊丽莎白被他的色情惊得目瞪口呆，这是她第一次见到男人的身体。他们每个周日的下午都会去罗迪家约会。伊丽莎白对德里克倾注了全部热情，然而，她很快就遇到了波折。

当时，塞尔兹尼克将德里克和秀兰·邓波儿收归旗下，并安排两人合演了多部大片。在1944年的电影《自君别后》（*Since You Went Away*）中，德里克扮演了秀兰的男朋友。影片获得了极大的成功。随后，两人又合演了《我要看见你》（*I'll Be Seeing You*）。年幼的伊丽莎白曾经非常渴望出演这两部片子的女主角，在选角时，她还一度认为自己是最佳人选，因为当时秀兰已经16岁了。然而塞尔兹尼克却选择了秀兰，在采访中，他说秀兰正处在转型期，并预测她会再度创造票房奇迹，因而一再拒绝伊丽莎白。伊丽莎白对此嗤之以鼻，她相信自己必将取代秀兰成为主角，成为梅耶眼中的"大腕"。没过多久，德里克突然不再赴"周日之约"，也不怎么跟伊丽莎白联系了。罗迪告诉伊丽莎白，塞尔兹尼克要求德里克和秀兰做一对公众情侣，以增加知名度。糟糕的是，德里克也确实在跟秀兰交往。伊丽莎白十分伤心，她原本打算16岁时嫁给德里克的，没想到他却坠入了另一个温柔乡。

1988年，伊丽莎白读了秀兰的回忆录《童星》。读到有关德里克的章节

伊丽莎白和柯利牧羊犬莱西

时，她勃然大怒，认为里面的内容严重失实。秀兰写道："德里克自视甚高，却非常在意我的感受。他额前有一抹刘海，颇具艺术气息。在垫肩的衬托下，他显得高大伟岸。作为一名情人，他也相当上镜，相当体面。"伊丽莎白对这段评论道："我对德里克的身材一清二楚。他全身上下没有一处需要衬垫。"秀兰还在书中评价德里克演技拙劣，就像"一根木头"。另外，秀兰还揭露，德里克时常拿着一把匕首在空中比画，仿佛在袭击隐形的敌人。秀兰对此很反感，"不是所有女孩都愿意亲吻一个手持匕首的浑蛋"。

然而，真正毁掉德里克、秀兰和伊丽莎白三人之间友谊的是德里克送给她们的两幅油画。秀兰说："我得到的那幅画阴森可怕——背景是抽象的绿色水藻，上面还有一张模糊的蓝色面孔。妈妈一眼就发现了这张面孔与我相似，故而严令禁止我再跟他交往。"伊丽莎白得到的那幅画则更恐怖：绿色的水藻掩盖着她的面庞，食肉章鱼在吞噬她裸露的尸体。发现这幅画后，萨拉立刻把它烧掉了。萨拉觉得德里克虽然看上去一表人才，内心却有些变态，是一个精神病患者，因此严禁伊丽莎白与他交往。德里克的父亲也注意到了儿子的"阴暗面"，因此送他去看了精神病医生。不过，伊丽莎白跟他时断时续地又交往了两年，约会地点还是在罗迪家里，之后就彻底断了联系。20世纪50年代晚期，德里克已经淡出了观众视线，他找伊丽莎白帮忙，希望争取《青楼艳妓》（*Beutterfield 8*）的男二号。伊丽莎白没有推荐他，两人就此不相往来。

《灵犬莱西》之后，米高梅没有适合的角色给伊丽莎白。为了不浪费一百美元的周薪，米高梅转而把她外雇给20世纪福克斯电影公司，周薪为一百五十美元。如此一来，米高梅反而每周有五十美元进账。伊丽莎白因此开始在福克斯电影公司工作。

当时，福克斯电影公司正筹划重拍经典剧目《简·爱》（*Jane Eyre*），准备于1944年发行。《简·爱》是维多利亚时期的哥特式小说，主角是一位自幼失去双亲的英国女子，她只身来到英格兰北部大沼泽附近的独栋别墅，在那里做一名家庭教师，继而发生了许多故事。福克斯电影公司安排琼·芳登（Joan Fontaine）出演成年的女主角简·爱，奥森·威尔斯（Orson Welles）出演男主角罗彻斯特，并且增加了罗彻斯特的戏份。影片由罗伯特·史蒂文森（Robert Stevenson）执导。他是英国知名剧作家兼导演，最出名的作品是1964年的《欢乐满人间》（Mary Poppins），这部影片获得了十三项奥斯卡金像奖提名，最终拿到了其中五项大奖，包括奥斯卡最佳导演奖。

伊丽莎白得到了出演《简·爱》的机会，她饰演的是海伦·柏恩斯——幼年简·爱在孤儿院的朋友，而饰演幼年简·爱的是佩吉·安·加纳（Peggy Ann Garner）。伊丽莎白清晰地记得男主角奥森·威尔斯第一次出现在片场时的情景，他在跟班们的簇拥下到来，还迟到了四个小时。他说自己的跟班们是"我的奴仆们"，仿佛自己是16世纪的欧洲君主。伊丽莎白对这样的排场羡慕不已，在她眼中，这才是真正的大明星。她暗暗发誓，将来自己要跟奥森·威尔斯一样，带着自己的发型师、秘书、化妆师、服装设计师，或许还有一名专职情人或者丈夫出现在片场。总之，她将来的随从队伍绝对要比威尔斯的更壮观。

见到伊丽莎白后，威尔斯被她深深地吸引住了。他后来回忆说："读到弗拉基米尔·纳博科夫（Vladimir Nabokov）的《洛丽塔》时，我之所以能够深刻理解书中的人物特点，是因为我跟伊丽莎白有过接触。她是那么独一无二，也是那么令人难以置信。她就是我心中的洛丽塔。"威尔斯说在那之前，他从来没想过自己会迷恋一个小女孩。不过，他似乎忘了自己曾经勾引过15岁的朱迪·嘉兰。在片场，威尔斯和伊丽莎白相谈甚欢。他还和她约定，要她三四年后一定要回来找自己。等到威尔斯再次在米高梅的食堂遇到伊丽莎白时，她已经15岁了，成了威尔斯眼中的"大姑娘"。"伊丽莎白身上有一些超越年龄的东西。"威尔斯说，"我永远不会忘记她端着托盘走到桌前的婀娜身姿，我想得到那个女孩。我第一次觉得自己是个好色的老男人。"

在《简·爱》中，伊丽莎白的戏份不多，但她并不在意。她还剪掉了自己的长发，并第一次拍摄了临死的一幕。萨拉要求史蒂文森为伊丽莎白加戏

份，史蒂文森因此向 20 世纪福克斯电影公司抱怨。或许是为了惩罚萨拉，福克斯电影公司把伊丽莎白从演员表中删掉了。多年后，伊丽莎白给自己的孩子们看了这部电影。她难过地说，自己所有的片段都被商业广告替换了。不过，由于伊丽莎白后来名气大增，在之后的版本中，她的片段得到了恢复，很多粉丝都记得伊丽莎白塑造的那个瘦小的孤儿形象。

《简·爱》拍摄完成后，伊丽莎白又友情出演了《香衾情泪》。影片的女主角苏珊由当时的大牌明星艾琳·邓恩（Irene Dunne）饰演。影片中，女主角苏珊拜访英国时，与艾伦·马歇尔（Alan Marshal）饰演的阿什伍德爵士坠入爱河，并最终成为他的妻子。结果，阿什伍德死于"一战"，留下怀孕的妻子。不久，苏珊生下了一个儿子。"二战"期间，儿子受了伤，在胜利在望之际离世了。儿子的角色由彼特·劳福德（Peter Lawford）饰演。这是一部歌颂英雄主义的战争片，也是一部典型的悲情片。伊丽莎白扮演的是阿什伍德庄园里农夫的女儿贝蒂，总共只有两幕。拍摄期间，年轻的伊丽莎白喜欢上了彼特·劳福德。她觉得影片中的彼特很帅气，而现实生活中的彼特比影片中更帅气。不过，彼特后来与拉娜·特纳（Lana Turner）展开了一段为期八个月的恋情，伊丽莎白为此吃了不少醋。

电影拍摄期间，导演克拉伦斯·布朗（Clarence Brown）与联合制片人西德尼·富兰克林（Sidney Franklin）经常在午餐间八卦片场的绯闻，女主角艾琳·邓恩和男主角艾伦·马歇尔是他们的忠实听众。伊丽莎白也在那里，不过她通常保持沉默，尽管实际上她对这些绯闻也很感兴趣。范·强生（Van Johnson）是绯闻的中心人物之一，他在片中扮演了一个小角色。影片拍摄结束前，他成功地俘获了彼特的"芳心"。生于英国的吉尔·埃斯蒙德（Jill Esmond）也扮演了一个小角色，当时刚刚被前夫劳伦斯·奥利弗抛弃。一天吃午餐的时候，埃斯蒙德告诉伊丽莎白和邓恩："我强烈建议大牌女星不要嫁给演员。这有损健康。"

后来，听说克拉伦斯·布朗接下来要执导《玉女神驹》（*National Velvet*），伊丽莎白为了把握机会，开始对布朗大献殷勤。《玉女神驹》改编自伊妮德·巴格诺德（Enid Bagnold）的同名小说，米高梅对这部影片筹划已久。故事的主题是讴歌平凡人物的伟大成就，尤其是女性的伟大成就。故事发生于20世纪20年代，主人公是12岁的英国女孩维尔维特·布朗。维尔维特是一个敏感且胆小的孩子，对自己的马儿朋友万分喜爱，这匹马陪伴她度过了赛场内外的重重障碍，帮助她在国家越野障碍赛马中赢得了冠军。人们普遍认为主人公的原型就是凯瑟琳·赫本（Katharine Hepburn）。

米高梅最终确定由秀兰·邓波儿出演女主角，但福克斯电影公司不愿外借秀兰这棵摇钱树，因此秀兰不得不放弃这部影片。伊丽莎白把小说读了五遍，她向布朗毛遂自荐。她自认是维尔维特的最佳人选，还历数了自己的优势：4岁就开始骑马，能讲一口地道的英式英语，年龄也适合。情人节那天，她还送了布朗一张"表意暧昧"的贺卡，试图为自己再加些分。于是，布朗给伊丽莎白看了一期《综艺》杂志，其中一篇文章称潘德洛·S.伯曼（Pandro S. Berman）希望发起一场全国范围内的选角活动。在文章中，伯曼预测说，这将与30年代挑选斯嘉丽一样声势浩大。

骄傲的伊丽莎白迅速行动起来，萨拉开车把她送到了米高梅，她独自一人闯进了伯曼的办公室，直接站到伯曼面前，坚定地说自己就是最好的维尔维特·布朗。伯曼后来回忆说，自己被那个11岁的小女孩强硬的语言和声音震惊到了。虽然她外表清纯，但骨子里却相当成熟。不过，伯曼觉得伊丽莎白不适合这一角色，她身高不够，比预想中的维尔维特矮三英寸；而且，女主角要女扮男装参加赛马比赛，然后被观众看出破绽，这就需要胸部更加丰满的女演员来演。然而，接下来的一幕让伯曼惊呆了——伊丽莎白当着他的面撕开自己的衬衣，把胸露了出来。伯曼瞠目结舌，以伊丽莎白的年纪来说，她的胸确实足够丰满。伊丽莎白用尽方法证明自己符合角色所需的所有条件，伯曼再也找不到其他借口，他只能告诉她，这个角色归她了。

第二天，米高梅宣布选定伊丽莎白出演《玉女神驹》女一号。又一个好莱坞传奇由此诞生。

我 会 快 快 长 大

伊丽莎白和我同时在米高梅电影公司开始演艺生涯。在她的一生中，她做过的那些独特而有价值的事会被人们铭记且终生感激。

——演员 安吉拉·兰斯伯瑞

　　得到出演机会后，伊丽莎白非常努力。为满足角色需要，她下狠劲儿锻炼自己的身材。她狂吃丰胸奶油，每天还进行高强度训练。萨拉没帮上什么忙，倒是利兹·惠特尼（Liz Whitney）给予伊丽莎白很大帮助，她送了很多丰胸杂志供伊丽莎白研究。拍摄的前三个月里，伊丽莎白说自己高了三英寸、胖了十磅。在 1987 年出版的回忆录《腾飞的伊丽莎白》中，伊丽莎白描述了自己当时"厚重"的早餐："两个煎蛋、一个汉堡包、炸土豆条，还有一摞涂满枫糖浆的煎饼。可我怎么都胖不起来！"

　　《玉女神驹》导演依旧是克拉伦斯·布朗。布朗曾七次执导葛丽泰·嘉宝的影片，是好莱坞资深电影人。他对伊丽莎白做了如下评价："我无法看透她的眼睛，不过其中有些东西似乎跟嘉宝相通。"开拍第一周，布朗便要求伊丽莎白剪短发。萨拉母女软磨硬泡，依旧没能改变布朗的想法。无奈之下，母女俩只得求助好莱坞知名发型师悉尼·盖瑞拉弗（Sidney Guilaroff）。盖瑞拉弗曾为嘉宝、琼·克劳馥（Joan Crawford）等知名影星设计发型。他为伊丽莎白做了一顶假发，与她的发色几乎毫无差异，并且与头型相当契合。回到片场时，伊丽莎白得到了布朗的表扬。第二天，布朗在派对上看到了长发的伊丽莎白，立刻就明白了她的小把戏。他因此调侃伊丽莎白的胸也是假的，伊丽莎白丝毫不觉得尴尬，反而相当大方地回应说自己的胸绝对货真价实。布朗对伊丽莎白的大胆和"厚颜无耻"无可奈何。她完全不像个少女，而是一个成熟的女人。伊丽莎白对朋友说："我会快快长大，甚至比现在的速度还要快。我知道自己还很年轻，但我的心理年龄是生理年龄的两倍。我希望能拥有一方属于自己的天地，其中没有萨拉，也没有米高梅。"

这部片子让伊丽莎白结识了男主角米基·鲁尼（Mickey Rooney）。他已经 23 岁了，是昔日的票房冠军，他曾出演过电影《娃娃从军记》（*Babes in Arms*），并因此获得了奥斯卡最佳男主角的提名，还和朱迪·嘉兰合拍了电影《笙歌喧腾》（*Strike Up the Band*）。虽然伊丽莎白年龄尚小，但是她的第一段绯闻却传遍了大街小巷。绯闻出自希拉·格雷厄姆（Sheila Graham）的专栏，她是第一个报道伊丽莎白绯闻的专栏作家。格雷厄姆声称，伊丽莎白和朱迪都迷上了鲁尼，不过都败给了鲁尼的妻子艾娃·加德纳（Ava Gardner），她还称赞鲁尼是"最受欢迎的情人"。但实际上，艾娃和鲁尼当时已经分居，艾娃正频频与其他男人约会。

拍摄期间，伊丽莎白与马"查尔斯国王"结下了不解之缘，在电影里，这匹马名叫"派"。它是一匹枣红色的骏马，额头上有一道白色闪电。鲁尼提醒伊丽莎白这马十分骄横，但她毫不在意，甚至没套马鞍就骑了上去。剧本里有一幕需要她从马上摔下来，她坚持自己出演，不料重重摔在地上，连草皮都被弹了起来。片场医疗条件有限，伊丽莎白没能得到良好的治疗，因而落下了病根。三年之后，她因意外又一次摔倒了。X 光显示，她的两根椎骨竟挤在了一起。实际上，当初为了得到维尔维特这一角色，伊丽莎白夸大了自己的骑马技术。

在片场，伊丽莎白和演员们的关系很好，艾琳·邓恩曾受邀到伊丽莎白家中喝下午茶。后来她回忆说，"每个房间里都有她的大幅照片，还有数不尽的母女照。咖啡桌上伊丽莎白的写真集和采访录也有十几本。走廊上和卧室

《玉女神驹》是伊丽莎白早期的经典电影之一，很多影迷都记得由她饰演的可爱坚强的维尔维特·布朗

里还有大量的模特，都身着伊丽莎白的演出服。周围的人虽满是阿谀奉承，但伊丽莎白还是相当礼貌得体、讨人喜爱。"片中扮演女主角母亲的是安妮·里维尔（Anne Revere），她因出演这部影片而荣获奥斯卡最佳女配角奖。不过，她和伊丽莎白的关系不太好。里维尔觉得，伊丽莎白就像一个笨手笨脚的电动玩具，表演的时候面无表情，自我感觉还相当良好。萨拉可不相信她的话，自己的女儿可是备受瞩目的明星。拍戏期间，萨拉甚至陪女儿一起上卫生间，生怕女儿受到骚扰。伊丽莎白对此十分反感，她觉得自己仿佛暴露在显微镜之下，没有丝毫隐私可言。幸运的是，萨拉知道罗迪是同性恋者，因而允许他与女儿独处。每当想外出时，伊丽莎白总会拉上罗迪作掩护。

《玉女神驹》杀青之际，伊丽莎白找到伯曼，求他把马送给自己。这是米高梅的财产，伯曼不得不向梅耶请示。梅耶看完《玉女神驹》后，对伊丽莎白的未来充满信心，因此同意把那匹马给她，反正马很快就会衰老。得到心爱的礼物后，伊丽莎白很满足，她暗暗做了决定，每场电影之后都要寻求额外回报作为纪念。《玉女神驹》于1944年圣诞节上映，影片一上映便好评如潮。虽然主

角是鲁尼，但伊丽莎白却得到了更多的关注。《时代周刊》评论伊丽莎白早熟，随后多家媒体迅速跟风。到伊丽莎白去世前，加拿大一半的树木都贡献给了类似的评论。原著作者伊妮德·巴格诺德参加了《玉女神驹》的伦敦首映式，对电影大加褒奖。当然，也有不少糟糕的评论，一位记者说："《玉女神驹》是一部情色小说，讲述一个即将成年的处女与心爱的马的爱情故事。"但这些恶意评论没能削减《玉女神驹》的人气，伊丽莎白一炮而红，连饱受战乱之苦的英国也知道，又一颗耀眼的明星诞生在了群星璀璨的米高梅。

《玉女神驹》之后，梅耶强迫伊丽莎白出演《灵犬莱西》的续集《战火历险记》（Courage of Lassie，又译《莱西的勇气》）。梅耶希望这部电影可以延续上一部的成功。影片由弗雷德·M. 威尔科克斯执导，联袂出演的有弗兰克·摩根（Frank Morgan）。弗兰克·摩根曾在《乱世佳人》中扮演医生米德先生，伊丽莎白因而与他尤为亲近。因为《莱西的勇气》，伊丽莎白得以与合作过的柯利犬重聚。续集中柯利犬由"莱西"改名为"比尔"，伊丽莎白戏称自己在片中的戏份就是每隔十秒哭喊一次"比尔"。这是她最后一次与动物做搭档，她已不满足于自己现有的形象，她希望自己在银幕上是一个少女，而非一个与动物为伴的小孩。她在影片中与汤姆·德雷克（Tom Drake）出演对手戏。德雷克曾与朱迪·嘉兰合演 1944 年的《火树银花》（Meet Me in St. Louis），随即成为观众心中的邻家男孩。在《莱西的勇气》中，他饰演了一名士兵。伊丽莎白觉得德雷克帅气十足，温柔坦率。伊丽莎白主动追求了他，只可惜德雷克对她毫无兴趣。直到一次与罗迪闲聊时，伊丽莎白才知道，德雷克对女人不感兴趣。

伊丽莎白已经到了情窦初开的年纪，身体发生了很大的变化，她也有意让自己看起来更漂亮迷人。在 1987 年出版的回忆录《腾飞的伊丽莎白》中，她写道："那时候我非常想成为女人。我的腰围很小，勒一勒就更小了，这样我的胸和屁股就都凸显出来了。其他女孩还在发育的时候，我就已经是前凸后翘了。"发型师盖瑞拉弗也证实了她的说法。他回忆说，《玉女神驹》完成拍摄一年后的一天，他正和伯曼在米高梅的餐厅吃午饭。伊丽莎白端着午餐

走过来。看到她体形上的变化，伯曼相当吃惊，他对盖瑞拉弗说："估计我要犯错误了。"

当时，伊丽莎白非常热衷于向米高梅的大腕们要签名，比如拉娜·特纳和海蒂·拉玛（Hedy Lamarr）。然而，后来的一次签名经历深深地刺激了年少的伊丽莎白。那天，她看到凯瑟琳·赫本正在跟斯宾塞·屈塞（Spencer Tracy）聊天，于是走上前去，轻声询问自己是否可以得到一个签名。赫本给她签了名，不过一直在跟屈塞聊天，看都没看她一眼，这让伊丽莎白感到十分丢脸。自此之后，她再也不向别人要签名，相反，她下定决心，要让别人向自己要签名。

一天，伊丽莎白坐车回到家中，发现萨拉没有如往常一样在门口迎接她。走进门后，她发现母亲正忙着收拾行装，并且告诉她一个惊人的消息——这周末她们要搬到马里布的海边小别墅居住，周中先住在里维埃拉俱乐部。伊丽莎白十分疑惑，她们的家没有了？萨拉随后向她解释了原因，她们的家当然还在，只是家中要有一个新成员了，这个人就是吉尔伯特·艾德里安（Gilbert Adrian）——弗朗西斯的新恋人。萨拉和弗朗西斯商量后决定，让儿子霍华德、弗朗西斯及艾德里安一起住在现在的家中，萨拉和伊丽莎白则搬到另外的房子里。艾德里安是大名鼎鼎的服装设计师，曾担任电影《绿野仙踪》（The Wizard of Oz）的服装设计，他一生先后为二百五十位名人设计过礼服。早在1939年艾德里安就结婚了，他的妻子是好莱坞著名女影星珍妮·盖诺（Janet Gaynor），只是两人的婚姻从开始就是一段名义婚姻。

与此同时，萨拉也找到了自己的恋人，她准备当晚就宴请这位男士到家中做客，顺便介绍给伊丽莎白认识。伊丽莎白对这位客人很好奇，不过萨拉一说出客人的名字，她立刻就明白是谁了。客人名叫迈克尔·柯蒂兹（Michael Curtiz），好莱坞著名导演。他曾经执导过《侠盗罗宾汉》（Adventures of Robin Hood）和《卡萨布兰卡》（Casablanca），还荣获过奥斯卡最佳导演奖。和萨拉一样，柯蒂兹的婚姻也不幸福。他和埃罗尔·弗林合作过多部电影，伊丽莎白当时的偶像正是埃罗尔·弗林。萨拉早就知道女儿对弗林的迷恋，因为伊丽莎白把卫生间里克拉克·盖博的照片换成了弗林的照片。萨拉猜到女儿的心思，她坚决反对，对她而言，女儿仍是一个孩子。

在柯蒂兹到来前的整个下午，伊丽莎白都在精心打扮，一心准备在柯蒂兹面前"试镜"。之前她从米高梅化妆部拿了很多乳膏、口红和脂粉，还借了三件相当合身的礼服为任何可能需要的场合做准备。此外，她还疯狂地迷恋上了香水，买了许多名贵香水，其中就有香奈儿 5 号。她在手上和脚上涂了深红的指甲油，挑选了幕帘造型的金色耳环，认为这能突出自己身上潜在的吉卜赛气质。最后，她在腰间紧束了一条红色漆皮腰带，将她那迅速发育的胸衬托得更加明显。

柯蒂兹带了个玩偶上门拜访，然而看到伊丽莎白后，他吃了一惊。伊丽莎白的打扮很俗气，但她自己毫无所觉。她与柯蒂兹聊起天来，卖力地恭维对方并推销自己，萨拉使了眼色，她也不肯离去。她还无视母亲的反对，跟柯蒂兹打听埃罗尔·弗林的消息。萨拉觉得女儿太急切了，不得不命令她去睡觉。被迫离开房间前，伊丽莎白终于对柯蒂兹说出了自己的目的，她希望得到出演柯蒂兹的影片的机会。柯蒂兹遗憾地表示，自己的影片中恐怕没有适合童星的角色。戏剧性的是，两人当时都没有想到，合作来得那么快，伊丽莎白的下一部电影正是由柯蒂兹执导的。

一个周日的下午，伊丽莎白与父亲的恋人艾德里安共进了午餐，席间，她和艾德里安相谈甚欢。艾德里安很懂女孩子的心思，他对伊丽莎白说，自己迫不及待地想要让她穿上自己设计的礼服。伊丽莎白听后非常高兴，满心希望自己快快长大，得到那些成熟漂亮的礼服，就算暴露一些也不要紧。伊丽莎白很喜欢听明星们的八卦，艾德里安刚好与许多明星有过合作，不管伊丽莎白提到谁，他都有话可说。

一小时后，伊丽莎白接待了两位特殊的客人——艾德里安的妻子珍妮·盖诺和她的"丈夫"玛丽·马汀（Mary Martin）一同前来拜访。伊丽莎

白对"丈夫"这个定位十分惊讶，她礼貌地没有表现出来，心里却已经迫不及待想要和罗迪分享这些劲爆的消息。伊丽莎白只是听说过珍妮·盖诺，却没看过她的任何作品。盖诺于 1928 年荣获了奥斯卡最佳女主角，当时她才 22 岁，是获得这个殊荣的年龄最小的女演员。至于马汀，伊丽莎白了解得很少。在随后的聊天中，伊丽莎白了解到，马汀也已经嫁作人妇，她是百老汇知名的演艺明星。因此，伊丽莎白向马汀请教了唱歌的问题，她不想放过任何一个向别人学习的机会。她还和马汀聊到了工作上的问题。马汀透露说自己正准备拍摄《日日夜夜》（*Night and Day*），伊丽莎白立刻询问是否有适合她的角色，可惜她又一次失望了。

伊丽莎白不愿放过结交任何一个演员、导演或者制片人的机会，尽全力为自己争取角色，艾德里安也未能幸免。他不得不送了一双自己为《绿野仙踪》里的女主角朱迪设计的红宝石鞋给伊丽莎白。伊丽莎白非常喜欢那双鞋，只可惜，一天晚上萨拉和艾德里安因弗朗西斯大吵时，萨拉把那双鞋扔进了垃圾桶。伊丽莎白感到惋惜，那双鞋若是能留下来，必将价值连城。要知道，1970 年米高梅曾出售过一双影片中的红宝石鞋，售价高达一万五千美元。在2000 年的时候，另一双片中的红宝石鞋的拍卖价高达六十六万六千美元。

伊丽莎白这般迫切争取角色是有原因的，她已经有一段时间没有工作了。萨拉原以为《玉女神驹》大获成功后，片约会纷至沓来，但事实并非如此。甚至有传言说，梅耶准备让伊丽莎白出演一部音乐剧。萨拉终于按捺不住了，她带着女儿去见梅耶。

那天，梅耶情绪很糟糕，但还是接待了两人。伊丽莎白后来在回忆录中写道："梅耶看起来像个邋遢的胖企鹅。他戴着巨大的眼镜，盯我一眼我就瘫痪了。你能感受到他的活力，也能感受到他的傲慢、自负、霸道和斗志。了解他的人都对他望而生畏。"萨拉指出，自己听说了音乐剧的传闻，她觉得梅耶应该为伊丽莎白请舞蹈教练和音乐教练，不然就是严重浪费伊丽莎白的时间。梅耶很反感别人对自己指手画脚，他对萨拉怒吼，他称自己既能让伊丽莎白出名，也能把伊丽莎白送到地狱。随后，不可思议的一幕出现了。伊丽莎白哭着诅咒梅耶和米高梅再也没有好日子，然后跑了出去。伊丽莎白在外面碰巧撞上了理查德·汉利（Richard Hanley）——梅耶的同性恋秘书。他把她揽入怀中，轻声安慰她，还陪她回到休息室。

与此同时，萨拉正不停地为女儿求情，说伊丽莎白不过是个冲动的孩子。梅耶让秘书把伊丽莎白带过来道歉，然而伊丽莎白坚决地拒绝了。秘书告诉她，她的固执会毁了她的事业，因为梅耶是个很记仇的人。总之，米高梅是待不下去了，如果被开除，就再也没有工作室敢用她了。伊丽莎白终于意识到自己闯下了大祸，她害怕地跑进卫生间，"砰"地关上了门，随即里面传出了玻璃破碎的声音。此前米高梅已发生过十五起自杀未遂事件，因此秘书非常清楚这声音意味着什么。

伊丽莎白很快就被抬上了救护车，汉利一路护送她到了急救室。他悄声安慰她，让她不要害怕。一小时后，伊丽莎白住进了单人病房休养。医生对汉利说，她只是"刮到"了手腕，伤口很快就能痊愈。萨拉赶到的时候，汉利正在病房陪伴伊丽莎白。汉利耐心地向萨拉解释了情况，同时向梅耶汇报说，绝不能让媒体发现伊丽莎白是因为被解雇才自杀的，免得媒体大做文章。他还建议，万一有人问起，就说伊丽莎白是月经初潮血崩，这刚好可以证明她不再是个小女孩了。梅耶同意了，他让米高梅的公关们把传言压下去，不过他对伊丽莎白还是很生气。

接下来的两天，只有萨拉、弗朗西斯、哥哥霍华德和好友罗迪被允许前来探视。罗迪厉声教育了伊丽莎白，说她"愚蠢透顶"，竟然拿自己的生命开玩笑。不过，一直照顾伊丽莎白的汉利还是非常可爱的，罗迪对他很有好感。

出院前的最后一天，伊丽莎白和母亲进行了一场严肃的对话，萨拉一直希望女儿尽可能保持童真，但伊丽莎白却渴望自己变得更加成熟和自由。伊丽莎白认为自己已经是个大人了，也早就开始负担家计，她拒绝宵禁的约束，希望自己可以像普通的女孩子一样约会，而不是被日夜监视。

童真或成熟

她不像我认识的一些好莱坞明星，她一直都坚持自我。

——美国前总统 罗纳德·里根

伊丽莎白住院之际，汉利接到了一个意外的电话，是从赫斯特城堡打来的。这是一栋俯瞰加州海域的奢华宫殿，也是媒体大亨威廉·伦道夫·赫斯特（William Randolph Hearst）送给情人玛丽恩·戴维斯（Marion Davies）的礼物。1920 年，威廉公然与情妇玛丽恩一起生活，但直至去世也未与妻子解除婚姻关系。

威廉和玛丽恩看了《玉女神驹》之后，很喜欢伊丽莎白的表演。得知伊丽莎白住院的消息后，玛丽恩立刻拨通了电话。她在电话里祝愿伊丽莎白能够早日康复，还邀请伊丽莎白携男伴去赫斯特城堡做客，她会派车提前来接。伊丽莎白兴奋地答应了。这是她第一次作为成年人接受邀请，因为对方要求她带"男伴"，而不是监护人。两人在电话里融洽地聊了十多分钟。挂了电话，伊丽莎白认真地考虑起这次邀约，这绝对算是她的首次成人秀，她迫切希望自己能在帅气的男伴陪同下闪亮登场。但如果把这件事告诉萨拉，那一切就都泡汤了。伊丽莎白决定骗萨拉说自己打算单独前往，当然，这需要汉利帮忙保守秘密。至于男伴的人选，伊丽莎白想了很久，还是认为自己最近很感兴趣的彼特·劳福德最合适。汉利在伊丽莎白的恳求下，不得不打电话给彼

伊丽莎白拥有一双紫色眼睛，十分美丽

特，请他周末陪伊丽莎白前往赫斯特城堡。

伊丽莎白清晰地记得那天来接她的豪车，用她的话说："那车足容得下八对情侣，每对还都有私密空间。"车从洛杉矶出发，沿着海岸线一路向北。途中，彼特讲述了自己在 1945 年拍摄《沙场义犬》（*Son of Lassie*）期间的一些事。《沙场义犬》又译作《莱西之子》，是《灵犬莱西》的续集。伊丽莎白在拍摄《灵犬莱西》时和柯利犬相处愉快，但彼特就没那么幸运了。每次彼特一靠近，柯利犬就狂叫不止。为了跟它演亲昵场景，彼特不得不费尽心机讨好它，可惜收效甚微。导演甚至在彼特的胳膊和胸膛上贴上生肉，在他脸上涂了一层嫩肉汁。但直到影片结束，一人一狗的关系也没有丝毫缓和。彼特还说，幼年时他的右臂曾因碎玻璃受伤，但因为拍摄需要，他不得不在哥伦比亚河湍急的水中游泳，右臂的不便给他带来很大的麻烦。令他郁闷的是，没人关心他的死活，却都对柯利犬照顾有加。这种不公平待遇还体现在住宿条件上，当时彼特住的是单间卧室，似乎是哪个女仆的卧室，而那只柯利犬却住在有两间卧室的套房。伊丽莎白安慰他说，所有的辛苦都是值得的，因为彼特现在正当红，最新一期的《现代银幕》杂志还评他为好莱坞最受欢迎的演员。面对自己喜欢的人，伊丽莎白变得没那么自信了，因为她不确定彼特是否也喜欢自己。不过罗迪后来透露说，彼特觉得伊丽莎白虽然年龄尚小，但已出落得无可挑剔，伊丽莎白听后非常开心。

伊丽莎白和彼特终于到达了目的地，此时的赫斯特城堡已不复往昔的辉煌。晚餐期间，两人见到了城堡的主人威廉·赫斯特。这位昔日叱咤风云的媒体大亨已经 80 多岁了，眼角布满皱纹，面色也不再红润，不过，他的思维仍旧相当敏捷，而且还坚持写每周评论。晚餐的气氛很愉快，威廉说伊丽莎白能成为一位大明星。伊丽莎白注意到，虽然玛丽恩自己已是体力不支，但还是对威廉呵护有加。多年以后，伊丽莎白回忆起这一幕时，对当时的丈夫伯顿说："威廉让我想到了莎士比亚戏剧中的李尔王。"晚餐期间，如李尔王一般，威廉也表达了对儿子们的不信任，说他们都是"财迷心窍"，希望玛丽恩能免受他们的暗算。玛丽恩对现在才邀请伊丽莎白和彼特感到很遗憾，因为现在的赫斯特城堡已是日薄西山。在城堡的全盛时期，他们曾一个周末就邀请了五十位客人，包括各界社会名流。

当晚，威廉很早就睡了，玛丽恩则邀请这对"情侣"到图书室，与他们分享自己在好莱坞的经历，直到差不多午夜才散去。第二天早上10点，伊丽莎白和彼特用过早餐，向玛丽恩表达了诚挚的谢意后便告辞了。玛丽恩还欢迎他们去自己在比弗利山庄的家中做客，也可以带朋友一同前去，因为威廉喜欢坐在窗前看年轻人嬉闹。

随后，两人乘车一路南下，彼特一路上都在抱怨和老人相处甚是煎熬，但伊丽莎白很喜欢他们。她期待自己年老时能独自住在好莱坞，在家里挂满自己的剧照，不断追忆自己的黄金时代，每天晚上还要播放自己拍过的影片。伊丽莎白的想法与后来上映的电影《日落大道》（*Sunset Boulevard*）的主角简直不谋而合。

伊丽莎白的工作最终保住了，一切问题都已妥善解决。梅耶收回了解雇伊丽莎白的决定，他与萨拉进行了谈判，最终决定把伊丽莎白外雇给华纳兄弟，让伊丽莎白出演《天伦乐》（*Life With Father*）中的主角。联袂出演的还有威廉·鲍威尔（William Powell）和艾琳·邓恩，导演是萨拉的新情人迈克尔·柯蒂兹。作为外雇伊丽莎白的回报，米高梅每周都能从华纳兄弟那里拿到三千五百美元，这是伊丽莎白当时在米高梅薪水的五倍。但无论如何，伊丽莎白又有戏可拍了。伊丽莎白将与泰勒家的老朋友邓恩合作，而且导演还是她颇为敬重的柯蒂兹。她还许愿说要让柯蒂兹把埃罗尔·弗林带到片场来。

在此期间，伊丽莎白不仅长高了，身材也有了曲线，她对此很满意，觉得自己越来越有女人味儿了。她曾骄傲地说："我不再是小孩了。"但这与米高梅对她的定位不符，他们仍然希望把她打造成一个天真单纯的小女孩，一个不会长大的孩子。拍摄期间，萨拉对伊丽莎白百般呵护，生怕她有任何闪失。一旦发现女儿出青春痘或者有感冒的征兆，萨拉就会立刻把女儿接回家休息，这严重影响了拍摄进度。伊丽莎白经常见缝插针地出去约会，罗迪和汉利是

她最好的掩护，因为萨拉知道他们不喜欢女生。柯蒂兹还经常责备萨拉对伊丽莎白管得太严。

另外，伊丽莎白和梅耶的关系并没有改善。她觉得梅耶是个暴君，也不愿再去他的办公室。不过，她还是参加了梅耶的生日派对，并在媒体面前努力挤出了一丝笑容。当时，伊丽莎白更多的是属于工作室、经纪人、公关、摄影师、服装师、导演、教练、化妆师、粉丝俱乐部以及喜爱她的万千大众。可以说，不是伊丽莎白拥有了事业，而是事业占有了伊丽莎白。

拍摄完《天伦乐》，伊丽莎白希望自己可以出演更为成熟的角色，而不再是小姑娘。她找自己的经纪人朱尔斯·戈斯顿（Jules Goldstone）帮忙。与萨拉不同，戈斯顿很支持伊丽莎白的想法，为她悉心谋划。他负责为伊丽莎白寻找拍戏机会、处理其他事务，还介绍了一个男演员——马歇尔·汤普森（Marshall Thompson）给她。

汤普森比伊丽莎白大 7 岁，生于伊利诺伊州，是典型的偶像派演员。第一次见面后，伊丽莎白和汤普森就迅速坠入了爱河，随后的几周里，两人每周日都会在罗迪家约会。他们曾一同亮相《鹿苑长春》（The Yearling）的开幕式，在一个专门为伊丽莎白而举行的派对上，汤普森还作为伊丽莎白的男伴现身。很快，漫天的照片就飞到了梅耶的办公桌上。看着打扮成熟的伊丽莎白，他怒气冲冲地给汉利打电话，让汉利提醒伊丽莎白，公开亮相时要注意自己的形象和定位。伊丽莎白想和汤普森出演银幕恋人，她与戈斯顿讨论了此事的可能性，可惜这一愿望最终未能实现。

1945 到 1947 年这段日子里，米高梅没有合适的角色给伊丽莎白。在这段空档期里，伊丽莎白拼命寻找成熟并且适合自己的角色，而不是坐等米高梅的安排。她每天都给戈斯顿打电话，试图在米高梅、派拉蒙或者华纳兄弟里找到每一部适合自己的片子。她相信梅耶绝对乐意把她外雇，因为每次外雇，米高梅都能赚到一大笔钱。得知《哈根女孩》（That Hagen Girl）要开拍，她请求戈斯顿为自己争取哈根这一角色。这部影片讲述了十几岁的女孩哈根喜欢上外来的中年律师贝茨的故事，但她备受排挤和歧视，终于承受不住压力跳河自杀，却被贝茨救了起来。贝茨向她表达了爱意，给了她活下去的动力。

男主角贝茨的扮演者正是后来的美国总统罗纳德·里根（Ronald Reagan），他当时已经 36 岁了。华纳兄弟非常希望他能加盟影片，并向他承诺：如果他能出演贝茨，将再为他安排另一部片子，让他出演男主角。虽然里根不看好这部电影，也不愿与十几岁的小姑娘演对手戏，但最终还是接受了这一交易。伊丽莎白因此向里根的朋友、演员兼政客乔治·墨菲（George Murphy）寻求帮助。过了几天，里根给伊丽莎白打了电话，请她到自己在西好莱坞的家中进餐。伊丽莎白满怀期待。然而几周后，里根再次打电话给伊丽莎白，说秀兰·邓波儿得到了哈根这一角色，大卫·塞尔兹尼克把秀兰外雇给了华纳兄弟。得知自己再次输给了宿敌，伊丽莎白十分难过和落寞，因此她一直追踪影片的动向。

秀兰认为这部电影是自己转型的绝佳机会，但她与里根的对手戏在开拍前就引发了各界议论。里根自己也向导演坦言，和比自己小 17 岁的姑娘演情侣十分尴尬。导演戈弗雷说，要照年龄来算，"戈弗雷的妻子都能当戈弗雷的女儿了"。里根只好作罢，不再提此事。

《哈根女孩》在帕萨迪纳举行了首映仪式。伊丽莎白在汤普森的陪同下也去了现场。她暗自期待能出点乱子，最好是一场灾难。结果，片场确实出了点小岔子，看到片中的里根对秀兰说"我爱你"时，观众完全无法接受，现场一片嘘声。于是，工作室决定剪掉这一镜头，但无济于事。《时代周刊》公开抨击了这部影片，说"只有脾胃强健的观众才能观看这部乱伦之作"。《哈根女孩》为伊丽莎白敲响了警钟。秀兰的转型之梦基本上是破灭了。伊丽莎白发誓，绝对不让类似的悲剧在自己身上重演。

不要让自己越过自己的情感、
心理等去进行一些无所谓的胡
思乱想。

最 漂 亮 的 女 人

从女孩到女人

她是最令人感到惊奇的女人。她的出现总是让人感到震撼，让人难以置信。

——设计师 伊丽莎白·伊曼纽尔

1947 年，伊丽莎白出演了影片《玉女春情》（*Cynthia*），这是她第一次扮演成熟女人。这部电影标志着她从稚嫩的童星转变成年轻的女孩。自这部电影起，好莱坞媒体开始称她为"好莱坞公主"。她还第一次登上了《生活》杂志的封面。在这部影片中，伊丽莎白献出了她的银幕初吻。

《玉女春情》被评论为"少女版的《茶花女》"，影片的主角辛西娅是一位美丽的少女，父母的过度保护使得她十分叛逆。后来辛西娅有了男朋友，父母同意了两人的约会。两人一起参加了毕业舞会，辛西娅还得到了男友非常单纯的晚安吻。伊丽莎白对辛西娅这一角色的理解相当到位，她本身渴望迈入成人社交圈的想法和片中辛西娅的愿望不谋而合，影片外她还给剧作家和导演提出了一些宝贵的建议。

《玉女春情》的导演是罗伯特·伦纳德（Robert Leonard）。他曾凭借《弃妇怨》（*The Divorcee*）和《歌舞大王齐格飞》（*The Great Ziegfeld*）获得奥斯卡最佳导演的提名。伊丽莎白很高兴能与这样一位资深导演合作，但在伦纳德眼中，伊丽莎白并没有那么美好。他觉得，伊丽莎白正逐步成为一个叛逆女孩，和她平常保持的良好的公众形象背道而驰。1947 年在接受卢埃拉·帕森斯（Louella Parsons）的广播采访时，伊丽莎白言辞委婉又很坦率地说："我希望成为一名伟大的演员，不过我更希望早日找到丈夫。跟同龄男孩子们交往太无趣了。"伊丽莎白还抱怨，说男孩子碍于她的名气而不敢跟她交往。不过，伦纳德认为，只有愚蠢的记者才会相信男人们不愿意跟绝世美女约会。

玛丽·阿斯特（Mary Astor）出演片中辛西娅的母亲，她在回忆录《电影人生》中提到了伊丽莎白，书中写道："伊丽莎白总是冷若冰霜、高高在上。她那紫色的眼睛显得相当精明。她很明确自己要什么，也知道如何才能实现目标。"《玉女春情》拍摄期间，阿斯特经常醉醺醺的，虽然她一直在努力戒酒。拍摄一结束，她就进了康复中心。

《玉女春情》是乱序拍摄的，最先和最后拍摄的是伊丽莎白和詹姆斯·莱登（James Righton）的两出吻戏。伦纳德说"她的吻技一般"。但从最初到最后，伊丽莎白的吻技确实进步了不少。詹姆斯表示自己对伊丽莎白的吻毫无感觉，但他没想到，这两场吻戏不仅成了热门话题，也成了他演艺生涯的里程碑。

《玉女春情》拍摄期间，萨拉终于改变了态度——她不再希望女儿继续做童星。在见证了秀兰·邓波儿的悲剧后，她开始对女儿的衣着打扮做出重大调整，她极力鼓动女儿装扮得成熟一些，甚至性感一些。哈里·杜鲁门（Harry Truman）总统的夫人曾邀请伊丽莎白到白宫参加畸形儿基金会的慈善募捐活动。当晚伊丽莎白可谓"闪亮登场"：她身着黑色天鹅绒低胸礼服，肩披白色皮外套，腿上还穿着一双无缝黑色尼龙丝袜。有人无意中听到了杜鲁门总统夫人的话——"黄毛丫头竟敢穿成这样！如果我女儿打扮成这样，我肯定把她关进柴房，送她一顿永生难忘的鞭子"。

但是，伊丽莎白意识到，不管她打扮得多么成熟，她始终被安排在米高梅餐厅的儿童区就餐。一次用餐时，一位摄影师走上前来，问她是否愿意拍沙滩泳照。与萨拉商量后，伊丽莎白同意到圣塔莫尼卡海滩拍照。当天她

穿了一身暴露的连体泳装。那位摄影师为她拍了近 200 张照片，之后照片传遍了大街小巷。拍完照片后，摄影师称伊丽莎白是他见过的"世上最漂亮的女人"。

萨拉听到后立刻给赫达·霍珀打了电话，重复了摄影师的话，宣称女儿是"世上最漂亮的女人"。这是类似评价第一次见诸报纸，随后这评价迅速蔓延全球。接下来的一周，赫达·霍珀又报道了泰勒家的最新新闻——《伊丽莎白父母重归于好》。原来萨拉突然患病，因而请弗朗西斯回家照顾她和伊丽莎白。弗朗西斯同意回家，还把儿子带回了家。但他并未中断与艾德里安的交往，只是等伊丽莎白和霍华德入睡后，再把艾德里安带回来过夜。也正是在这期间，柯蒂兹把萨拉丢在一边，把目光投向了"二战"期间的银幕女神维罗妮卡·莱克（Veronica Lake）。

《玉女春情》没过多久就上映了，影片一问世便备受世界各地的美军欢迎。每每看到伊丽莎白的吻戏，士兵们便激动不已。一名士兵说："与士兵们兴奋的尖叫声相比，外边轰鸣的大炮只能算是噼啪响的小鞭炮。"整个美国的影院都发起了竞赛，名为："我为什么应该得到伊丽莎白一吻？"很多美军士兵积极参与，甚至附上自己的照片送到米高梅公司。

《玉女春情》被欣赏派称为"青年独立题材电影的里程碑"，辛西娅的奋起反抗象征着年轻人不再复制父母失意人生的决心。而反对派则对其大加抨击，认为它"毫无营养"。但不可否认的是，观众们见证了伊丽莎白的新形象——一个"国色天香"的伊丽莎白。她第一次把头发卷到后边，脖子上挂着一条心形项链，并以这样的形象正式出现在《人生》杂志的封面上。她欣喜地发现，在观众眼中，除了她的真实年龄外，她再也不是小姑娘了。她已完成了最艰难的转型。

柯蒂兹终于把埃罗尔·弗林介绍给伊丽莎白了。弗林帅气非凡、举止优雅，棕色的眼睛中带着些许金色，但也是出了名的古灵精怪、浪荡不羁。他那混杂着澳大利亚和英国口音的英语让伊丽莎白心动不已。弗林曾经是一名

《玉女嬉春》剧照，伊丽莎白和简·鲍威尔

网球选手，伊丽莎白经常看到他穿着向日葵色的短裤、黄色的 T 恤、黄色的
网球鞋和网球袜打网球。柯蒂兹和弗林关系不怎么样，经常互相挖苦，弗林
说柯蒂兹是毒蛇，柯蒂兹说弗林是废物和蠢材。但奇怪的是，两人还是经常
联系和合作。

随后，弗林邀请柯蒂兹和伊丽莎白到自己家做客。伊丽莎白看到柯蒂兹准备驱车随行，顿时安心很多，就接受了邀请。弗林的家位于穆赫兰大道7740号，是一栋加州殖民地风格的建筑，坐落在山巅上。与其他奢华的建筑相比，这栋房子毫不起眼，不过它却是洛杉矶最臭名昭著的地方。伊丽莎白那时还不知道它的坏名声，她只是惊讶地发现，他的家中有很多法式房门。弗林告诉她，举办派对时，这些门都可以打开。后来罗迪跟伊丽莎白详细地说了这些派对，还向她透露了房子里许多阴暗的秘密：窃听器、密道、双向镜、偷窥洞。

此后不久，弗林给伊丽莎白打电话，再次邀请她来做客，伊丽莎白欣然答应了。不过，这次见面毫无浪漫气息，弗林送给伊丽莎白一个粉色的毛绒玩具。那天下午，伊丽莎白和弗林的儿子肖恩·弗林（Sean Flynn）以及两个比肖恩略大的女孩一起在游泳池玩耍。肖恩比伊丽莎白小9岁，拥有一头金发，很漂亮。肖恩和伊丽莎白在泳池里打闹，弗林则抽着雪茄在一旁悠闲地观看。那天下午，伊丽莎白好像回到了小时候，恢复了自己应有的童真。然而，突然出现在她的生活中的弗林两周后又突然不辞而别了。梅耶的秘书透露说弗林去了墨西哥，开始了一场神秘之旅。

伊丽莎白随后被梅耶召回了好莱坞，他有新的任务给她。伊丽莎白将出演影片《玉女嬉春》（A Date with Judy），导演是理查德·托比（Richard Thorpe），联袂出演的有简·鲍威尔、卡门·米兰达（Carmen Miranda）和罗伯特·斯塔克（Robert Stack）。拍摄期间，伊丽莎白迷上了"巴西性感尤物"卡门·米兰达。米兰达说话总是带着浓重的口音，她经常戴着香蕉帽，还喜欢飙车。一天下午，她主动开车送伊丽莎白去看望生病的萨拉。她以每小时一百英里的速度行驶在路上，结果，两人因超速被拘留了。在警察局做完笔录回到家，已是晚上11点。伊丽莎白后来庆幸地说："天啊，我竟然还奇迹般地活着。"

《玉女嬉春》是战后米高梅推出的经典音乐剧，影片带有些许肥皂剧色彩，片中影星们多多少少都要唱歌。伊丽莎白清晰地记得，沙维尔·库加（Xavier Cugat）经常喜欢抱着吉娃娃走来走去。和同事们一样，伊丽莎白也十分讨厌华莱士·比里（Wallace Beery）。1916年到1919年，他曾与银幕女神葛洛丽亚·斯旺森（Gloria Swanson）有过三年短暂的婚姻。他经常扮演双下巴的讨喜角色，然而幕后的他从不跟旁人说话，也不跟同事们打招呼。他还喜欢从片场偷东西回家，只要不是钉在地上的，他都有可能带回家，甚至连支架都不放过。

几个月后，看到电影的最终版本时，伊丽莎白对自己的角色并不满意，她认为自己看起来傻极了。不过海伦·罗斯（Helen Rose）为影片中的她设计的服装还是很不错的，让她显得既成熟又漂亮，后来海伦还帮伊丽莎白设计了婚纱。萨拉很担心伊丽莎白的表演，虽然她支持伊丽莎白转型，但她又担心这个尴尬的转型期会毁掉伊丽莎白的银幕形象。

简·鲍威尔和伊丽莎白是同学，但关系一般，不过她承认伊丽莎白很漂亮："伊丽莎白比我小，却涂着绿色眼影，穿着修身毛衣，看上去十分性感。我非常受伤，也非常嫉妒她的绿眼影。这是我有史以来第一次希望展示自己性感的一面。我的银幕初吻给了罗伯特·斯塔克，而影片拍摄结束时，伊丽莎白则得到了他的全部。她真的很漂亮，身材也很好。"

罗伯特·斯塔克是好莱坞的英俊小生，他与约翰·肯尼迪总统私交甚笃。"二战"期间，斯塔克参军并担任军队的射击教练。"二战"结束后他重返好莱坞，希望出演动作片男主角，但未能如愿，反而成了邻家男孩的代表，跟邻家女孩演青春偶像剧。不过他可一点都没吃亏，因为那个邻家女孩正是伊丽莎白·泰勒。两人相识没多久，斯塔克就俘获了伊丽莎白的芳心。

第一次约会时，斯塔克早上10点就到伊丽莎白的家中接她。这一次伊丽莎白终于不需要对父母遮遮掩掩了。斯塔克的母亲是泰勒一家的老朋友，父亲是一位实力派广告主管。斯塔克夫妇曾参观过弗朗西斯的画廊，相继买下三幅名贵画作。他们还经常邀请泰勒一家参加自家举办的顶级派对。萨拉很看好斯塔克，她觉得女孩子就应该嫁个比自己略大的男人，这样生活才有保障，而且斯塔克家世不错，是女婿的绝佳人选。

在和伊丽莎白约会前，斯塔克就已经规划好了一天的行程。他先带她去了飞靶射击场，他 17 岁时就获得了全国飞靶射击冠军。伊丽莎白完全没有接触过这样的活动。斯塔克一口气连中了 50 个目标，这让伊丽莎白惊讶不已。随后两人开车去和克拉克·盖博共进午餐。斯塔克和盖博是好友，两人常比赛射击。伊丽莎白和斯塔克刚在俱乐部餐厅坐下，盖博便向他们走来。伊丽莎白显然不需要介绍自己，她和盖博在米高梅餐厅见过几次面。她很紧张，盖博可是她曾经的偶像，只是现在的盖博比她印象里老了许多，完全无法和巅峰时期相比。当天的午餐话题主要围绕飞靶射击展开，气氛十分愉悦。虽然盖博当时仍是米高梅的男一号，但他"好莱坞之王"的地位已岌岌可危。"二战"让电影业重新洗牌，新的潮流与之前完全不同，约翰·德里克式的漂亮男孩成了新宠。每天都有无数的后起之秀出现在米高梅的办公室，只为等待一个表演机会。

盖博向伊丽莎白透露说，两人或许有机会合作出演一对恋人。实际上，这是梅耶刚下的决定，梅耶虽然认为伊丽莎白是他的大麻烦，但还是希望把她打造成大腕。他准备安排伊丽莎白和米高梅的一流男星演对手戏，盖博正是其中之一。盖博希望这次新鲜的尝试能够巩固自己的地位，因此并不反对，但却不希望重蹈里根的覆辙。盖博建议先提交一份试镜录像，看看能不能和伊丽莎白擦出火花。伊丽莎白得知这个消息欣喜万分，她非常愿意和盖博试镜，盖博的演技毋庸置疑，这或许可以成为她巩固自己新形象的绝佳机会。

当晚斯塔克与伊丽莎白共进晚餐。让他惊讶的是，伊丽莎白绕过了优雅的法式晚餐，直奔墨西哥辣肉酱而去。她早就听闻这道菜，但从未品尝过。此后墨西哥辣肉酱成了她的"毕生至爱"，即使远在瑞士，她也要派人空运辣肉酱过去。晚餐过后，斯塔克带着伊丽莎白驱车来到埃罗尔·弗林的农庄。他和弗林关系很好，可以随时使用弗林的房子。两人开了一瓶香槟，在沙发上聊了一个小时，话题便是弗林和电影《玉女嬉春》。

第二天，斯塔克把伊丽莎白送回家。伊丽莎白迫不及待地把试镜的消息告诉了萨拉。不难想象，萨拉并不比伊丽莎白平静，她似乎已经看见女儿的未来了，她深信，伊丽莎白会被重用，一步一步成为巨星。

甜美的 16 岁

她过去是电影和娱乐行业的偶像，未来也将一直是。她培养了我，并让我一直坚持做与预防艾滋病相关的工作。

——歌手 狄昂·华薇克

为了安排伊丽莎白和克拉克·盖博试镜，梅耶让化妆师把伊丽莎白打扮得成熟点，给她画个琼·克劳馥式的嘴唇。盖博听说后打电话给伊丽莎白，主动提出带她拜访克劳馥。伊丽莎白很高兴，满心希望向克劳馥寻求事业和妆容方面的建议。克劳馥曾帮过不少年轻女演员，没人比她更了解如何成名。得到克劳馥的同意后，盖博驱车送伊丽莎白前往克劳馥家中。当时弗朗西斯的情人艾德里安正在克劳馥家中做客。

克劳馥的家非常干净，盖博上楼去找克劳馥。女仆则领着伊丽莎白来到露台，迎接她的是艾德里安温暖的怀抱。当时，他已经有些醉了。他和伊丽莎白分享了自己早年在米高梅的故事。他曾为鲁道夫·瓦伦蒂诺（Rudolph Valentino）设计了全身行头，还给克劳馥设计了特别的垫肩，打造了克劳馥众所周知的衣装风格。毫无疑问，他绝对是好莱坞顶尖的服装设计师。艾德里安大方地为伊丽莎白提出了穿衣意见，他建议她穿优雅性感且有品位的衣服，重要的是，她要时时刻刻凸显自己的面部，不能让衣服抢了风头。艾德里安还对伊丽莎白的转型提出了个人看法，他认为伊丽莎白需要放大自己最具吸引力的部分，只要妆化得合适，那张精致美艳的脸和那双梦幻般的紫色眼睛就能占满整个屏幕，谁都无法忽视她的美。

盖博提前告辞了，不过他说会回来接伊丽莎白。克劳馥试穿了艾德里安为她送来的礼服，艾德里安见衣服非常合适，也就先行离开了，临走时，他承诺十天之内为伊丽莎白设计好试镜服装。之后，克劳馥邀请伊丽莎白到楼上的卧室兼更衣室化妆。克劳馥在卧室里设置了一个小酒吧，她给自己倒了一杯伏特加，而伊丽莎白则滴酒未沾。克劳馥建议伊丽莎白脱掉裙子，以防化妆时裙子被弄脏。伊丽莎白照做了。克劳馥给她试了几种妆，甚至还给她画了克劳馥式的嘴唇，但这完全不适合她。克劳馥不停地喝酒，慢慢地越来越慵懒。突然，克劳馥开始抚摸伊丽莎白的胸。伊丽莎白完全惊呆了，她从来没想过这个传说中的"男人杀手"业余时间还兼顾女人。伊丽莎白赶紧站起来，套上裙子便匆忙奔大门而去。她对克劳馥说："我都不知道怎么跟男人上床，更别说女人了。"在对克劳馥的帮助表示感谢后，伊丽莎白匆匆离开了，甚至没有等盖博来接她。

伊丽莎白终于等到了与盖博的试镜，她身穿艾德里安设计的时髦黑色低胸裙装，发型师和两位化妆师也通力合作，努力展现出她妖艳的一面。坐在凳子上的伊丽莎白像极了年轻时的海蒂·拉玛。伊丽莎白看到自己的妆容后信心倍增，她不再是《玉女神驹》里的小女孩了。

试镜影片讲述了一位鳏夫从亡妻之痛中逐渐恢复过来，重获爱情的故事，是以1942年盖博第三任妻子卡罗尔·隆巴德（Carole Lombard）因飞机失事而去世的真实事件为原型的。伊丽莎白扮演的年轻女人的父亲是片中盖博的故交。伊丽莎白爱上了盖博，她帮助盖博走出阴影，与自己开始新生活。她最经典的一句台词是"爱不分年龄、国籍、肤色、种族和性别"。这句话可谓老生常谈，但伊丽莎白还是把它演绎得相当富有感染力。

镜头前，盖博和伊丽莎白上演了热情似火的一幕。伊丽莎白对自己的表演很满意，然而梅耶看完试镜的录像后，却要求把这"该死的录像"处理掉，一份不留！他觉得这段试镜简直不堪入目、糟糕透顶。于是，他重新安排罗

虽然没能和克拉克 · 盖博合作，
但伊丽莎白依旧与他相处融洽

罗伯特 · 泰勒幸运地取代了克
拉克 · 盖博，得到了和伊丽莎
白一同演出的机会

伯特·泰勒（Robert Taylor）和伊丽莎白试镜。罗伯特·泰勒生于 1911 年，比盖博小 10 岁。伊丽莎白没有看到试镜录像，于是跟汉利打听录像细节。汉利不想打击伊丽莎白，谎称梅耶很看好伊丽莎白，但盖博略显老气，与她不太般配。

来去匆匆的弗林此时突然回到了好莱坞，他给伊丽莎白打了电话。伊丽莎白可不喜欢别人不把自己当回事儿，而且她还从罗伯特·斯塔克那里得知弗林喜欢偷拍在他家过夜的明星，伊丽莎白不希望自己的裸照或是视频在好莱坞流传，她愤怒地指责了弗林的作为后挂断了电话。一周后，汉利告诉她，弗林的生命危在旦夕，她的态度才有所缓和。汉利陪她来到医院看望一直高烧不退的弗林。弗林得了严重的痔疮，而且疟疾复发。医生不得不等他烧退了之后再做手术。但他兴致不错，讲述了自己在拍摄《剑侠唐璜》（*Adventures of Don Juan*）时的趣闻。两天之后，伊丽莎白再次到医院看望弗林。他的病情正在不断恶化，似乎已经时日无多。然而，弗林最后奇迹般地恢复了健康。

与此同时，伊丽莎白的下一部影片已经确定了，她将出演电影《玉女倾城》（*Julia Misbehaves*）。影片中，伊丽莎白扮演的是富家女苏珊·帕凯特，她邀请与自己长期不和的母亲参加自己的婚礼，希望借机促使父母复合。梅耶决定让葛丽亚·嘉逊（Greer Garson）饰演苏珊的母亲，嘉逊的老搭档沃尔特·皮金（Walter Pidgeon）饰演苏珊的父亲。苏珊的恋人则由彼特·劳福德饰演。嘉逊曾是"二战"最为黑暗的日子里公认的"米高梅女王"，然而"二战"结束后，她逐渐没落。为了助她东山再起，梅耶计划将她打造成喜剧演员，但事实证明，这一决策严重失误。与嘉逊合作让伊丽莎白很紧张，她生怕被嘉逊抢了风头，尤其是刚开始拍摄时，她对嘉逊的敌意相当明显。不过，嘉逊对伊丽莎白很宽容，伊丽莎白逐渐放下敌意，和嘉逊熟络起来。

1948 年 1 月中旬，影片正式开拍，伊丽莎白这次可以正大光明地牵手彼特·劳福德了。她眼中的彼特单纯、优雅且有涵养，是最理想的丈夫，但是，她很怕别人会把彼特抢走。嘉逊安慰她说不需要担心，彼特不会轻易就被别人套住的。伊丽莎白后来回忆说，自己当时疯狂地迷恋彼特，彼特也曾和她约会。旁人都知道她喜欢彼特，所以经常用这件事开她的玩笑。然而问题在于，彼特根本就不爱她。

1948 年 2 月，导演杰克·康威（Jack Conway）带领剧组为伊丽莎白举办了一场"甜美的 16 岁生日派对"。此时的伊丽莎白长大了，用她自己的话说，她的身高已经达到了 1.64 米，体重也在 120 磅左右。但事实上，很多人对此持保留意见。大家送的生日礼物有玉石耳坠、银色项链等，梅耶代表米高梅把影片中的全部服装都送给了她。萨拉和弗朗西斯的礼物最为贵重，他们送了一辆浅蓝色的凯迪拉克给她，不过，这辆车其实是用伊丽莎白自己的收入买的。另外，米高梅还把她的周薪涨到了一千美元。彼特本计划作为男伴出席她的生日宴会，结果等他出现时，伊丽莎白已经喝醉了。好在她及时醒了过来，赶上了与彼特跳舞。

有了车之后，伊丽莎白的活动范围明显扩大了。只是，她的开车技术非常烂，她是名副其实的"马路杀手"。罗迪调侃说，伊丽莎白一旦停车，绝对能成功地撞上前车和后车。一天早晨，伊丽莎白撞上了好莱坞硬汉形象的代表约翰·韦恩（John Wayne）的新车。自此之后对方就与她结了怨，常常攻击她的影片和她的生活。

《玉女倾城》与《玉女嬉春》的上映时间差不多，业界对两部电影的评论大同小异——"愚蠢""琐碎""空洞无物"。评论家还指责发型师盖瑞拉弗把伊丽莎白打扮得过于成熟，完全颠覆了她以往甜美女生的形象。伊丽莎白丝毫不为外界的评论所动，她坚称自己绝不要学朱迪·嘉兰——朱迪曾为了看上去像 14 岁，用带子把胸裹平了。

《玉女倾城》最终在曼哈顿举行了盛大的首映仪式，《纽约先驱论坛报》称伊丽莎白为"银幕女王"，但这无法改变影片以失败告终的事实。

公 主 的 爱 情 故 事

她是我以及我们这个时代的标志。看起来就像是在昨天，我在教 14 岁的伊丽莎白如何在贝弗莉－威尔士酒店游泳。她比美国小姐还要美丽，性感。

——影星 埃瑟尔 · 威廉姆斯

虽然伊丽莎白的成熟已广为人知，但梅耶还是决定给她"最后一次机会"扮演清纯女孩。这就是《小妇人》（*Little Women*）。电影由同名小说改编，讲述了四个女儿在母亲的教导下自强自立、努力拼搏的故事。导演是梅尔文 · 勒罗伊（Mervyn LeRoy），他曾执导了《绿野仙踪》和《魂断蓝桥》（*Waterloo Bridge*）。

伊丽莎白穿上了极富时代特色的服饰，还戴上了金色的假发，完全掩盖了成熟的气息。影片的主角是马奇一家，马奇家的父亲上了前线，只剩下母亲和四个成长中的女儿一起生活。大女儿梅格温柔可人，二女儿乔开朗独立，三女儿贝丝乖巧内向，四女儿艾米漂亮动人。伊丽莎白扮演的是艾米，她狂妄自大、野心勃勃，而且虚荣心很强。男主角劳里则由彼特 · 劳福德扮演。于是，两人再度合作。然而，他们的交往却在这次合作中画上了句号，原因是彼特说自己接受不了伊丽莎白的粗腿。事实上，她一直都在努力节食，也曾游泳减肥，甚至差点溺水，但收效甚微。彼特的话生生刺痛了向来骄傲的伊丽莎白，她终于选择了放弃。

《小妇人》剧照，伊丽莎白和彼特·劳福德。伊丽莎白在影片中戴着金色的假发

没过多久，米高梅就"送"了一个男友给伊丽莎白。那时候的伊丽莎白拥有"好莱坞处女公主"的美名，但是她出演影片的商业回报却不是很理想。因此，米高梅高调安排了伊丽莎白和格兰·戴维斯（Glenn Davis）的恋情，希望以此吸引公众的目光。这是伊丽莎白第一桩见诸报端的恋情。

格兰·戴维斯毕业于西点军校，是当时最为出名的橄榄球运动员，他在体育版面所占的篇幅并不亚于伊丽莎白在电影版面所占的篇幅。1946 年，他荣获美国橄榄球界重量级的海斯曼奖，同年被美联社评为"年度最佳男运动员"。和伊丽莎白相恋时，他刚在美军基地完成了为期二十二周的步兵训练，并将在 9 月赶赴朝鲜。戴维斯高大帅气，有着褐色的头发和希腊男神般的健美身材。

伊丽莎白和戴维斯的恋情是由米高梅公关部的卡恩斯一手操作的。一个周六的下午，萨拉邀请卡恩斯夫妇到自己在马里布的家中做客。卡恩斯的丈夫迈尔文·怀特菲尔德（Malvin Whitfield）是一名运动健将，在 1948 年的伦敦奥运会上，他还赢得了 400 米田径比赛的铜牌。他和戴维斯是好朋友，于是邀请戴维斯一同赴萨拉之约。当时，戴维斯已经是陆军中尉了。到了马里布海滩，他看见伊丽莎白正跟哥哥及朋友们玩触身式橄榄球，于是也加入了游戏。卡恩斯一行人在泰勒家得到了萨拉热情的招待，萨拉很喜欢戴维斯，她后来回忆说："看到那张率真迷人的脸庞，我就觉得值得把女儿托付给他。"晚餐时，戴维斯和伊丽莎白说话不多，只是常常凝视彼此。第二天，伊丽莎白带戴维斯参观了比弗利山庄。在橱窗购物①时，两人恰巧路过一家珠宝店，一串由六十九颗上等珍珠做成的项链引起了伊丽莎白的注意。戴维斯带她走进店里，毫不犹豫地为她买下了这串昂贵的项链。多年以后，伊丽莎白把这串项链转送给了萨拉。在萨拉的遗嘱里，她又把这串项链留给了可爱的外孙女伊丽莎白·托德（Elizabeth Todd）。

那个周末过后，两个人开始了一段轰轰烈烈的恋爱。戴维斯还邀请萨拉

①橱窗购物：是指不买什么东西，就在大街上随便逛逛，看看街边橱窗里的陈设。这是一种经济实惠的逛街方式。

伊丽莎白·泰勒和"全美最佳男友"——格
兰·戴维斯恋爱期间，两人十分高调，经常
一起公开出席活动

和伊丽莎白观看他的足球表演赛。暑假里，两人频繁来往，几乎形影不离。戴维斯是个有抱负的年轻人，他计划从朝鲜回来后进军好莱坞。此前他已经出演过一部影片，是关于军中冠军足球队的。卡恩斯不禁怀疑戴维斯只是借伊丽莎白的名气来推动自己的演艺事业，但她还是推出了轰动全国的头条新闻《美国英雄在跟米高梅少女约会！》

罗迪对伊丽莎白说，彼特·劳福德产生了妒忌心。因此，当彼特打电话给戴维斯，邀请他周末去家里做客时，伊丽莎白强烈反对，还说彼特对男性有莫名的好感。于是，戴维斯立刻打电话给彼特，取消了"约会"。戴维斯对外宣称，他和伊丽莎白都不抽烟也不酗酒，两人之间的恋爱非常单纯，所有的接触都在道德允许的范围内进行，他甚至从来没用手碰过她。罗迪对他的言论百般讽刺，认为他谎话连篇，却又相当敬重他，因为他努力保护了伊丽莎白的名誉。之后，伊丽莎白对媒体宣布两人"忙于订婚事宜"，这让戴维斯吃了一惊。他没有在媒体面前否认，但他确实还没做好准备，他觉得自己还不够了解她。

1949 年 8 月，伊丽莎白给即将赶赴朝鲜的戴维斯送上深深一吻，此举吸引了美国公众的视线。当着众多摄影师的面，戴维斯把自己的金色幸运足球链送给了伊丽莎白。有一阵子，伊丽莎白天天戴着，她对媒体说："请叫我战时新娘。"戴维斯在服役的七个月里，频频给伊丽莎白写信，亲切地称她为"蒙娜·利兹"。她也尽可能地给他回信。当时正在拍摄《小妇人》，很多演员都注意到伊丽莎白经常给远在朝鲜的男友打电话。

当然，即便没有男友的陪伴，伊丽莎白的生活也依然十分精彩。在回忆录《真真切切的好莱坞》中，珍妮特·利（Janet Leigh）记录了拍摄《小妇人》期间的一些片段。她们从米高梅库房借了服装，一同参加了好莱坞摄影师协会举办的年度化装舞会。"我和伊丽莎白打扮成西班牙女郎——伊丽莎白一身白色，我则通体黑色。我们就像是要去参加'低胸装大比拼'。摄影师们站在凳子上往下拍，巴不得我们再多露一点。"当晚，珍妮特的男伴是 32 岁的巴瑞·尼尔森（Barry Nelson），他是银幕上的首任007——詹姆斯·邦德的扮演者，但当时没人听过詹姆斯·邦德。伊丽莎白的男伴是汤姆·布林（Tom Breen），他的父亲是好莱坞恶名远扬的首席媒体审查员约瑟夫·J.布林（Joseph J. Breen）。

《小妇人》于1949年上映，是当年最卖座的影片。随着名气的提升、人气的高涨，越来越多的求婚信送到了伊丽莎白手中，其中大多数来自大学生。到后来，粉丝的信件数甚至上升到每周一千封。哈佛大学还给她送过情人节贺卡，哈佛的男学生追捧她为"我们从不嘲讽的姑娘"。

萨拉一直为女儿的婚姻大事谋划，她曾中意斯塔克，但伊丽莎白把人家甩了；后来又觉得戴维斯不错，然而当她打听到戴维斯只有两万美元的存款后，立刻劝说女儿和戴维斯分手。萨拉希望伊丽莎白能跟"富人"约会，于是安排了伊丽莎白和小阿瑟·勒夫（Arthur Loew, Jr.）见面。小阿瑟是个富家公子，从小家庭环境优越。他的外祖父阿道夫·朱克尔（Adolph Zukor）是派拉蒙电影公司的创始人，祖父建立了米高梅公司以及勒夫家族的连锁电影院，父亲曾担任米高梅主席，小阿瑟本人则是一名制片人。伊丽莎白很喜欢小阿瑟，但只是把他看作朋友。

每到周二晚上，伊丽莎白就会叫上珍妮特·利一起去小阿瑟·勒夫家中，阿尔弗雷德·希区柯克（Alfred Hitchcock）的爱将法利·格兰杰（Farley Granger）和后来两次获得奥斯卡最佳女配角奖的雪莉·温特斯（Shelley Winters）也会出现在那里。他们都是来看电视的，小阿瑟家里有洛杉矶为数不多的电视机。他们经常一起观看节目《米尔提叔叔》（*Uncle Miltie*）或是《德士古明星剧场》（*Texaco Star Theater*）。伊丽莎白和小阿瑟约会了几次后，还是没能爱上他，于是就把小阿瑟介绍给了利。利对小阿瑟痴迷已久，认为他是世上最随和的人。小阿瑟在任何环境中都显得如鱼得水且极富幽默感，他把利带入好莱坞真正的上流社会。伊丽莎白和小阿瑟虽没能成为恋人，却成了毕生挚友，后来，伊丽莎白外出旅行时经常让他代为照顾自己的孩子们。

小阿瑟要举办生日派对，伊丽莎白也受到了邀请。当晚，小阿瑟的女伴

是利，伊丽莎白的男伴则是彼特·劳福德。伊丽莎白身穿黄色雪纺裙，性感而华丽，参加派对的人说她像"一个柠檬蛋白派"。派对最后变成了狂欢，鼠帮[1]成员迪恩·马丁（Dean Martin）和小萨米·戴维斯（Sammy Davis Jr.）一起追求伊丽莎白，杰瑞·刘易斯（Jerry Lewis）也跟在后面。格蕾丝·凯利（Grace Kelly）也参加了派对，而她整晚都忙于追求彼特·劳福德。

几天后，伊丽莎白又参加了埃罗尔·弗林的告别派对。由于种种原因，弗林资金匮乏，不得不将位于穆赫兰大道的房子公开拍卖。据说，他已故的经纪人曾大肆挪用他的钱款，而他的第一任妻子也在逼他提供赡养费。为了拍摄独立电影《威廉·退尔》（William Tell），弗林花光了所有积蓄，还遭到债主的围追堵截，包括车辆在内的私人财产都被收缴了。

弗林邀请了不少好莱坞名流来参加自己的告别派对，包括葛洛丽亚·斯旺森、克拉克·盖博、葛丽亚·嘉逊等。弗林精心装扮了自己的家，在游泳池里撒满赏心悦目的百合花，在客厅餐桌的银盘子上放上美味的野鸡，客人们还可以观看小白鼠赛跑。专栏作家卢埃拉·帕森斯身穿滑稽服饰在人群中来回穿梭，博得阵阵喝彩。当晚，伊丽莎白还遇到了秀兰·邓波儿，两人多次竞争同一角色，在弗林的派对上也免不了要较一番劲儿。不过，总体上来说，这次告别派对还是相当成功的。

---

[1]鼠帮：英文名 Rat Pack，20 世纪 50、60 年代活跃在舞台上的演唱组合，没有固定的成员，人数也不定。

第 一 次 艰 难 抉 择

泰勒的照片曾出现在杂志封面上一千多次，她是全世界影迷的梦中情人，从没有哪位好莱坞明星像她那样受宠。

——《华尔街日报》

伊丽莎白发誓，《小妇人》是她最后一部"幼稚"的作品。她不想再和邻家男孩谈恋爱了，她要和成年男子出演爱情片，虽然她当时只有 16 岁。她从不守株待兔，而是主动出击。汉利说她是个工于心计的鬼灵精。

伊丽莎白四处奔走，积极为自己游说。她经常在化妆间与艾娃·加德纳、凯瑟琳·赫本以及拉娜·特纳聊天，并且从这些日常八卦中学到了很多东西。一天早晨，伊丽莎白在化妆间遇到了正在拍摄《东边西边》（*East Side, West Side*）的芭芭拉·斯坦威克（Barbara Stanwyck）和南希·戴维斯（Nancy Davis）。芭芭拉的丈夫是好莱坞最出名的帅哥罗伯特·泰勒，几个月后，伊丽莎白与罗伯特出演了夫妻。

伊丽莎白很仔细地打量了南希。之后，和化妆师盖瑞拉弗一起喝咖啡时，她说，南希没有艾娃或拉娜漂亮，而且已经 29 岁了，更适合扮演一些小角色，比如家庭主妇或者邻家女孩。因此，她很好奇，为什么那么多人都力捧南希？她觉得自己或许能从中学到些东西。碰巧，朱迪·嘉兰就在附近，听到伊丽莎白的话，朱迪透露说，南希在米高梅是有靠山的，她和斯宾塞·屈塞关系暧昧，这件事很多人都隐约知道。

伊丽莎白知道演艺圈有演艺圈的生存法则，但她不想讨好梅耶，于是把注意力转向了梅耶的副手本杰明·陶（Benjamin Thau）。他是米高梅的总监，伊丽莎白的签约事宜就是由他全权负责的。本杰明很和善地接待了伊丽莎白，他一直都认为，米高梅就属伊丽莎白最有星途。当天下午，伊丽莎白就接到了新通知，她将出演《玉女情魔》（Conspirator）中的女主角，男主角是罗伯特·泰勒。罗伯特在片中饰演了一名英国军官，但他实际却是一名苏联特工。伊丽莎白演他的妻子——一个毫无戒心的美国女孩。从本杰明的办公室出来，伊丽莎白碰到了朱迪，她兴奋地告诉朱迪，自己凭借真本事得到了出演成人角色的机会，而不是依附男人的力量。

1948 年 10 月，为拍摄影片《玉女情魔》，伊丽莎白与萨拉乘"玛丽皇后"号从纽约前往伦敦。米高梅为伊丽莎白请了一位满头银发的女教师，负责让伊丽莎白在工作期间见缝插针地学习。虽然这对伊丽莎白的学业作用甚微，但至少给了伊丽莎白一种错觉——她正过着普通美国少女应有的正常生活。伊丽莎白拥有美国和英国的双国籍，因而免去了申请工作签证的麻烦。母女俩抵达南安普敦港后，米高梅就派专车送两人去克拉瑞芝酒店的上等套房休息，房间内到处都摆放着迷人的红玫瑰和兰花。伊丽莎白没有想到，伦敦的街道上明明是大轰炸过后的一片死寂，然而在英国最为奢华的克拉瑞芝酒店里，却是一片祥和，仿佛战争从未发生过。

米高梅为母女两人配备了"助理"——酷似罗迪的珀西·罗杰斯（Percy Rogers）。他举止女气十足，是一个同性恋者。珀西看过伊丽莎白的所有电影，十分乐意为她服务。伊丽莎白与他十分投缘，她希望珀西能够陪同她出席各种活动，萨拉同意了，她相信两人一定会维持纯粹的朋友关系。

在英国期间，珀西开车送伊丽莎白去了泰勒家在汉普斯特德的老宅。老宅年久失修，一片荒芜，被妇女自愿服务会使用着。伊丽莎白没有进去，她只想记住老宅昔日的美好。母女俩还去肯特郡拜访了维克多的妹妹西尔玛。见到她们，西尔玛很高兴。三人聊起了战前的英国，还一起追忆维克多。西尔玛欣喜于伊丽莎白的变化，对伊丽莎白的未来充满信心。

伊丽莎白和母亲还与英国电影业元老维克多·萨维尔（Victor Saville）见了面。萨维尔是米高梅的老熟人，执导过多部经典影片，也曾与众多知名影星合作，如凯瑟琳·赫本、琼·克劳馥、埃罗尔·弗林和海蒂·拉玛等。萨维尔十分欣赏伊丽莎白，毫不吝惜溢美之词。随后，《玉女情魔》的男主角罗伯特·泰勒也加入了其中。罗伯特是30年代米高梅的奶油小生，早年是内布拉斯加州的知名大提琴演奏家。他和葛丽泰·嘉宝合作过《茶花女》，和费雯·丽合作过《魂断蓝桥》。午餐期间，罗伯特分享了自己早年在米高梅的经历。他说，1937年，米高梅曾发布了他的一组照片，为增添阳刚之气，他们刻意让他露出了胸毛，这让罗伯特十分尴尬。会面结束后，为即将出演情侣做准备，伊丽莎白亲了亲罗伯特的脸蛋，希望他们能够合作愉快。

在拍摄一场吻戏时，罗伯特告诉伊丽莎白，可以在嘴唇上扑些粉，这样可以避免把口红抹到男演员脸上。这方法很没情调，却非常管用。米高梅对这场吻戏大做文章，以吸引公众的目光。影片拍摄十分顺利，片中的伊丽莎白看起来耀眼又丰满，完全不像孩子。

看过初剪的影片，制作人潘德洛·S.伯曼对伊丽莎白的第一个成年角色不太满意。他指出，伊丽莎白的脸已经足够成熟，但声音还不够到位。因此，他建议米高梅等伊丽莎白成功度过转型期后再发行这部片子，但米高梅没有接受这个建议。影片最终于1949年上映，不少评论家的观点与伯曼的观点不谋而合，不过还是有很多人认为伊丽莎白的表演可圈可点。当然，这部反响平平的影片对罗伯特·泰勒的演艺事业毫无帮助。

拍摄《玉女情魔》期间，伊丽莎白成了伦敦社交界的风云人物，她结识了众多英国演艺界的明星，如玛琳·黛德丽（Marlene Dietrich）和迈克·怀尔登（Michael Wilding）。伊丽莎白与怀尔登关系十分亲密。影片拍摄结束后，伊丽莎白和萨拉返回美国。珀西到机场为两人送行，克拉瑞芝酒店还专门派了一辆出租车搭载两人的行李。与珀西告别后，伊丽莎白进入了希思罗机场的贵宾候机区。她惊讶地发现迈克·怀尔登竟等在那里。当时距起飞还有一

小时，怀尔登握着她的手，与她亲密交谈。临行之际，怀尔登给了她深深一吻。一位路过的空乘人员向媒体透露了怀尔登的临别赠言："赶紧长大，然后回到我身边。"

伊丽莎白就这样依依不舍地回到了美国，回到自己往日的生活中。她重新出现在罗迪的周末派对上，在那里，她认识了梅夫·格里芬（Merv Griffin）——未来的电视脱口秀主持人。梅夫对她很有好感，但仅限于兄妹之情。

不久，格兰·戴维斯回国了。在洛杉矶机场，伊丽莎白终于见到了服役期满的戴维斯。她喜极而泣，甚至特意在镜头面前与戴维斯热烈地拥抱亲吻。一个小报记者没能捕捉到这感人的场面，伊丽莎白还特意为他重演了一遍。伊丽莎白没有和戴维斯分手，这确实出乎外界的意料。不仅如此，她还邀请戴维斯陪她参加奥斯卡颁奖典礼。可惜的是，戴维斯与这种流光溢彩的场合格格不入，而萨拉自从得知戴维斯是个"穷光蛋"后，也极力反对两人再交往。米高梅的公关部觉得戴维斯对伊丽莎白已经没有价值，因此对外宣称，伊丽莎白和戴维斯由于兴趣不和，恋情走到了尽头。伊丽莎白很难过，但一边是日益红火的演艺事业，一边是母亲萨拉的阻挠，她不得不选择放弃。

在 17 岁生日到来之际，伊丽莎白从纽约飞到迈阿密，陪同父母拜访了霍华德·杨在星岛的宅邸。到了之后她才知道，霍华德·杨为她筹备了一个盛大的生日派对，受邀的宾客达到一百人，其中大多是南加州有权有势的精英。霍华德·杨还邀请了 28 岁的帅气单身汉小威廉·波利（William Pawley, Jr.）做伊丽莎白的男伴。波利的父亲曾出任美国驻秘鲁和巴西大使，家里也相当富有。波利曾是一名飞行员，还担任过迈阿密运输部队队长。伊丽莎白

◄◄伊丽莎白·泰勒和罗伯特·泰勒在《玉女情魔》中的剧照，两人巨大的年龄差成为影片的话题之一

伊丽莎白和小威廉・波利，波利是伊丽莎白
第二个订婚对象，伊丽莎白甚至曾考虑为他放
弃自己的演艺事业

被波利高大英俊的外表和蓝色的眼睛吸引住了，两人一同逃离了派对。在星岛的花园里，波利讲述了自己在巴西、秘鲁、中国和印度旅行时的见闻。格兰·戴维斯听说伊丽莎白在和小威廉·波利交往，十分愤怒，他指责萨拉和弗朗西斯："对他们来说，女儿不过是一棵摇钱树！"当然，他不得不承认，波利能为伊丽莎白提供更优越的生活条件，能给她买更多心爱的珠宝。

波利频频邀请伊丽莎白参加各种活动：舞会、派对、游艇观光、钓鱼……两人还在可以俯瞰海湾的地方享用奢侈的午餐和浪漫的晚餐。然而，伊丽莎白很快发现，波利十分强势，他常常干涉伊丽莎白的着装，希望她穿得保守些。同时，波利家族对这位继承人的恋爱也不支持。据说，波利的父母告诉波利，伊丽莎白庸俗放荡，希望波利能娶个加州名媛，"而不是某个好莱坞荡妇"。波利家族甚至雇了一名侦探到洛杉矶调查伊丽莎白的底细，结果发现不仅她自己谈过多次恋爱，而且她父母都是双性恋者，一心想靠女儿发财。总之，在波利家族的眼中，真实的伊丽莎白与媒体宣传的好莱坞公主截然不同，她不符合波利家族继承人的妻子的标准。因此，在波利家族举办的盛大游艇派对上，家族成员乃至整个迈阿密社交界都对伊丽莎白视若无睹，让向来受人瞩目的伊丽莎白备受冷落。

但是，波利不肯放弃这段恋情，他不顾家族的反对，毅然决然地向伊丽莎白求了婚。伊丽莎白得到了有生以来的第一枚"白色钻戒"——价值一万六千美元、重达 3.5 克拉的

切割式祖母绿钻戒。她深受感动，答应了求婚。然而令她想不到的是，求婚成功后，波利变得更加强势。他声称自己不想做伊丽莎白·泰勒先生，他要求伊丽莎白放弃演艺事业，做一名全职家庭主妇。而更加令人难以置信的是，事业正值上升期的伊丽莎白竟然同意了，她对媒体说："我更喜欢造小孩，而不是拍电影。"

听闻这一惊人的消息，梅耶立刻派制片人塞缪尔·马克思去劝说伊丽莎白。塞缪尔原本正在迈阿密拍摄《没有护照的女人》（*A Lady Without Passport*），主演是伊丽莎白一直崇拜的海蒂·拉玛。可惜，海蒂·拉玛已经老了，梅耶觉得只有伊丽莎白能与海蒂·拉玛媲美，因此不想放弃伊丽莎白。一开始，波利不愿让塞缪尔进门，但伊丽莎白坚持与塞缪尔单独谈谈，她一直很感激塞缪尔对自己的知遇之恩。塞缪尔告诉伊丽莎白，《时代周刊》正准备把她放上封面。《时代周刊》将宣布一批老牌女星"过期"，包括芭芭拉·斯坦威克、玛琳·黛德丽、贝蒂·戴维斯（Bette Davis）和琼·克劳馥，而伊丽莎白·泰勒将作为美国的今日之星闪亮登场。最重要的是，米高梅正在筹划年度大片，且有意安排伊丽莎白担任主演。同时，米高梅还准备把她外雇给派拉蒙，让她与蒙哥马利·克利夫特合作出演《郎心如铁》（*A Place in the Sun*）。塞缪尔说，如果伊丽莎白现在退出，那她永远都是个骑马的小童星，她会逐渐被人们忘却，成为一名默默无闻的家庭主妇；反过来，如果伊丽莎白坚持下去，再演两部大片，她就可以成为米高梅的当家女星，那时她便可以功成身退了。

塞缪尔的一席话打动了伊丽莎白。她艰难地在爱情和事业之间权衡，最终，她选择回到米高梅。她不顾波利的反对，与弗朗西斯和萨拉回到了纽约。波利每天都给她打电话，还飞往好莱坞陪她参加了简·鲍威尔于1949年9月17日举行的婚礼。伊丽莎白幸运地抢到了新娘花束，随后婚礼转移到摩卡波夜总会。当晚，她告诉波利，自己功成名就之前绝不会退出演艺圈，"我的目标是奥斯卡"。当然，这个梦想注定会实现的。

波利终于意识到，伊丽莎白永远都不会放弃事业。伤心失望之际，他飞往父亲在弗吉尼亚州的庄园散心，不久，他从赫达·霍珀的专栏中得知伊丽莎白单方面取消了婚约。此前，伊丽莎白也取消了与格兰·戴维斯的婚约。因此，有关她的负面新闻接踵而至，媒体指责她是无情的女人，说她年纪轻轻便把男人们玩弄于股掌之间。

伊丽莎白自己也是受伤者，但她还是给波利写了多封情真意切的道歉信，随后才慢慢从这桩破裂的婚约中恢复过来。她对记者说："我和波利相处融洽，我们一同跳舞，一同划船，但我们没有任何相似之处。"多年之后的2011年春天，《环球报》对年迈的波利进行了专访。当时他和亲戚们共同生活在佛罗里达州。他告诉记者："我毫无保留地爱着她，我知道她也爱我。我本想和她共度余生，然而米高梅却百般阻挠，这让我心碎不已。如今我已年近九十，但仍然忘不了她。"

他一直保存着伊丽莎白写给他的信。在信里，伊丽莎白用浅紫色的墨水写道：

一想到你我的心就在滴血。我多么想跟你在一起，凝视你澄澈的蓝眼睛，亲吻你湿润的嘴唇，投向你温暖亲密的怀抱。我多么希望能和你白头偕老、生儿育女。

波利直到1974年才成婚，当时距他与伊丽莎白订婚已经过去了二十五年。2002年，他的妻子去世，伊丽莎白还特意致电吊唁。伊丽莎白去世后，波利对媒体说："如果她当初嫁给我，那她根本就不需要那么多任丈夫。"

在拍摄塞缪尔所说的两部大片之前，伊丽莎白和范·强生合作了电影《宿醉》（*The Big Hangover*）。米高梅派诺曼·克拉斯纳（Norman Krasna）执导该片。读完剧本后，伊丽莎白和强生一致认为这是一部"荒唐乏味的喜剧片"。约翰逊饰演一名退役后的律师，一次空袭中，他躲到法国的一处酒窖，不料酒瓶全部破裂，他因此淹没在酒的海洋中。酒醉之后，他开始胡言乱语、

行为失常，还幻想自己的狗能开口讲话。伊丽莎白饰演强生老板的女儿，她的使命便是将强生救出窘境。伊丽莎白说自己的角色纯粹是个"滑稽的丑角"。

《宿醉》最终如期开拍和上映。正如预料的那样，这部影片相当失败。它于1950年5月在好莱坞和纽约同时上映，大部分影院都门可罗雀。媒体也是恶评连连，《纽约客》评论道："泰勒小姐天生丽质，但演技实在拙劣。"即便如此，为了牢牢套住伊丽莎白，米高梅还是把她的周薪涨到了两千美元。

拍摄《宿醉》期间，伊丽莎白经常参加强生举办的派对，这是当时比弗利山庄的顶级派对。伊丽莎白还曾两次带朱迪·嘉兰一同参加。此外，伊丽莎白还和法利·格兰杰短暂相处过，她身边的男人换了一个又一个，直到歌手维克·达蒙（Vic Damone）的出现。达蒙是伊丽莎白学生时代迷恋的最后一个偶像。达蒙出生于布鲁克林，10岁便开始学习演唱课程，19岁时参加了节目《亚瑟·戈弗雷天才秀》（Arthur Godfrey's Talent Scouts），从此一炮而红，签约了水星唱片公司。伊丽莎白收集了他的两千多首歌曲，还准时收听他每周的广播节目。为保证不会错过任何一期节目，她甚至调整自己的日程。伊丽莎白是在摩卡波夜总会遇到达蒙的，赫达·霍珀在专栏中披露了这件事："善变的伊丽莎白又坠入爱河了，这次是跟帅小伙儿维克·达蒙。"然而，两人很快便不欢而散，伊丽莎白的美好幻想没能敌过现实。达蒙相当缺乏安全感，总希望安定下来。他不反对未来的妻子追求事业，但一直希望能子孙满堂。两人分手后就断了来往，但伊丽莎白依旧是他的忠实歌迷。

同样是在摩卡波夜总会，希尔顿酒店王朝的继承人小康拉德·希尔顿（Conrad Hilton, Jr.）一直在关注伊丽莎白。大家都叫他"尼基"。他是好莱坞有名的富家公子。他当时正跟彼特·劳福德和朱迪·嘉兰小酌，他告诉两人，无论如何，他都要娶伊丽莎白·泰勒。

银 幕 女 神

（泰勒）将永远成为第七艺术（电影艺术）的标志性人物。她从年轻的时候就对电影事业投入了无限的激情。

——法国前总理 菲永

为了宣扬自己的全新形象，伊丽莎白请菲利普·哈尔斯曼（Phillipe Halsman）为自己拍摄照片。哈尔斯曼是好莱坞知名的摄影师，他的摄影对象包括了一大批名人，如巴勃罗·毕加索（Pablo Picasso）、温斯顿·丘吉尔、玛丽莲·梦露（Marilyn Monroe）等。在对伊丽莎白进行分析之后，哈尔斯曼突出了那双梦幻般的紫罗兰眼睛，同时放大了伊丽莎白的性感。照片里的伊丽莎白身材撩人，有三分之二的胸都露在外边。照片被刊登在《生活》杂志上，受到了极大关注。好莱坞电影大亨兼飞行英雄霍华德·休斯（Howard Hughes）也看到了，他对伊丽莎白产生了浓厚的兴趣，甚至想要娶伊丽莎白。面对两人悬殊的年龄差，霍华德毫不在意。他相信，只要男人有钱，女人怎么会介意年龄呢？

霍华德·休斯从来都是想做就做的人，看过《时代周刊》上刊登的伊丽莎白的照片后，他更加心醉神迷了。他调查了伊丽莎白的背景，还暗中追踪她的动向。霍华德早年娶了得州名媛艾拉·赖斯（Ella Rice），但很快就离婚了，此后就一直单身，直到迷上伊丽莎白，他再次萌生了结婚的念头。在此之前，他曾经追求过"模样清纯但性感丰满"的泰瑞·摩尔（Terry Moore），并在自己的游艇"希尔达"号上和她举行了婚礼。当然，那只是他的小把戏，婚礼根本没有法律效力。泰瑞却深信不疑，兴奋地打电话给好友伊丽莎白，说自己是名正言顺的"霍华德·休斯夫人"了。然而不过一个礼拜，霍华德就把"新娘"抛到了脑后。泰瑞意识到自己被玩弄了，伤心之际离开了霍华德，并很快和格兰·戴维斯在一起了。戴维斯带她去观看自己的足球赛，一如曾经带伊丽莎白去观看自己的足球赛一样。赫达·霍珀说："戴维斯用影坛新秀泰瑞取代了伊丽莎白。"

泰瑞与戴维斯的恋情让伊丽莎白心烦意乱，尽管当初是自己抛弃这位足球英雄的，但她还是觉得遭到了背叛，心里有些嫉妒泰瑞。1951 年 2 月 9 日，泰瑞·摩尔和"全美最佳男友"格兰·戴维斯举行了婚礼，伊丽莎白也收到了邀请，但她没有去。戴维斯和泰瑞很快便淡出了公众的视线，两人在得州的一套小公寓里定居下来。霍华德得知后买了一个剧本，以此为诱饵把泰瑞骗回了好莱坞，承诺让她出演女主角。然而事实上，他同时也让汉利给弗朗西斯的画廊送去了一份剧本，承诺让伊丽莎白担任女主角。不过，这部剧并没有开拍，霍华德把剧本卖给了另一个工作室。显然，泰瑞又被耍了。

远在得州的戴维斯难忍夺妻之恨，他飞到好莱坞，在泰瑞父母的家中与霍华德当面对质。罗迪第一时间向伊丽莎白报告了最新消息："你亲爱的戴维斯把霍华德打得屁滚尿流。霍华德着实伤得不轻。"为了避开洛杉矶的媒体，霍华德不得不飞往旧金山治疗。但《机密》杂志还是报道了这件事。霍华德痊愈后开始报复，他打电话给戴维斯说自己不计前嫌，可以把戴维斯打造成大明星。当然，前提是戴维斯必须是个单身汉，而不是已婚男人。戴维斯曾做过明星梦，因而对这个提议心动不已，他打电话询问伊丽莎白的意见。伊丽莎白不相信霍华德，她提醒戴维斯，说这极有可能是个骗局。然而，戴维斯不听劝告，与泰瑞办理了离婚手续。结果，就在戴维斯准备和霍华德签合同时，霍华德却不见了踪影。此后，伊丽莎白不再接戴维斯的电话了，两人彻底失去了联系。

霍华德·休斯虽然对伊丽莎白十分着迷，但从不看伊丽莎白的电影，只是沉迷于伊丽莎白在杂志上的形象。他打电话给梅耶，希望买下伊丽莎白的合同。性格暴躁的梅耶严词拒绝了霍华德的要求。当时，霍华德已经45岁了，而伊丽莎白只有17岁。遇到这种情况，霍华德总是会先收买小姑娘的父母。他先跑到弗朗西斯的画廊，在短短一小时内就买下了八幅价值不菲的画作，这是画廊目前为止最大的一笔交易。他还特意邀请弗朗西斯和萨拉共度周末。离开画廊后，霍华德驱车去朋友家，结果由于车门没锁好，两小时后，新买的八幅作品全都被盗了。霍华德一点也不心疼，反正他对艺术毫无兴趣。

在弗朗西斯和萨拉的帮助下，霍华德终于见到了伊丽莎白本人。他觉得，眼前的女孩比杂志上的更动人。于是，他说服泰勒夫妇把女儿嫁给自己，他愿意出一百万美元的彩礼。弗朗西斯比较慎重，他认为，画廊能有一位大客户固然不错，但女儿是独立的个体，必须尊重她的意愿。而萨拉则一直希望伊丽莎白能钓个金龟婿，因此立刻就答应了。在萨拉的怂恿下，霍华德对伊丽莎白展开了攻势。他精心准备了昂贵的礼物——熠熠发光的红宝石、绿宝石和各类钻石。他深信，这些足以打动任何女人。他甚至迫不及待地向伊丽莎白求婚，弄得伊丽莎白目瞪口呆，但她毅然拒绝了礼物和求婚。她很清楚自己想要什么，面对霍华德的死缠烂打和金钱炮弹，她始终没有动心。

摆脱了霍华德·休斯的纠缠后，伊丽莎白遇到了生命中最重要的一个男人——《郎心如铁》的男主角蒙哥马利·克利夫特，也就是伊丽莎白口中的"蒙蒂"。蒙蒂于1921年10月17日出生于美国的内布拉斯加州。他的父亲是股票经纪人，母亲是一个普通的家庭主妇。他从小生活环境优越，经常和兄弟姐妹们一起出门旅行。但是，华尔街股市崩溃后，蒙蒂的家境大不如前。十几岁的时候，在母亲的鼓励下，他加入一个小剧团，开始了他的表演生涯。15岁时，他开始在百老汇登台表演，事业大获成功。很多人都想请他去拍电影，但一直没能成功。直到剧本《红河》（*Red River*）的出现，蒙蒂才终于同意拍摄自己的第一部电影。后来，他又凭借在《乱世孤雏》（*The Search*）中

的精彩表演获得了奥斯卡最佳男主角的提名。得知合作者是伊丽莎白·泰勒和雪莉·温特斯，蒙蒂不屑一顾地说："雪莉我倒是认识，这个伊丽莎白是何方神圣？"或许他从没看过伊丽莎白的影片，但一定听说过伊丽莎白的大名，因为在当时，随便拿起一本杂志，封面上十有八九都是她，包括《时代周刊》。

为了拍摄《郎心如铁》，派拉蒙向米高梅借用伊丽莎白十周，报酬是三万五千美元。为了推广两人的银幕情侣形象，也为了给即将拍摄的影片造势，派拉蒙让蒙蒂陪伊丽莎白出席《女继承人》（*The Heiress*）的首映式。这部影片改编自亨利·詹姆斯（Henry James）的小说《华盛顿广场》（*Washington Square*）。在故事中，富家小姐凯瑟琳因继承大笔遗产而被野心勃勃的莫里斯欺骗，但她最终识破了骗局。蒙蒂已经 29 岁了，而伊丽莎白才 17 岁，他不想带个孩子去参加首映式。但在工作室的一再坚持下，他也只得同意。

首映式当天，蒙蒂来到伊丽莎白家中接她。他原本以为伊丽莎白是个"娇生惯养、高傲自大的好莱坞娃娃"，但很快，他就意识到伊丽莎白并不是"乖乖女"。听到她言辞犀利地抱怨自己的母亲，蒙蒂不但没有反感她那略显刻薄的说话方式，反而很喜欢她的坦率。蒙蒂叫伊丽莎白"贝西·美"，这是他对伊丽莎白的专属称呼。

为了让伊丽莎白在首映式上美丽动人，海伦·罗斯为她设计了性感精致的无带晚礼服，还配上了北极熊白色绒毛做的披风。两人到达现场后，伊丽莎白为蒙蒂系了系领带，这一幕被赫达·霍珀捕捉到了。第二天，霍珀便发文称"这对情侣估计很快便能步入婚姻殿堂"。接受采访时，伊丽莎白高度评价了电影《女继承人》，对蒙蒂的表现也赞不绝口。不过，蒙蒂自己似乎并不这么认为，离开现场前，一位咄咄逼人的记者询问蒙蒂对电影的看法，蒙蒂漠然地说道："我讨厌那破玩意儿，我要走了。"随后，两人到《女继承人》的导演威廉·惠勒（William Wyler）家中参加派对。伊丽莎白在那里遇到了英国当红影星大卫·尼文（David Niven）和克拉克·盖博。

《郎心如铁》终于正式开拍了，影片又译《阳光照耀之地》，改编自西奥

伊丽莎白和蒙蒂一同出席《女继承人》的首映式，
两人在首映式期间举止亲密，很快就传出了绯闻

多·德莱塞（Theodore Dreiser）的小说《美国悲剧》（*An American Tragedy*）。小说的灵感来源于 1908 年纽约州一起臭名昭著的犯罪案件。小说的男主人公切斯特·吉莱特被指控蓄意致女友格蕾丝·布朗溺水身亡，但直到走上电椅，切斯特都坚称自己无罪。这部小说曾在 1931 年被搬上大银幕，由执导过《蓝天使》（*Der Blaue Engel*）的知名导演约瑟夫·冯·斯登堡（Josef von Sternberg）执导，但票房惨淡。此次由好莱坞重量级导演乔治·史蒂文斯（George Stevens）执导。他早年做过喜剧演员，后来转行做导演，20 世纪 30 年代开始出名，代表作有 1935 年的《爱丽丝·亚当斯》（*Alice Adams*）和 1936 年的《摇摆乐时代》（*Swing Time*），凯瑟琳·赫本正是凭借《爱丽丝·亚当斯》获得了奥斯卡最佳女主角提名。得知伊丽莎白能与史蒂文斯合作，萨拉简直心花怒放。

当时好莱坞的气氛十分紧张。在美国联邦调查局局长埃德加·胡佛（Edgar Hoover）的鼎力支持下，威斯康星州议员约瑟夫·麦卡锡（Joseph McCarthy）提出了"麦卡锡主义"，发起了臭名昭著的政治迫害运动。好莱坞成了重灾区，许多影片的拍摄都受到限制。派拉蒙因此不断给导演史蒂文斯施压，要求他绝对不要抨击资本主义，也决计不要为无产阶级唱赞歌，因为原著小说和 1931 年的电影都被解读为对美国资本主义和物质主义的强烈谴责。史蒂文斯十分厌恶这样的干扰，他指责麦卡锡和胡佛狼狈为奸。

为了影片能够顺利上映，他还是决定脱离原来的框架，把影片打造成一部心理剧。影片最终讲述了这样一个故事——由蒙蒂饰演的穷小子乔治从乡下来到城市投靠叔叔，在工厂里与雪莉·温特斯饰演的平庸女工爱丽丝相恋。后来，他结识了由伊丽莎白·泰勒饰演的千金小姐安琪拉，并且不可自拔地爱上了她。乔治在情感的旋涡中挣扎，不料爱丽丝怀孕了。他决定杀害爱丽丝，然而下手时却又不忍心，但悲剧的是，也就在当时，爱丽丝因意外死了。于是，乔治因杀人罪被送上法庭。

剧本出炉后，史蒂文斯告诉伊丽莎白："剧本传递了这样的信息——美国崛起与覆灭的根源都是性。"他之所以选择伊丽莎白，也是因为他认为："我们的英雄之所以会走向灭亡，是因为他对银幕女神产生了难以抑制的激情。她就是伊丽莎白·泰勒。""我要的人选是出现在糖果纸或者凯迪拉克上面的姑娘，她必须是男生们理想的结婚对象。"不过，伊丽莎白直到很久以后才知道这件事。纽约知名作家诺曼·梅勒（Norman Mailer）也与雪莉·温特斯分享了自己对剧本的评价："剧本越来越没有营养，品起来无异于稀释过的小便。"事后雪莉还向伊丽莎白转述了梅勒的话。

虽然剧本改变了方向，但演员们还是付出了十分的努力。为了演好男主角乔治，蒙蒂特意跑到监狱死囚区待了一晚上，借此体会即将被送上电椅的死囚的心境。雪莉为了演好爱丽丝，在片场不施粉黛，还穿着俗气的衣服，可谓把 20 世纪 50 年代的贫民窟女孩演绎得十分到位。伊丽莎白不需要做类似的准备，不过导演史蒂文斯曾禁止所有人在伊丽莎白面前说脏话。然而史蒂文斯没想到，脏话连连的竟是年纪轻轻的伊丽莎白，因此这一禁令很快被取消了。第一周拍摄结束后，史蒂文斯就意识到，现实生活中的伊丽莎白与杂志上的女神判若两人。他发现伊丽莎白喜怒无常，就像一颗随时会爆炸的炸弹。

《郎心如铁》拍摄期间，伊丽莎白和蒙蒂对彼此有了更多的了解。蒙蒂在影坛立足之后，便开始着手培养新人，其中就有保罗·纽曼（Paul Newman）和詹姆斯·迪恩。蒙蒂的表演风格鲜明而热烈，沉默中带着一丝坚毅，极具个性，后来的达斯汀·霍夫曼（Dustin Hoffman）、罗伯特·德尼罗（Robert De Niro）和阿尔·帕西诺（Al Pacino）都继承他的这种风格。而生活中的蒙蒂则不修边幅，时常穿着脏兮兮的 T 恤来到片场，腿上的牛仔裤也仿佛是"二战"前买的。

蒙蒂常说："好莱坞每个路口都有一个恶魔在等着我，我实在难以驾驭。我们不该以表面价值判断一个人。每个人都是骗子。"他嗜酒成性、吸毒成瘾，还为自己的性取向苦恼不已。他虽然喜欢女人，但更喜欢跟男人在一起，他身边的男性恋人一直变换不定。虽然蒙蒂没想把伊丽莎白发展为情人，但依旧对她的美貌惊叹不已。而且，和伊丽莎白一样，他也深受浓密体毛的困扰，

甚至进行了电解脱毛的治疗。伊丽莎白慢慢爱上了蒙蒂。一开始，她拒绝承认蒙蒂是同性恋者，或者说她相信蒙蒂会爱上自己。她给蒙蒂写了很多女孩子气的情书，蒙蒂却把这些情书转手送给了情人。伊丽莎白不得不面对现实，虽然两人没能成为恋人，但两人关系依旧十分亲密，友谊之花从未凋谢。

拍摄过程中，史蒂文斯对伊丽莎白坠湖的一幕不满意，再三要求她重拍。最后萨拉站出来反对，说女儿正值生理期，这样下去很容易痉挛，甚至导致不孕。接下来的三天，伊丽莎白回家休养。在之后的二十年中，她在生理期都拒绝工作，甚至还把这一条写进了合同里。

片中有一场经典的阳台戏，是男女主人公决定分手后的一幕。在摇曳的灯光下，蒙蒂深情地对伊丽莎白说："我对你的爱无以言表。"看过这场戏的特写镜头后，史蒂文斯声称自己促成了好莱坞最漂亮的一对情侣。影片最后一幕无比神圣庄严，被执行电刑前，伊丽莎白到死牢探望蒙蒂，并向他表明了心意："我对你的爱永无止境。"多年后，蒙蒂去世，伊丽莎白给他的家人发去了悼念信，她再一次说出了这句台词。

影片进入收尾阶段，萨拉邀请老朋友赫达·霍珀到片场观看蒙蒂与伊丽莎白拍摄亲昵场景。蒙蒂十分厌恶霍珀，因为霍珀曾在报纸上说蒙蒂"脂粉气十足"。霍珀知道蒙蒂是个同性恋者，但她一如既往地忽略这个事实，在专栏里热捧蒙蒂和伊丽莎白这对"情侣"，说两人婚期将至。派拉蒙也跟着凑热闹，背着伊丽莎白对外宣称她即将结婚。伴着清晨的咖啡，全国人民都读到了这样的头版头条——蒙蒂·克利夫特与伊丽莎白·泰勒婚讯在即。

《郎心如铁》杀青之际，蒙蒂极度失望落魄，他想要飞往纽约，与利比·霍尔曼（Libby Holman）再续前缘。利比的年龄是蒙蒂的两倍，20世纪20年代末，她活跃在百老汇音乐剧的舞台上。英国剧作家诺埃尔·考沃德（Noel Coward）说她是"喜欢与男同性恋为伴的女人"。利比的前两任丈夫都是同性恋者，而且都神秘死亡了。得知蒙蒂与伊丽莎白不断升温的恋情后，利比心中愤愤不平，抨击伊丽莎白是个"女色情狂"。伊丽莎白知道利比的斑斑劣迹，她十分担心蒙蒂的安全，要他千万不能放松警惕。蒙蒂动身出发之际，伊丽莎白对他说："蒙蒂，你可以随时回来找我。"他沉默无语，在她嘴唇上轻轻一吻，随即转身离去。她强忍着泪水跑出了片场，在自己的化妆室待了两个小时。

为了给电影《日落大道》让路，派拉蒙将《郎心如铁》的首映日期推迟了一年。《郎心如铁》最终于 1951 年 8 月 14 日上映，当时伊丽莎白已经经历过一段婚姻了。征得派拉蒙同意后，伊丽莎白带汉利参加了《郎心如铁》的特别展映活动。查理·卓别林（Charles Chaplin）在观看完《郎心如铁》后，评论其为"美国历史上最棒的电影"。影评家安德鲁·萨里斯（Andrew Sarris）在《美国电影》一书中写道："影片最后的特写牵动了每个人的神经，给我们带来了终极娱乐体验。这就仿佛是在享受巧克力圣代一样。"《纽约邮报》评论道："只要泰勒小姐从镜头前一过，男人便一个个拜倒在她的石榴裙下，哪怕替她谋财害命也在所不惜。"当然，也有一些评论家称伊丽莎白是红颜祸水。直到二十年后，大家的描述才更为确切："她是终极调情大师。"

影片上映后几个月内，伊丽莎白在片中穿的白色裙子成了全球年轻女性竞相追逐的时尚。这条裙子是伊迪丝·海德（Edith Head）设计的，上身束腰且胸前点缀有白色雏菊花瓣图案，下身由白色丝绸和白纱组成。伊迪丝后来说："身着这条裙子的伊丽莎白仿佛掠过晶蓝色湖面的一道阳光。"迎接伊丽莎白的不仅仅是相貌的恭维，更有对她演技的肯定。一位评论员在《票房》中写道："今年的奥斯卡非泰勒小姐莫属。"然而，得到奥斯卡最佳女主角提名的是雪莉·温特斯，而不是伊丽莎白·泰勒，而最终得到这个奖项的则是费雯·丽。蒙蒂获得了奥斯卡最佳男主角提名，但最后败给了出演《非洲女王号》（*The African Queen*）的亨弗莱·鲍嘉。

我喜欢佩戴珠宝，但并不是
因为它们属于我。你无法拥
有光彩，你只能赞美它。

part 03

婚 姻 在 左 , 事 业 在 右

热 恋 中 的 女 神

我纠结于两位女神不能自拔——"贝西·美"和"猫咪"(蒙蒂给伊丽莎白·泰勒和玛丽莲·梦露分别起的绰号)。

——演员 蒙蒂·克利夫特

尼基·希尔顿注意伊丽莎白已久,但伊丽莎白一直不知情,直到拍摄《郎心如铁》时,她才认识这位 23 岁的富家公子。1949 年秋日的一个温暖的午后,派拉蒙老板之子邀请两人到派拉蒙对面的墨西哥餐厅用餐。那天,性子随意的尼基迟到了半个小时。他身材魁梧,长相帅气,深褐色的眼睛里常流露出顽劣的本性,言语里却带着得州人特有的温柔。他身穿高档燕尾服,看上去就像个大学毕业生。

尼基是出了名的花花公子,他从 14 岁开始就与各色人等交往,接触了许多大牌明星、工业大亨、议员、没落的欧洲贵族,甚至总统。尼基 19 岁从巴尔的摩市罗耀拉大学辍学,之后应征加入了海军。他有过多位情人,男人和女人都有。尼基从来没正经工作过,但仍身居要职,他是希尔顿集团的副总裁和贝艾尔酒店的经理。遇到伊丽莎白时,他与前继母莎莎·嘉宝(Zsa Zsa Gabor)的恋情正如火如荼。嘉宝是 1942 年嫁给尼基的父亲的,但五年后就离婚了。

葛洛丽亚·斯旺森作为派拉蒙老板之子的女伴一同用餐。斯旺森当时正在为派拉蒙拍摄《日落大道》，她对伊丽莎白的美丽极为赞赏，伊丽莎白也很喜欢和这位大腕聊天。这次见面让伊丽莎白对尼基很有好感，他们都喜欢放了洋葱的汉堡包，听男低音歌唱家唱歌。

聚会结束后，伊丽莎白很快便收到了一大束黄色玫瑰。尼基早就做足了功课，对伊丽莎白的喜好了如指掌。伊丽莎白感动不已，开始认真和尼基交往。两人频频出现在沙滩或者派对上，他们经常共进午餐，偶尔也在泰勒家用餐。伊丽莎白时常与汉利聊起尼基，汉利听过尼基的很多传言，这些传言都证实，光鲜亮丽的尼基有着非常复杂的一面——嗜赌如命、殴打女人、嗜酒成瘾、吸毒成瘾，而且尼基还是出名的双性恋。汉利忍不住提醒伊丽莎白，让她谨慎处理与尼基的关系，但伊丽莎白并未将这些话当回事儿。

随着两人关系的稳定，尼基觉得是时候带萨拉和弗朗西斯去见见自己的父亲了。尼基派自家的豪华汽车把萨拉和弗朗西斯接到了希尔顿宅邸。这座宅邸就像一家顶级酒店，共有十六间套房、六十四个房间、二十六个卫生间、五个厨房及各自配套的小酒吧，所有的装饰都镶有 14k 黄金表层。作为画商，弗朗西斯对嵌板上的名家画作惊叹不已，萨拉则对房内十二个不同风格和颜色的壁炉感兴趣。宅邸里，身着燕尾服的用人们忙前忙后，女仆们穿着统一的黑色制服，系着白色围裙，随时准备听候客人的吩咐。弗朗西斯和萨拉被希尔顿家族的富有迷花了眼，他们大力支持女儿的恋情。然而，朋友们都注意到，随着两人恋情的深入，伊丽莎白愈发不安。虽然她迫切渴望摆脱萨拉的控制，但也不想拥有一个占有欲强烈的丈夫。

与此同时，罗迪与福克斯电影公司的合同已经到期，他来到纽约，希望能在百老汇立足。他租下了曼哈顿的一套高级公寓，和梅夫·格里芬同住。伊丽莎白一时兴起，无视尼基和萨拉的反对，独自飞到纽约去看望罗迪。在纽约，蒙蒂也加入伊丽莎白、梅夫和罗迪的小团体中，他们经常一同出没在蒙蒂钟爱的酒吧里，同时出现的往往还有凯文·麦卡锡（Kevin McCarthy）。凯文是纽约城里的天才演员，出身显赫，他与美国知名作家玛丽·麦卡锡（Mary McCarthy）是兄妹，与议员尤金·麦卡锡（Eugene McCarthy）是堂

兄弟。

通常，酒吧里的客人都会醉得很厉害，因此没人会打扰他们，也没人会认出他们。他们最疯狂的一个夜晚莫过于在格林威治村的一家餐厅，每个人都点了一个蛋糕。蒙蒂凑上去闻了闻，格里芬趁着醉意把他的脸按到了蛋糕上。一场食物大战随即拉开序幕，伊丽莎白也加入其中。餐厅管理人员叫来了警察。两位巡警认出了伊丽莎白，于是她说服他们网开一面，还给了餐厅经理一百美元。

此时，蒙蒂已经成了一个不折不扣的酒鬼，伊丽莎白也在养成酗酒的恶习。蒙蒂或者罗迪有事时，梅夫偶尔也会陪伊丽莎白去酒吧。很快，好莱坞便传闻四起，说梅夫在跟伊丽莎白交往。专栏作家华尔特·温切尔（Walter Winchell）明知梅夫·格里芬是个不折不扣的同性恋者，还大肆宣扬这段恋情。梅夫并未否认两人的恋情，他不愿公开自己的同性恋身份，因而非常乐意向公众证明自己是异性恋。

伊丽莎白在纽约期间，罗迪得知彼特·劳福德源源不断地为尼基提供女演员，而伊丽莎白却毫不知情。罗迪、梅夫和蒙蒂都觉得伊丽莎白应该和尼基分手，但他们都害怕惹怒她，因此没人敢说尼基的坏话。罗迪和梅夫曾试图扮演一次红娘，为伊丽莎白另寻男友。他们想把艾迪·费舍（Eddie Fisher）介绍给伊丽莎白，费舍确实对伊丽莎白有好感，只可惜伊丽莎白完全没注意到他。

1949 年年末，伊丽莎白回到好莱坞，继续与尼基的狂热恋情。同时，她和斯宾塞·屈塞、琼·贝内特（Joan Bennett）合作出演了《岳父大人》（*Father of the Bride*），这部电影描绘了一位父亲在女儿结婚时的复杂心情。斯宾塞和贝内特分别饰演伊丽莎白的父母，唐·泰勒（Don Taylor）饰演伊丽莎白的未婚夫。斯宾塞饰演的父亲既觉得女婿配不上自己的女儿，又努力想要为女儿筹备一个体面的婚礼。这是一部关于父女情深的喜剧片。

伊丽莎白不喜欢自己的角色，这让她想起自己在 20 世纪 40 年代末扮演的纯情女孩。如今已是崭新的 50 年代，她不想停留在过去的形象里。贝内特与伊丽莎白十分相像，两人的肤色、发色和面部特征都较为接近。多年后，贝内特分享了与伊丽莎白共事的细节。在她眼中，伊丽莎白"小小年纪却肆无忌惮地狂饮，似乎有很多烦心事"。拍摄期间，尼基·希尔顿经常出现在片场，片场几乎没人喜欢他，大家都知道他是个浑蛋，却没人敢告诉伊丽莎白。

得知伊丽莎白计划嫁给尼基，路易·梅耶喜出望外。他把《岳父大人》的首映时间定在伊丽莎白的婚期前，以提升宣传效果。米高梅公司内部当时正在进行大变动，梅耶的职位很快将由多尔·沙里（Dore Schary）接任。沙里和梅耶一样，很看好伊丽莎白，他曾对米高梅的管理层说："伊丽莎白绝对会成为米高梅 20 世纪 50 年代的摇钱树。"第一天到《岳父大人》的片场时，沙里亲自接待了伊丽莎白，还向她介绍了导演文森特·明奈利（Vincente Minnelli）。文森特是朱迪·嘉兰的丈夫，两人育有一女——丽莎·明尼里（Liza Minnelli）。丽莎后来也做了演员，1973 年她凭借影片《歌厅》（Cabaret）获得奥斯卡最佳女主角奖。

1949 年圣诞节，尼基的父亲老康拉德·希尔顿（Conrad Hilton, Sr.）邀伊丽莎白、萨拉和弗朗西斯到家中做客。当晚，尼基送给伊丽莎白一对昂贵的、嵌有耀眼珍珠的钻石耳环作为礼物。在征得弗朗西斯同意后，尼基正式向伊丽莎白求婚。伊丽莎白同意了，但她明确表示自己不会放弃演艺事业。尼基对此没有异议，只希望伊丽莎白能和他一样信奉罗马天主教。

伊丽莎白当时只有 17 岁，高中都还没有毕业。弗朗西斯希望女儿拿到高中毕业证后再结婚，为此，米高梅的首席公关联系了洛杉矶大学高中，成功解决了这个问题。伊丽莎白还出席了毕业典礼，她戴着礼帽，身穿毕业服，给第一次见到自己的"同学"签名。

《岳父大人》最终于 1950 年上映，影片获得了奥斯卡最佳影片及最佳剧本奖的提名，屈塞也获得了奥斯卡最佳男主角的提名。可惜，影片和屈塞最终都未能得奖，但最失意的当属伊丽莎白，她连提名都没得到。一位评论员说《岳父大人》"诞生于毫无幽默感的 20 世纪 50 年代，却是一部 40 年代风格

的喜剧"。

　　1950年2月，老康拉德迫不及待地宣布了儿子尼基·希尔顿与伊丽莎白·泰勒订婚的消息。第二天，全世界都知道了这一消息，希尔顿家族的连锁酒店因此预订量大增，两人的婚约也成为好莱坞热议的话题。鉴于伊丽莎白曾两次悔婚，赫达·霍珀公开怀疑她是否会"旧病复发"，还称她为"薄情女利兹"。

　　订婚后第一次公开亮相时，伊丽莎白戴着5克拉的订婚钻戒炫耀自己的幸福。米高梅努力把这段恋情宣传为现实版的王子和公主的爱情。在米高梅的安排下，伊丽莎白的新娘送礼会在"单身靓女俱乐部"举办。该俱乐部是由伊丽莎白和朋友们共同发起的，会员都是单身女子。在媒体的见证下，伊丽莎白正式辞去了俱乐部主席一职，因为她即将告别单身，成为新娘。

◄◄《岳父大人》的剧照，
　　身穿婚纱的伊丽莎白
　　让人惊叹不已

《岳父大人》的剧照，从
　左至右依次是伊丽莎白、
　唐·泰勒、斯宾塞·屈
　塞。影片中斯宾塞扮演的
　岳父大人对女婿又爱又
　恨，伊丽莎白真正的父亲
　弗朗西斯与之相比，对
　女婿算得上是和颜悦色了 ►

被冷落的新娘

她拥有一切：魅力、金钱、美貌和智慧。但她为什么不快乐呢？

——导演 安迪·沃霍尔

　　为了让伊丽莎白风光地出嫁，米高梅专门请了海伦·罗斯为伊丽莎白设计婚纱。婚纱采用了十分保守的款式，中间的塑形腰带恰到好处地凸显了伊丽莎白的纤细苗条。婚纱上布满了小粒珍珠和铃兰，女工们为此精心缝制了两个月才完成。婚礼前夕，泰勒家每天都礼物不断，其中不乏名贵之物：韦奇伍德瓷器、瑞士水晶、华莱士纯银餐具以及意大利上等亚麻布。萨拉说这些礼物堪比"女王的嫁妆"。弗朗西斯也送了两件大礼给伊丽莎白：荷兰杰出的肖像画家弗兰斯·哈尔斯（Frans Hals）的画作及一件貂皮大衣。萨拉则送给女儿一件白色貂皮披肩，不过钱是由米高梅出的。霍华德·杨从纽约送来了一串价值六万五千美元的珍珠项链。为了容纳这些礼物，萨拉只得搬出客厅里的家具，甚至连卧房也塞得满满当当的。

　　1950 年 5 月 6 日，婚礼在比弗利山庄的天主教教堂正式举行。在警方的帮助下，伊丽莎白乘坐米高梅豪华轿车顺利来到教堂。当天有五千名粉丝到场，隆重程度堪比 1937 年珍·哈露（Jean Harlow）的葬礼。警方和米高梅努力控制现场局势，他们担心婚礼结束后，粉丝们会将伊丽莎白的婚纱撕扯下来留作纪念。

　　身着婚纱的伊丽莎白就像童话中的白雪公主一般美丽动人，伴娘们穿着薄如蝉翼的金色礼服，手握黄色郁金香和水仙花束陪在她身边。如同童话故事一样，伊丽莎白满心希望能和尼基永远幸福地生活在一起。

　　米高梅公司的全体成员都乘坐豪华汽车参加了婚礼。他们中有很多人都不喜欢伊丽莎白，但迫于梅耶的压力只能来。伊丽莎白的父母亲以及《岳父大人》中父母亲的扮演者斯宾塞·屈塞和琼·贝内特并肩而坐。有人打趣地说，贝内特跟萨拉拼命抢镜。当晚盛装出席的影星还有珍妮特·利、葛丽亚·嘉逊、彼特·劳福德、莎莎·嘉宝、玛格丽特·奥布莱恩、罗迪·麦克道尔、范·强生、小阿瑟·勒夫和泰瑞·摩尔等。当然，专栏作家也是必不可少的，赫达·霍珀、卢埃拉·帕森斯和希拉·格雷厄姆都参加了婚礼。梅耶坐在教堂里最

伊丽莎白抵达婚礼现场，她身穿缀满铃兰和珍珠的婚纱，笑容甜美。她期待着自己和小康拉德·希尔顿的婚姻会像童话故事一样幸福美满

显眼的位置，不断用手绢擦着眼泪。他一走进教堂就对媒体说："我觉得我似乎失去了一个女儿。"

当天女演员安·米勒（Ann Miller）作为老康拉德的女伴出席了婚礼。据她所言，神父宣布两人结为夫妻后，"尼基给了新娘史上最长之吻"，这令在场嘉宾尴尬不已。婚礼只持续了二十分钟，伊丽莎白就摇身一变成了小康拉德·希尔顿夫人。婚礼结束后，伊丽莎白与尼基站在教堂门前供媒体拍照，伊丽莎白对媒体说："我会爱他爱到天荒地老。"

随后，两人参加了米高梅为伊丽莎白举行的盛大婚宴，加州州长厄尔·沃伦（Earl Warren）出席了婚宴。宴会上，夫妇俩用了将近四个半小时才跟大约六百名宾客一一握完手。伊丽莎白很快便厌倦了，尼基也觉得无聊。婚宴结束后，两人动身北上，准备共度新婚之夜。

尼基喝了不少酒，到达酒店时更是昏昏沉沉。吃过晚饭，伊丽莎白回到卧房，等待尼基的到来，可他就是不见踪影。到了凌晨 2 点，伊丽莎白独自一人睡着了。清晨 4 点左右，烂醉如泥的尼基回到房间，叫醒了伊丽莎白，此时他已经跟两个妓女厮混了一夜。尼基和伊丽莎白第一次吵架了。酒醒之后，尼基为前一晚的事情道歉，伊丽莎白原谅了他，表示理解他的"烦躁不安"。随后，尼基又一次彻夜不归，直到清晨才回到卧房。他去了地下赌场，一夜之间便输了十万美元。伊丽莎白责怪了他，原本就恼怒的尼基一气之下打了她，把她撞倒在了地板上，留下她独自啜泣。当时，莎莎·嘉宝跟尼基还有来往，她后来说："真是有其父必有其子。老康拉德买下了世上最富魅力的女人们，然而一旦得手就不知道珍惜了。"尼基再次道了歉，伊丽莎白也再次原谅了他。

原本以为幸福快乐的蜜月成了一场灾难，伊丽莎白渐渐认清了尼基的本质。两人矛盾最早的导火索是一位称尼基"泰勒先生"的侍者，尼基一怒之下扇了他一耳光，之后给了他一百美元作为补偿。但是，伊丽莎白已经隐隐感觉到后悔了。她意识到，自己和尼基根本就不是一个世界的人，两人没有共同话题。尼基放荡惯了，不喜欢被人管束，只希望伴侣对自己"有求必应"，而伊丽莎白从小也过着众星拱月的生活，她从来都不是一个顺从别人的人。因此，她打电话给萨拉，萨拉却只是劝女儿守住婚姻。

这对新婚夫妇随后从洛杉矶飞到纽约，准备乘坐"玛丽女王"号进行为期三个月的欧洲之行。在纽约，伊丽莎白入住了希尔顿家族拥有的华尔道夫酒店总统套房。尼基早就把它当成了自己在纽约的家。接待员拿出了老康拉德的一封信，里边装着送给伊丽莎白的酒店股份，因此，伊丽莎白也成了酒店的股东。

夫妇俩住在这里还算惬意，尼基曾带伊丽莎白与他的好友格伦·麦卡锡（Glenn McCarthy）共进晚餐。格伦是加州的石油大亨，伊丽莎白未来出演的电影《巨人传》（*Giant*）正是以他的奋斗史为蓝本的。不过，格伦酒后十分粗鲁，这点与尼基极为相似。晚餐结束之际，格伦邀请尼基一同去纽约城搜寻热辣的女人，伊丽莎白被独自留在了餐桌上。

登上"玛丽女王"号时，伊丽莎白携带了大量行李，为此尼基抱怨运费太贵。虽然他赌博的时候一掷千金，但对别人却相当小气，尤其不舍得为伊丽莎白添置衣物。得知不能入住船上的婚房后，尼基更是怒火中烧。当时船上还有温莎公爵夫妇，而"玛丽女王"号一向致力于为王室提供免费且高端的服务。在其他套房住下后，两人收到了公爵夫妇的晚餐邀请。

晚餐时，公爵夫人佩戴的钻石铂金胸针令伊丽莎白羡慕不已。多年后，伊丽莎白以五十七万七千美元的价格买下了那枚胸针，比查尔斯王子出的价都高。伊丽莎白和公爵夫人很投缘，她们都喜欢纸牌游戏、珠宝和高档时装，尼基和公爵则对此毫无兴趣，在一旁听得昏昏欲睡。旅行期间，伊丽莎白和公爵夫人每天都会相约打牌，两人后来建立了毕生的友谊。

乘务员们发现尼基对伊丽莎白经常颐指气使的："去叫个服务生过来，让他给我拿杯酒。"一次，尼基对伊丽莎白吼道："走吧！我们去看电影。"伊丽莎白回应说："我早就看够了！"据一位船员描述，尼基抓住伊丽莎白的头，一边重重地往隔板上磕，一边说："贱人，给我听着！你要么乖乖听话，要么就小心你的花容月貌。你自己选吧！"

同船旅行的还有专栏作家艾尔莎·麦克斯韦（Elsa Maxwell）。她对新婚的希尔顿夫妇很感兴趣，希望公爵夫人介绍他们给她认识。公爵夫人答应了，决定在上岸前一晚设宴邀请三人见面。艾尔莎是公认的"派对女主人之最"，在巴黎社交圈里号召力惊人，正如她自己所言："对于一个又矮又胖、没钱没背景的钢琴手来说，混成这样已经相当不错了。"艾尔莎十分喜欢年轻女性，这让尼基厌恶不已。在公爵夫人准备的晚宴上，艾尔莎和伊丽莎白相处融洽。艾尔莎准备在巴黎为希尔顿夫妇举办一场盛大的派对。不过她不打算支付派对费用，而是准备向每位客人要一千美元的入场费。

上岸后，尼基和伊丽莎白入住了奢华的乔治五世大酒店。作为腰缠万贯、声名显赫且备受关注的一对新人，他们成了全城的焦点。大批摄影师等在酒店门口，希望一睹伊丽莎白和尼基的风采。《巴黎竞赛》评论道："当时他（尼基）嘴里嚼着口香糖，果真是地地道道的美国人啊。他少言寡语，看上去略显冷漠。他是酒店大亨的继承人，然而衣着却显得宽松肥大，看上去不甚讲究。"在酒店套房里，尼基对伊丽莎白说自己准备去楼下喝一杯，而酒店的酒吧正是欧洲高级妓女的聚集地。第二天早上5点，他才回来，一场激烈的争吵随即拉开序幕。伊丽莎白骂他是"嫖客"，因此又遭到一顿暴打。

希尔顿夫妇如约出席了艾尔莎·麦克斯韦举办的派对。艾尔莎邀请了大批知名人士，从政界到演艺界应有尽有，出席人员包括法兰西第四共和国的首任总统樊尚·奥里奥尔（Vincent Auriol）、演员莫里·舍瓦利耶（Maurice Chevalier）以及战后知名的国际女歌手伊迪丝·琵雅芙（Edith Piaf）等。艾尔莎还邀请了一批失去王国的欧洲君主和贵族。

　　豪华的派对阵容引起了媒体的注意，许多摄影师闻讯赶来。伊丽莎白当晚身穿迪奥设计的精致晚礼服，优雅动人。派对上，伊丽莎白见到了法国卡巴莱^①舞女兼电影艺人密斯丹格苔（Mistinguett）。密斯丹格苔告诉媒体："伊丽莎白·泰勒根本就不会表演，她的声音让人毛骨悚然。她唯一擅长的便是收集珠宝和时装。估计她会'大有前途'。"伊丽莎白后来听到了她对自己的评价，一直不肯和她说话。尼基原本和伊丽莎白一同接待客人，但他总会时不时地溜掉，最后还和一名年轻男子"失踪"了，把伊丽莎白一个人留在派对上。

　　1950 年 6 月 12 日，伊丽莎白和尼基飞往伦敦参加《岳父大人》的首映仪式。伊丽莎白为将近两千名英国粉丝签名，尼基陪在一旁，无所事事且怨愤至极。尼基对影院经理说道："我再也不能忍受做伊丽莎白·泰勒先生的日子了！在美国，我可比她地位高多了，也比她有钱多了。"尼基觉得伦敦很无趣，他迫切渴望到蔚蓝海岸的赌场潇洒。因此，希尔顿夫妇来到了戛纳，尼基订了卡尔顿酒店的高级婚房，两人很快便融入了当地的上流社会。

　　媒体敏感地嗅到了两人的到来，只要他们出行就会被围得水泄不通。尼基一怒之下，一拳打在一名摄影师的脸上，还踩坏了他的摄像机。同时，伊丽莎白的粉丝们挤满了酒店，只希望一睹伊丽莎白的真容。尼基因此更加愤怒，他对酒店经理说："我娶的不仅仅是一个女孩，还有一群疯子！"

　　在戛纳的第一夜，尼基便抛弃了伊丽莎白，兴致勃勃地朝赌场奔去。他跟两个法国妓女消失了两夜。当他回来时，伊丽莎白正在大厅的礼品店选购物品。一场争吵随即爆发，他把她撞倒在大理石地板上，骂她是个"臭女人"。这次事故加重了伊丽莎白的背伤，经理急忙叫来救护车，匆匆把她送往当地医院。她在那里休养了三天，其间尼基一次都没露面。倒是有两位警察来探望了她，他们建议她诉诸媒体，不过她没有同意，只希望能离开欧洲。一位

①卡巴莱：一种歌厅式音乐剧，具有喜剧、歌曲、舞蹈及话剧等元素的娱乐表演，盛行于欧洲。

移民主管千里迢迢从尼斯赶了过来，他解释说，伊丽莎白和尼基使用的是联合护照，护照由尼基保管，因而她不能只身离开；若是向美国领事馆申请独立签证，还要牵扯尼基。烦琐的程序让伊丽莎白打消了离开的念头。虽然伊丽莎白身在欧洲，但好莱坞并没有将她遗忘。卢埃拉·帕森斯在专栏中提及了伊丽莎白岌岌可危的婚姻，她写道："两人的斗争不断升级，最糟糕的一次发生于法国南部。尼基迷恋赌桌，夜夜将新娘冷落一旁。要知道，从来没有哪个男人会冷落她。在好莱坞，她永远都是焦点。"

离开戛纳后，这对不如意的夫妻乘车去了蒙特卡洛，酒店派车运送了伊丽莎白的行李。两人入住了赌场附近奢华的巴黎酒店。入住第一晚，尼基便朝着赌场进发了。与巴黎歌剧院一样，这座豪华的赌城也是由知名建筑师查尔斯·加尼叶（Charles Garnier）设计的，是各界名流的钟爱之地。在艾尔莎·麦克斯韦的帮助下，伊丽莎白受到了多方邀请。其中有两个邀请尤为引人注目：一个来自船业大亨亚里士多德·奥纳西斯（Aristotle Onassis），另一个来自摩纳哥的兰尼埃（Rainier III）。两人都邀请尼基和伊丽莎白一同参加，尼基都拒绝了，他发誓要在赌场把输掉的钱赢回来。

蒙蒂此时恰巧在罗马参加《女继承人》的首映式，伊丽莎白得知后喜出望外，立刻和蒙蒂见了面。蒙蒂和伊丽莎白还同美国知名剧作家田纳西·威廉斯（Tennessee Williams）及其情人共进了晚餐。威廉斯曾凭借《欲望号街车》（*A Streetcar Named Desire*）赢得普利策戏剧奖。当晚，蒙蒂对他描述了罗马的热闹场面，威廉斯从中获得灵感，后来还写下了小说《斯通夫人的罗马之春》（*The Roman Spring of Mrs. Stone*）。多年后，威廉斯回忆起那个罗马之夜时说："我居然在跟世上最美丽的男女一同用餐。粉丝们若是一睹两人的真容，绝对会大吃一惊——蒙蒂点了生牛肉，吃得嘴上滴血；伊丽莎白点了两份意大利面。我亲爱的情人一向脏话连篇，而伊丽莎白则是有过之而无不及。"

蒙蒂几天后便回到了纽约。伊丽莎白为摆脱尼基的纠缠，打电话向梅尔文·勒罗伊求助。梅尔文认为人流涌动之处才是最佳藏身之所，因而让她来

到《暴君焚城录》（*Quo Vadis*）的片场。他让她穿上托加长袍，加入群众演员的队伍当中。伊丽莎白扮演了整整一周的基督教殉道者，尼基把罗马翻了个底朝天也没能找到她。他气急败坏地把租借的别墅中 16 世纪的古玩打得粉碎，老康拉德不得不为此支付了巨额的赔偿。

尼基在罗马的最后一夜是与伊丽莎白度过的，只是两人分外生疏。第二天清晨，他们飞往柏林，为柏林希尔顿酒店剪彩。结束柏林之旅后，尼基和伊丽莎白再次飞到巴黎，一同参加了盛大的社交季舞会。作为告别之旅，伊丽莎白希望能震撼全场。她购置了一件巴尔曼品牌的晚礼服，放到今天也要六万美元。她还从珠宝商那里租了一枚价值十五万美元的钻戒。然而，舞会开始不过一个小时，尼基就决定去赌场，他听说当地的赌场很繁荣。他和伊丽莎白大声争吵，让围观的客人见识了不少骂人的英语，两人争吵的照片第二天便登上了巴黎各家小报。最后，尼基当着众位客人给了伊丽莎白一拳，把她打得摔在大理石地板上。两人的蜜月就此宣告结束。

1950 年 9 月，尼基板着脸和伊丽莎白登上了回程的"伊丽莎白女王"号。伊丽莎白买了一只德国贵宾犬，给它起名"比安科"，还把它温柔地抱在怀里。艾尔莎·麦克斯韦碰巧又和两人同船。她注意到伊丽莎白面色憔悴，人似乎也消瘦了很多，还染上了吸烟和酗酒的毛病。伊丽莎白在回忆录《腾飞的伊丽莎白》中写道："欧洲之行结束之际，我跟丈夫的矛盾已经不可化解了。他越来越沉闷、暴怒，还对我进行身心的双重折磨，甚至当众羞辱我。"

失败的“天作之合”

我一直记得的是伊丽莎白的笑。她走进房间，看起来像是一位公主。有她在，房间很快就会充满笑声，让我们振奋。和她认识，我是如此的开心。

——音乐人 巴瑞·曼尼洛

　　终于回到了美国，伊丽莎白欣喜万分，然而这欣喜转瞬即逝。媒体对她穷追不舍，询问她是否离婚在即。伊丽莎白不想承认，她声称："我跟尼基已经和好如初了——之前只不过是处在适应期罢了。大部分夫妇都要经历这样的过程。我要重回好莱坞，不过我会努力做个好妻子。我已经在学习做饭了。最近我在学习煎蛋的技术，我还找到了煮鸡蛋的最佳温度。"

　　当然，这不是事实。尼基虽然没有外出鬼混，和伊丽莎白一起住在广场酒店的套房里，但两人间的感情早已不复存在。尼基常常会在床边放一把缠了念珠的手枪，以防受过他虐待的女人报复他。他的种种行为让伊丽莎白心神不宁，当罗迪再次见到伊丽莎白时，她已经憔悴不堪，每天都要抽两包烟。罗迪对她的身体状况和精神状态都很担忧，觉得她已经到了崩溃的边缘。

　　之后，伊丽莎白和蒙蒂见了面，他们一同在蒙蒂最喜欢的意大利餐厅进餐。蒙蒂的情况也好不到哪儿去，酗酒和滥用药物把他搞得一团糟，他身体一直在颤抖，甚至需要别人帮忙才能点燃香烟。第二天清晨，凯文·麦卡锡打电话给伊丽莎白，他刚刚冲进商场救出了彻底崩溃的蒙蒂。次日下午，伊丽莎白来到医院探视蒙蒂，她安慰他说，自己会一生一世守护他，绝不会抛弃他。

回到酒店后，伊丽莎白不得不继续面对自己混乱的人生。为了避开媒体，米高梅宣称伊丽莎白会直接飞回洛杉矶，私底下却安排她在芝加哥停留。尼基得知后，前往芝加哥机场迎接她。在回酒店的车里，他乞求伊丽莎白原谅自己。伊丽莎白再一次妥协了。几天之后，两人飞抵洛杉矶，入住了贝艾尔酒店的套房。两天后，简·鲍威尔举办了一场派对，为伊丽莎白接风洗尘。汉利也是客人之一，他后来回忆说："尼基显得相当无聊。他讽刺简让客人席地而坐，还只提供自助餐。他说，在得州人看来，简派对上的食物不过是一堆玉米饼。"当晚过后，尼基独自飞到拉斯维加斯豪赌三夜，又欠下了巨额的债务。此前他在芝加哥信誓旦旦地对伊丽莎白说"离开你我活不了"，现在却忘得一干二净。他把玛丽莲·梦露也带到了拉斯维加斯，安排她入住了奢华套房，还送了她一对钻石耳环。

回到好莱坞后，伊丽莎白开始拍摄《玉女弄璋》（*Father's Little Dividend*），这是《岳父大人》的续集。伊丽莎白出演片中的准妈妈，斯宾塞·屈塞和贝内特继续饰演伊丽莎白的父母，唐·泰勒依旧饰演她的丈夫。《玉女弄璋》刻画了经典的早婚片段：孩子出生前家庭成员间经常会有口角，孩子出生后所有人都激动异常。制片人潘德洛·S.伯曼曾到片场拜访了伊丽莎白，他回忆说："她看上去疲惫不堪且心灰意冷。她以往可是言语犀利，还极富幽默感，现在却对什么都没兴趣，还总是满脸愁云。她总是说自己胃痛，因为此前她曾疯狂地抽烟喝酒。她的肌肤也失去了以往的光泽细滑。"

影片杀青之际，伊丽莎白发现自己怀孕了。尼基在和玛丽莲·梦露消失了一个周末后，终于在周一清晨露面了。回来时，他酩酊大醉且怒气冲冲，当晚就和伊丽莎白大吵了一架。尼基承认他跟玛丽莲·梦露交往的事实，伊丽莎白一怒之下给了他一耳光，他一拳把她打趴在地，还朝她肚子上踢了几下。然后他无视她的痛苦，独自冲出了房间。伊丽莎白忍痛爬到最近的电话旁，给萨拉打了电话，萨拉立刻叫了救护车。伊丽莎白很快便被送到医院，医生确诊她不幸流产。她在医院休养了两日，因为患有结肠炎和胃溃疡，她只能喝粥度日。

经此一事，伊丽莎白终于决定放弃这段婚姻。听闻她即将离婚的消息后，米高梅的多尔·沙里说道："或许我们应该再拍一个《玉女弄璋》的续集，就把它命名为《离婚的女人》。"

历经七个月，这场被称为"天作之合"的婚姻宣告失败。米高梅向媒体公布了这一消息，伊丽莎白声称："很遗憾，我与尼基未能顺利度过磨合期。离婚在所难免，这绝不是情非得已，我们已经没有和解的可能了。"得知伊丽莎白的分手宣言后，尼基改变了心意，强烈请求伊丽莎白回到自己身边。伊丽莎白拒绝见他，也不接他的电话。无奈之下，他只能用黄玫瑰"轰炸"她。伊丽莎白在给尼基的电报中写道："纵使你送我全世界的黄玫瑰也于事无补。我们俩从此将形同陌路。"尼基回复说："我跟玛丽莲·梦露结束了。我刚刚才知道，她同时跟八个男人交往，她肯定每个小时都安排了一个。求你回来吧，我保证以后做一个好丈夫。"伊丽莎白回复道："你的承诺简直是狗屁不如！"

伊丽莎白请律师帮忙办理离婚事宜。她拒绝了萨拉让她搬回家住的要求，而是自己租了一栋公寓。她从没想过，自己独立做的第一个选择就是离婚。直到最后一刻，萨拉还希望伊丽莎白可以和尼基和好如初，她不希望女儿丢掉希尔顿家族的百万财产，但伊丽莎白心意已决。在离婚听证会上，萨拉和弗朗西斯没有陪女儿出席。尼基也没有露面，只是委托了两名律师。1951年1月29日，伊丽莎白在圣塔莫尼卡法庭接受了法官的问询。她用微弱的声音说道："希尔顿先生对我冷若冰霜，还横加辱骂。"后来她连话都说不出来了，她的律师便代替她说话，问她问题，让她回答是或者否。

"希尔顿夫人，自蜜月开始，你丈夫便无缘无故与你争吵，并且相当频繁。另外，他大部分时间都没有和你在一起？"

她回答说："是。"

"你是电影演员，有自己的收入，还告诉我不愿接受赡养费？"

她再一次说："是。"——后来她解释了这一决定，说自己"不想因为过去的失败而受到补偿"。

"你还希望重用娘家的姓？也就是说，你希望把名字由伊丽莎白·希尔顿改回伊丽莎白·泰勒？"

她又轻轻回答："是。"

她本可以揭发尼基的一系列罪行，家暴、踢她的肚子导致她流产等，但她只字未提，只说他辱骂自己的母亲，还对自己的朋友们无礼，她不想给尼基带来任何负面影响。法官最终同意两人离婚，理由为精神冒犯而非身体暴力。

当尼基的律师请求法庭取消婚姻时，伊丽莎白坚决反对。如果婚姻被取消，尼基就可以再次在天主教堂名正言顺地迎娶妻子。法官最终驳回了尼基的请求。当初伊丽莎白曾承诺爱尼基到"天荒地老"，然而两人的婚姻却只维持了七个月零二十四天。伊丽莎白在法庭上以白手套掩面，小声啜泣。庭审结束后，好心的法官邀请她到后庭稍事休息，还递给她一根香烟。离开法庭前，法官给了她一些建议："或许下次你该挑一个更为成熟稳重的丈夫。"走出法庭后，记者蜂拥而至。伊丽莎白转身盯着他们，说道："我再也不要听到尼基·希尔顿的名字了。"说罢便上了米高梅派来的专车。米高梅很快便收回了赠送给伊丽莎白的那件价值三千五百美元的婚纱。

远在得州的老康拉德公开说："我儿子无法适应明星妻子，伊丽莎白也拒绝放弃自己的事业。尼基不堪忍受记者们的围追堵截，更无法忍受被晾在一旁。记者们简直如影随形，让他毫无隐私。重压之下，他才变得脾气暴躁，甚至愤然离去。他们俩根本走不到一起。美貌是罪魁祸首。伊丽莎白是一位公主，不可能过常人的生活，周围的人也会受到影响。如果她没有那么漂亮，如果她没有做影星，如果尼基能再沉稳一些，谁知道结果如何呢？"离婚后的尼基依旧愤怒不已，他说："娶了她就像跳进了金鱼缸。有一次一堆记者竟然闯进了我们的套房，其中一个浑蛋还让我靠边儿站！他要给伊丽莎白·泰勒拍张照片。"

虽然伊丽莎白拒绝接受赡养费，但她的律师与尼基的律师经过几个月的激战，让她赢得了老康拉德当初送给她的股份和两人结婚时的全部礼物。按照当今的市值计算，这些财产价值两百万美元。随后的几周内，所有的媒体都在揣测伊丽莎白的下一任丈夫是谁。公众对伊丽莎白的痴迷丝毫没有减退，媒体猜测彼特·劳福德有可能会成为她的新郎。当然，头号候选人绝对是蒙蒂，卢埃拉·帕森斯在广播中信誓旦旦地说道："他们两人注定应该在一起。"霍华德·休斯也一直没有放弃，为了和伊丽莎白结婚，这次他的出价是两百万美元，比上次翻了一番。霍华德知道伊丽莎白与米高梅的合同即将到期，因而针对这一点提出了条件。他说自己愿意为伊丽莎白成立伊丽莎白电影公司，不管公司盈利与否，他都会资助她的前六部影片。面对这些诱惑，伊丽莎白再一次拒绝了。

与伊丽莎白离婚后，尼基先后交往了琼·科林斯（Joan Collins）、泰瑞·摩尔等女明星。尼基再次结婚是在 17 年后的 1968 年，这次他娶了石油大亨的女继承人帕特丽夏·麦克林托克（Patricia McClintock），成婚时帕特丽夏也只有十几岁。尼基生性放荡不羁，42 岁便离世了。伊丽莎白未曾参加他的葬礼，也未送花吊唁。在尼基去世一周年之际，在两名保镖的陪同下，伊丽莎白夜访了他的坟墓，献上了嵌满黄玫瑰的花圈。

当公主遇上骑士

我不知道她究竟是作为一位明星还是作为一个朋友更让我感到印象深刻。她的交友之道是无可匹敌的。

——演员 雪莉·麦克雷恩

离婚之后，伊丽莎白搬进一栋两层的公寓。她住在楼上，新婚夫妇珍妮特·利和托尼·柯蒂斯（Tony Curtis）住在楼下。利在回忆录中写道："这栋公寓相当有吸引力。被发现之后，记者们蜂拥而至。任何小动作都瞒不住他们的眼睛，稍不留心你就会登上头版头条。"1951年，伊丽莎白登上了哈佛大学最知名的幽默杂志《哈佛妙文》，该杂志将她评为"本年度最引人反感的儿童"，还攻击她"矫揉造作"，讽刺她"完全不会表演"却还坚持演艺事业，甚至把第一个"最差奥斯卡"颁给了她。哈佛学子打破了昔日诺言，疯狂地抨击她。当时，各大公司开始争相解雇演员，而伊丽莎白作为未来的摇钱树，被米高梅抓得更牢。米高梅和伊丽莎白签订了新的合同，有效期是1952年至1958年，伊丽莎白的周薪也被提升到五千美元，但按照好莱坞的税收惯例，其中90%都会作为税款上缴。

伊丽莎白在离婚前夕曾与拉里·帕克斯（Larry Parks）搭档拍摄了《玉女求凰》（*Love Is Better Than Ever*），导演是年轻的斯坦利·多南（Stanley Donen）。片中，由伊丽莎白饰演的舞蹈教师阿纳斯塔西娅爱上了帕克斯饰演的影院经理。拉里·帕克斯清晰地记得，伊丽莎白那段日子时常在片场痛哭流涕，"有时她都无法继续拍戏，而多南总会给她带去慰藉。她的生活乱七八糟，萨拉似乎也无计可施"。她患上了神经衰弱，还在片场昏倒过。导演斯坦利·多南对她照顾有加，让她感激不已。离婚后，伊丽莎白与多南走到了一起。这段恋情饱受非议，因为多南当时还有家室。

萨拉对这个身材矮小、皮肤黝黑的导演毫无好感。她听说他做过百老汇小演员，还曾与同性恋演员共事，因此暗暗怀疑他也是同性恋者。伊丽莎白无视萨拉的话，决定公开与多南的恋情。1951年，伊丽莎白带多南出席了奥斯卡颁奖典礼，惹得全场一片哗然。大部分媒体都把他定义为男伴而不是情人。1951年4月5日，两人又现身埃及影院，一同参加了《玉女弄璋》的首映式。当晚摄影师们无视其他明星，唯独对伊丽莎白和多南狂拍。

随后，媒体开始造谣，称两人即将成婚。首映式四天后，与多南分居的妻子起诉离婚，声称他因为"别的女人"疏远了自己。多南的妻子虽然没有指名道姓，但大家都知道是谁。伊丽莎白第一次被指责破坏别人的家庭，未来她将遭到更多同样的指责。一位记者问她接下来要拍什么电影，她自嘲地回答道："《别的女人》。"面对媒体的批评，伊丽莎白试图为自己辩解："我知道自己被惯坏了，不过媒体未免也太苛刻了。我只是个普通女孩，并非圣贤。作为影星，我不可能有多么高尚的情操，我14岁就开始穿低胸装了。人们希望我的心智如长相般成熟。我有着成熟女人的相貌，却只有孩子的心智与情感，因此麻烦不断。"

多尔·沙里不赞同伊丽莎白与多南来往，便把她送到英国去拍摄《劫后英雄传》（Ivanhoe）。这是一部古装历史剧，男主角是她曾合作过的罗伯特·泰勒。在影片《劫后英雄传》中，伊丽莎白饰演犹太教徒瑞贝卡。接到剧本时，她曾向沙里抗议，表示不想出演这部影片，沙里以停职相威胁。影片改编自沃尔特·司各特（Walter Scott）的史诗体小说，不过改得面目全非。参演的乔治·桑德斯（George Sanders）说它"牵强附会"，伊丽莎白说它"味同嚼蜡"，罗伯特·泰勒也不愿接拍，他说自己"宁愿去拍该死的西部片"。

私下里，导演理查德·托比曾对朋友们评价过米高梅的演员阵容。他说，米高梅雇了两个异性恋女星——伊丽莎白·泰勒和琼·芳登，三个双性恋男星——罗伯特·泰勒、罗伯特·道格拉斯（Robert Douglas）和乔治·桑德斯，还有一个同性恋威尔士人埃姆林·威廉姆斯（Emlyn Williams）。

与多南分别前，伊丽莎白信誓旦旦地保证自己永远都会爱他，并且很快就会回来。然而，离开伦敦后，两人之间的信件和通话越来越少，最后彻底失去了联系。对伊丽莎白来说，迈克·怀尔登的到来让多南成了历史。影片中，伊丽莎白爱上了罗伯特扮演的骑士；而银幕外，她把迈克·怀尔登视为自己的骑士。

《劫后英雄传》拍摄期间，怀尔登每天都要来片场陪伊丽莎白喝下午茶。伊丽莎白对他非常迷恋，怀尔登沙黄色的头发、宽阔的前额以及尖尖的下巴总让伊丽莎白想到维克多·卡扎莱特。怀尔登于 1912 年 7 月 23 日出生于英格兰艾塞克斯郡的滨海韦斯特克利夫。他的父亲曾在俄国工作，因此他童年的大部分时光是在那里度过的。1933 年，他加入伦敦一家电影公司艺术部，很快就成为英国家喻户晓的偶像派男演员。他和安娜·尼格尔（Anna Neagle）是著名的银幕搭档，两人共同参演过多部电影，代表作包括《五月千金》（*Maytime in Mayfair*）和《枯木逢春》（*Spring in Park Lane*）。这两部影片都是由安娜的丈夫赫伯特·威尔科克斯（Herbert Wilcox）拍摄的。怀尔登和威尔科克斯夫妇一直都是密友，关系十分亲密。

与伊丽莎白交往前，怀尔登曾与玛琳·黛德丽和罗纳德·里根的前妻简·惠曼（Jane Wyman）合演了《欲海惊魂》（*Stage Fright*）。玛琳和简都对怀尔登有好感，在争夺怀尔登的战役中，玛琳战胜了简。随后，玛琳遇到了更强劲的对手——伊丽莎白。怀尔登总是在玛琳和伊丽莎白之间游移不定，几周之后，19 岁的伊丽莎白才意识到自己在跟 49 岁的玛琳竞争。面对媒体，怀尔登不愿承认与伊丽莎白的恋情，他说："我已经有一个演员妻子了。"事实上，怀尔登此举只是为了掩人耳目。自 1945 年起，他就与妻子断绝了来往。

迈克 · 怀尔登探望正在拍摄《劫后英雄
传》的伊丽莎白　▼

▲ 和伊丽莎白一同出席活动的斯坦利 · 多南，
　伊丽莎白第一次离婚后，曾和多南约会过

或许是为了让怀尔登吃醋，伊丽莎白两度与金发帅哥泰布·亨特（Tab Hunter）公开露面，亨特当时正在英国拍摄《荒岛美人》（*Island of Desire*）。其实这不会对怀尔登构成任何威胁，因为亨特是个同性恋者。然而这招确实有效。怀尔登终于鼓足勇气跟妻子离了婚，并且每晚都与伊丽莎白约会。伊丽莎白发现怀尔登对结婚一事犹豫不决，她便自己买下了一枚钻戒戴到左手无名指上。随后，她告诉媒体："我跟迈克·怀尔登订婚了。看，他给我买的戒指多可爱啊！"无奈之下，怀尔登只得向她求婚。当然，他需要先办完离婚手续。

所有人都对这场即将到来的婚礼吃惊不已，在他们看来，怀尔登向来喜欢强势的女人，玛琳再合适不过。而伊丽莎白希望找一个类似父亲的丈夫，一个可以主宰她的男人，怀尔登显然不合格。但伊丽莎白却认为怀尔登满足了她对婚姻的期待，给了她安全感、成熟感和平静感。后来，她在回忆录中推翻了自己的言论，"我发现有些东西怎么都学不来"。

随着两人对彼此了解的深入，怀尔登决定带伊丽莎白见见自己长期以来的合作伙伴——安娜·尼格尔和威尔科克斯。威尔科克斯后来回忆，"他（怀尔登）对我俩一向直言不讳。他承认自己不爱伊丽莎白，只是强烈地被她吸引了，玛琳和伊丽莎白他都想要。他对我说：'请你一定理解我。你不能把我打造成国际巨星，但伊丽莎白可以。'"为了跟玛琳断绝关系，怀尔登带伊丽莎白去观看玛琳的舞台演出。这种方式着实令人尴尬不已，怀尔登后来承认说："我深深地伤害了玛琳。"

《劫后英雄传》于1952年暑期上映，票房收入为六百二十万美元，创下了米高梅的历史新高。同年，影片还获得了奥斯卡最佳影片提名。伊丽莎白拍摄完成后，泰布·亨特和怀尔登送她到机场搭乘飞机返回美国。她轻吻了亨特的两颊，却给了怀尔登一个舌吻。"亲爱的，"她对怀尔登说，"我们就当从不相识吧。"一周后，怀尔登发了一封电报给她："下一班飞机飞往好莱坞。"

回到纽约，伊丽莎白和蒙蒂共同回忆了拍摄《郎心如铁》时的美好时光，两人还经常一同现身俱乐部。得知伊丽莎白和怀尔登的恋情后，蒙蒂劝说伊丽莎白不要嫁给怀尔登。他认为，怀尔登或许能做个好演员，但绝不是一个好丈夫。伊丽莎白没有接受这个建议，她深信，怀尔登就是自己的骑士。当迷路的公主遇到勇敢的骑士，一切都会云开雾散。她频频拜会斯图尔特·格兰杰（Stewart Granger）和他的妻子——被称为"英国版伊丽莎白·泰勒"的简·西蒙斯（Jean Simmons）。这对英国夫妇是怀尔登的好友，他们同怀尔登一样，希望能在好莱坞功成名就。

怀尔登终于来到了美国，伊丽莎白和格兰杰夫妇一同到机场迎接了他。之后，伊丽莎白和怀尔登一起住进了格兰杰家的客卧中，四人常常一同外出用餐或跳舞。白天，伊丽莎白在米高梅工作，怀尔登在格兰杰家中大量阅读电影杂志，为进军好莱坞做准备。对怀尔登来说，娶了伊丽莎白并搬进好莱坞就意味着与威尔科克斯终止合同，此前两人签下了为期二十年的合约。一开始，威尔科克斯很恼怒，但就算起诉怀尔登也没什么用，因为怀尔登本来就一无所有。安娜恳求丈夫不要干涉怀尔登的幸福，然而威尔科克斯预言，怀尔登在好莱坞也不会有大的起色，结果这话真的应验了。

米高梅发布了伊丽莎白与怀尔登订婚的消息，伊丽莎白对媒体说："今年是闰年，我也面色红润、喜上眉梢。"得知伊丽莎白订婚的消息后，赫达·霍珀大为震怒。她把伊丽莎白和怀尔登叫到家中，说怀尔登是"占年轻姑娘便宜的英国老浑蛋"。霍珀提醒伊丽莎白，怀尔登一直在跟斯图尔特·格兰杰交往。回到家，怀尔登把当天发生的事情告诉了格兰杰，格兰杰给霍珀打了电话，骂她是"丧心病狂、人老珠黄的臭婆娘"。第二天，霍珀在专栏中刊登了怀尔登和格兰杰在蔚蓝海岸游艇上的照片，暗示两人"不仅仅是朋友"。

1952年2月17日，怀尔登回英国安排成婚事宜，伊丽莎白也很快到英国与他会合。48岁的安娜·尼格尔答应做伊丽莎白的伴娘，威尔科克斯则担任伴郎。威尔科克斯虽然依旧埋怨怀尔登违反了合同，但还是慷慨解囊，支付了两人婚宴的费用。安娜帮伊丽莎白整理婚纱，婚纱仍由海伦·罗斯设计，不过这次不再是新婚的白色，而是再婚的蓝灰色。萨拉和弗朗西斯没有出席

婚礼，两人只是发去了电报，上面写道："希望这次婚姻能有所改变。"

2月21日，伊丽莎白成了迈克·怀尔登夫人。大约有五千名粉丝来参加两人仅十分钟的婚礼，当时英国国王乔治六世刚刚去世，因此粉丝都佩戴着黑色袖章，以示哀悼。婚礼结束后，粉丝们把怀尔登夫人团团围住，他们抢走了她的圆礼帽，试图从她的婚纱上撕下一块留作纪念，甚至她的头发都被扯掉了几缕。警察将她高高举起，这才把她从人群中解救出来。在婚宴上，伊丽莎白对伦敦记者们说道："这是我人生中最快乐的一天。"她还对《每日快报》的记者说："我的事业微不足道，做好怀尔登的妻子才是我的终极目标。我很开心自己又成了英国人。"

按照计划，这对新婚夫妇将在法国的阿尔卑斯山度过八天的蜜月生活。因为"二战"后英国实行货币限制，怀尔登只从英国带出了六十英镑，伊丽莎白不得不承担了蜜月期间的大部分花销。一位侍者告诉《巴黎竞赛》："泰勒小姐20岁生日时，怀尔登先生只是买了个纸杯冰激凌，插上了一根小蜡烛，给她唱了十遍生日快乐。连生日蛋糕都没有，不过他倒是点了香槟。"蜜月结束后，两人在怀尔登的复式公寓住了一段时间。然而，正如萨拉接受采访时说的那样，伊丽莎白几乎不会做家务活，甚至连遛狗都不会。

离开英国前，怀尔登收到了四万英镑的缴税单，是他之前两次片酬应缴纳的所得税。这些钱在1952年相当于十万美元，也几乎是怀尔登手里的全部积蓄。他在给格兰杰发电报时写道："我到好莱坞时身上只会剩二十美元。我现在得靠一个刚刚成年的姑娘养活，不然就得流落街头了。"

回到好莱坞，伊丽莎白冲进本杰明·陶的办公室，对他进行了一番"敲诈勒索"。鉴于自己已经签下了七年的合同，伊丽莎白要求米高梅将怀尔登也收归旗下。本杰明相当不情愿，米高梅当时正处在裁员期，连克拉克·盖博、斯宾塞·屈塞、葛丽亚·嘉逊和米基·鲁尼等大牌明星都被解雇了。伊丽莎白威胁本杰明，若是怀尔登回英国，她不仅会到英国定居，而且再也不给米高梅拍电影了。本杰明妥协了。怀尔登最终得到了三年的合约，周薪为三千美元；若合作愉快，米高梅还将与他续签两年，并将周薪提到四千美元。

伊丽莎白婚后的第一部电影是《玉女云裳》（*The Girl Who Had Everything*），与威廉·鲍威尔和费尔南多·拉马斯（Fernando Lamas）合作。《玉女云裳》翻拍自 1931 年的电影《自由魂》（*A Free Soul*）。在《自由魂》中，莱昂纳尔·巴里摩尔（Lionel Barrymore）出演了一位律师，他为克拉克·盖博饰演的恶霸辩护，最后却发现，他的女儿爱上了这个恶棍客户。而在《玉女云裳》中，伊丽莎白饰演了女儿的角色，恶棍由费尔南多·拉马斯出演，律师父亲则由威廉·鲍威尔出演。制片人阿曼德·多伊奇（Armand Deutsch）读完剧本后认为，让伊丽莎白出演这部音乐剧实在有些浪费，这不过是个二流影片，选格洛丽亚·德黑文（Gloria DeHaven）或者珍妮特·利就足够了。本杰明却不同意，因为伊丽莎白婚后立刻就有了身孕，所以她最好出演能尽早结束的小电影。事实证明，多伊奇的判断非常正确：评论家猛烈攻击这部影片，票房收入更是惨不忍睹。

片中的男三号由吉格·杨（Gig Young）饰演。他魅力十足，英俊潇洒。伊丽莎白常跟杨调情，但两人只是朋友。1969 年，杨出演了《射马记》（*They Shoot Horses, Don't They?*），并因此荣获了奥斯卡最佳男配角大奖，伊丽莎白还为他举办了庆祝派对。1978 年 10 月 19 日，杨刚与 21 岁的德国妻子结婚三周，警方就在其家中发现了夫妻二人的尸体。警察判定杨开枪杀死了妻子，然后也自杀或者被杀，但杀人动机一直都未能找到。伊丽莎白听闻消息后惊愕不已，却并不意外，此前她就感觉杨有阴暗的一面。伊丽莎白说："一天晚上，他喝得醉醺醺，于是我开车载他。他一再让我加速，不过我拒绝了。于是他把左脚踩在我的脚上，一直踩着油门不放。看着车不停加速，马上就要失去控制，我不禁尖叫起来。我们还差点撞上了迎面而来的卡车。如果真是这样，车速绝对会让我们瞬间毙命。在最后一刻，他松开了脚，车速终于降了下来。后来我就再没跟他出去过。"伊丽莎白最后一次给杨打电话时，他抱怨自己有些精神不济。他还说正是因为这样，才娶了个年纪轻轻的妻子。伊丽莎白猜测，或许两人的婚姻没有朝着杨预想的方向发展。

《玉女云裳》中的剧照。拍摄这部电影时，导演理查德每天都火气很大，因为伊丽莎白怀孕了，他不得不努力赶拍她的戏份。

我的孩子值这个价

我了解伊丽莎白·泰勒，我可以告诉你，她是那么的亲切、勇敢、慷慨和忠诚。

——演员 简·方达

1952年8月4日，伊丽莎白怀着身孕拍完了《玉女云裳》，她的体重从112磅增加到了155磅，短期内无法再拍戏。米高梅让她短暂停职，并把她的周薪降到了两千美元，直到她可以重新工作为止。得知自己被暂时停职且降薪，伊丽莎白私下向本杰明和沙里致以了最恶毒的语言，并开始着手寻觅新居。她对外宣称："我需要一处安静的养胎之所。"她的建筑师朋友乔治·麦克林（George MacLean）为她在比弗利山庄设计了一处宅邸，房屋与景致浑然一体，给人置身仙境之感。宅邸由围墙环绕，还设有电控大门，以便将过度热情的粉丝拒之门外。

为了买下这处住宅，夫妻俩花掉了全部积蓄，只留下少部分钱用于产检，伊丽莎白还向本杰明预支了五万美元，为房子付了首付。两人于1952年买下了这座房子，虽然伊丽莎白已经结过两次婚了，但她还是成功地让本杰明每月支付给萨拉三百美元。伊丽莎白称萨拉是自己的"监护人"，所有童星都有相应的监护人。

房子的家具还未备齐，两人就搬了进去。怀尔登希望把自己的古董家具从伦敦运过来，但伊丽莎白坚持要配备现代化家具。在新厨房里，伊丽莎白承诺，如果怀尔登希望她做饭，她可以给他换换口味，只不过她会做的菜非常少。伊丽莎白怀孕期间，怀尔登发现自己更喜欢做画家。他为伊丽莎白的大肚子画上表情为此，伊丽莎白买了十几条彩虹色的孕妇裙。她常在派对上撩开自己的裙子，向大家炫耀怀尔登的新作。

但是，轻松的日子没持续多久，怀尔登就因惹怒本杰明而被停职了。怀尔登原本将和拉娜·特纳以及里卡多·蒙特尔班（Ricardo Montalban）一同出演电影《拉丁情人》（Latin Lovers），但他向本杰明抱怨自己的角色愚蠢，说这有辱他的身份。本杰明听罢大发雷霆，直接停发了他的薪水。

伊丽莎白得知后勃然大怒，他们原本就十分缺钱。怀尔登看到妻子发火，于是逃到格兰杰家借住了一周，直到他答应给本杰明打电话，伊丽莎白才同意他回家。但一切都太晚了，本杰明已经安排约翰·伦德（John Lund）出演原本安排给怀尔登的角色。伊丽莎白警告怀尔登，不管下一部影片是什么，哪怕让他男扮女装，他也必须接受。停职期间，无所事事的怀尔登到处闲逛，与好莱坞众多顶级明星交往，包括罗伯特·泰勒、埃罗尔·弗林和玛丽莲·梦露，还有人目睹他从朱迪·嘉兰家中离开。

蒙蒂一回到好莱坞就给伊丽莎白打了电话，他又要开始拍电影了。两人约定在蒙蒂最爱的小酒吧见面。蒙蒂见到伊丽莎白后相当惊讶，他从没见过她如此之胖。她在饭桌上胃口大开，吃了两大份意大利面。两人聊了很多，联想到伊丽莎白与尼基灾难的婚姻，蒙蒂旁敲侧击地询问她与怀尔登的生活如何。伊丽莎白坦言，怀尔登不喜欢做"伊丽莎白·泰勒先生"，他原本是伦敦电影节的大牌，在这里却遭到了停职的待遇，还当起了"家庭主夫"。后来，伊丽莎白又跟蒙蒂见过几次，直到蒙蒂飞往罗马拍摄《终站》（Stazione Termini）。这部电影的制片人是大卫·塞尔兹尼克，他选了自己的妻子珍妮弗·琼斯（Jennifer Jones）出演影片的女一号。伊丽莎白后来得知，珍妮弗·琼斯在拍摄期间疯狂地爱上了蒙蒂；而当发现蒙蒂是个同性恋者后，珍妮弗情绪失控，只得服用镇静剂。

蒙蒂再次回到好莱坞时，瘦得简直皮包骨头，伊丽莎白非常想分点体重给他，两人又开始频频见面。蒙蒂此时准备出演《乱世忠魂》（*From Here to Eternity*），影片改编自詹姆斯·琼斯（James Jones）的同名畅销书。联袂出演的还有伯特·兰卡斯特（Burt Lancaster）、黛博拉·蔻儿（Deborah Kerr），以及弗兰克·辛纳特拉（Frank Sinatra）。伊丽莎白的"初恋情人"约翰·德里克曾试图争取蒙蒂在片中的角色，甚至希望伊丽莎白帮忙，但最终还是蒙蒂得到了这个角色。

《乱世忠魂》在夏威夷开始拍摄，伊丽莎白当时自顾不暇，便没有与蒙蒂联系。夏威夷之行结束后，导演带剧组返回好莱坞，完成影片最后几幕的拍摄。蒙蒂、西纳特拉和格里芬三人聚到了一起，他们在罗斯福酒店小住了一阵。格里芬率先联系伊丽莎白，邀请她共进午餐。他告诉伊丽莎白，蒙蒂的身体状况很糟糕，酗酒十分严重，能活着拍完电影已经算是奇迹了。

伊丽莎白真正见到蒙蒂后才意识到，蒙蒂的情况比格里芬形容的还要糟糕。两人共进晚餐时，他不停地抽烟狂饮，时不时还要打个冷战。伊丽莎白试图安慰他，但这毫无作用。没过多久，他又和弗兰克·西纳特拉产生矛盾，被西纳特拉暴打了一顿。伊丽莎白带他去看了医生，虽然他的伤势不重，但情况却不容乐观。医生告诉伊丽莎白，蒙蒂必须戒酒。随后的几天，伊丽莎白每晚都会去照顾蒙蒂。直到一天晚上，她发现房间里住进了陌生人，才得知蒙蒂当天早晨就已经不辞而别。蒙蒂又一次离开了好莱坞，他后来打电话告诉伊丽莎白，他再也不想拍电影了，除非跟伊丽莎白合作。

1952 年岁末，怀尔登和伊丽莎白受邀到格兰杰家中共度了跨年派对。1953 年 1 月 6 日，伊丽莎白的第一个孩子降生了，是一个男孩，出生时的体重达到了七磅半，伊丽莎白欣喜若狂。她给孩子取名小迈克·怀尔登（Michael Wilding, Jr.）。他一出生就浑身是黑色绒毛，这不禁让人想起伊丽莎白出生时的场景。巧合的是，秀兰·邓波儿也是在这家医院出生的。伊丽莎白因此预

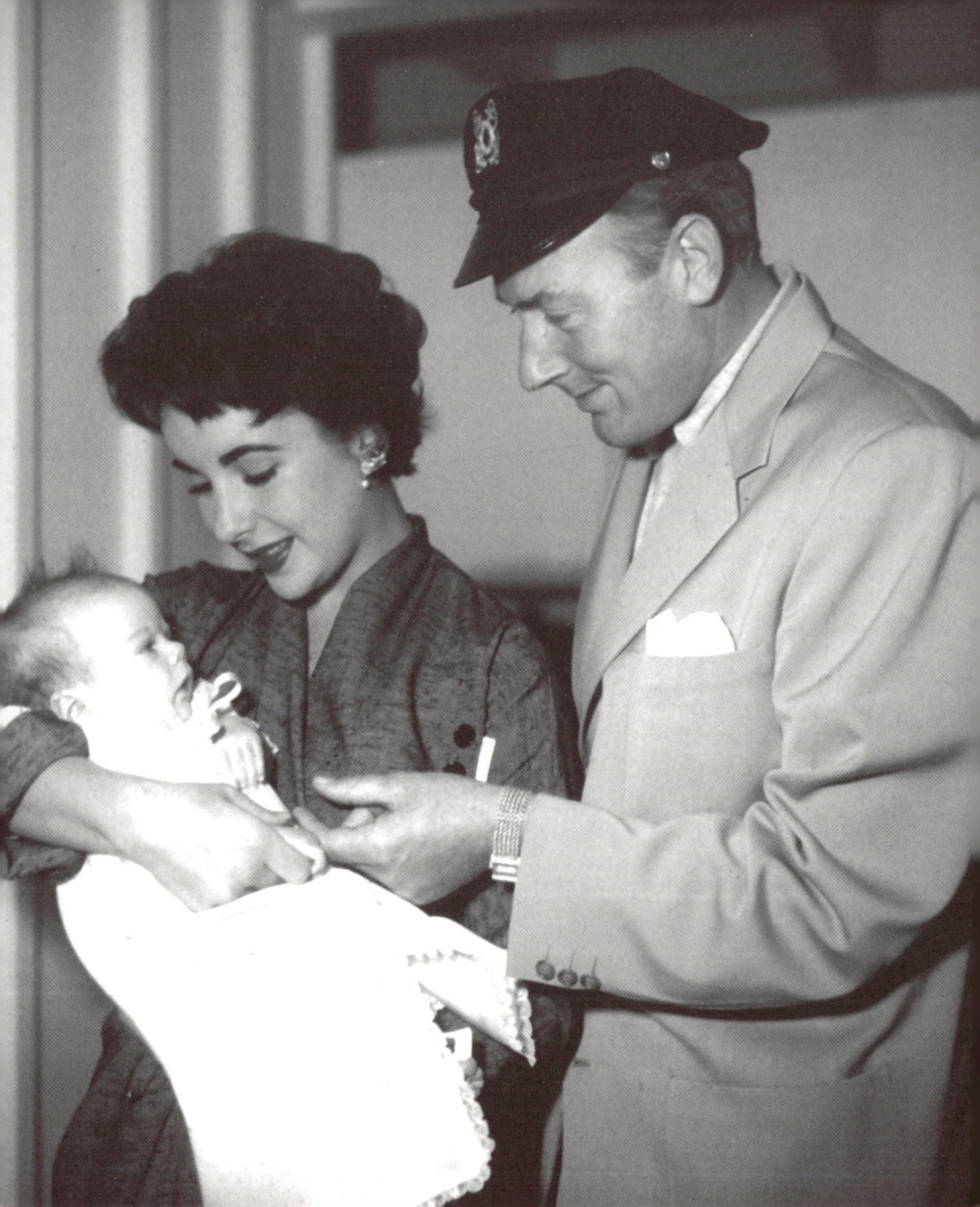

怀尔登夫妇和他们的第一个孩子小迈
克·怀尔登，伊丽莎白为了这个孩子，
放弃了多部影片的邀约

测儿子以后也会成为童星。

生产过后，本杰明要求伊丽莎白每隔两周向他汇报一次体重。伊丽莎白为了瘦身，不得不开始节食。在此期间，她错过了两部电影。第一部是《少女贝斯》（*Young Bess*），斯图尔特·格兰杰纲男主角，女主角最终由他的妻子简·西蒙斯饰演。第二部是《四海英雄传》（*All the Brothers Were Valiant*），导演理查德·托比不想再跟伊丽莎白合作，他签下了安·布莱思（Ann Blyth），伊丽莎白因此失去了跟老搭档罗伯特·泰勒合作的机会。此外，伊丽莎白拒绝了《罗马假日》（*Roman Holiday*）的演出邀请，这个决定后来让她抱憾终身。奥黛丽·赫本（Audrey Hepburn）接手了这部电影，她一跃成名，还获得了1954年的奥斯卡最佳女主角奖。伊丽莎白也拒绝了《象宫鸳劫》女一号的演出邀请。当然，伊丽莎白还是有想拍的片子的，她希望出演《赤足天使》（*The Barefoot Contessa*），影片改编自丽塔·海华丝（Rita Hayworth）的混乱生活。本杰明打电话给影片导演，不料导演已经签下了艾娃·加德纳。艾娃·加德纳当时正跟约瑟夫·申克（Joseph Schenck）谈恋爱，申克是艺术家联盟的主席，当时为《赤足天使》融资。

与此同时，伊丽莎白对怀尔登越来越不耐烦，因此经常邀请业界名流到自己家中用餐。她家的常客有蒙蒂、格兰杰、简·西蒙斯、罗迪、汉利、斯宾塞·屈塞、埃罗尔·弗林和亨弗莱·鲍嘉，凯瑟琳·赫本偶尔也会出席。很多时候，朱迪·嘉兰都会为各位贵宾登台献唱。在歌舞升平中，伊丽莎白终于得到了产后的第一份工作，她将要拍摄《象宫鸳劫》。因为费雯·丽极其糟糕的精神和身体状态，《象宫鸳劫》的导演有意请伊丽莎白接手，而且这个角色本就打算让伊丽莎白出演。

派拉蒙解雇了费雯·丽，随后与米高梅达成协议，以十五万美元的价格借来了伊丽莎白。伊丽莎白接手的消息传出后，《时代周刊》表示反对："伊丽莎白少不更事，不宜出演这一角色。"赫达·霍珀也公开嘲笑伊丽莎白："《象宫鸳劫》（直译为《大象散步》）真是太符合伊丽莎白的情况了。她现在圆滚滚的，简直就是个大气球。"读到这一部分报道时，伊丽莎白正在以冰块和果汁为生，她为复出做好了准备。

1953 年 3 月 19 日，伊丽莎白正式重返片场，开始着手拍摄《象宫鸳劫》，当时她只有 21 岁。《象宫鸳劫》一片中，彼得·芬奇（Peter Finch）饰演的锡兰茶庄庄主约翰·威立在英国遇到了伊丽莎白饰演的露丝，两人相爱后结了婚，约翰·威立把妻子带回了锡兰。约翰事务繁忙，对妻子不愠不火，于是妻子疯狂地爱上了由达纳·安德鲁斯（Dana Andrews）饰演的庄园经理迪克·卡佛，三人的生活因而变得一团混乱。影片拍摄期间，伊丽莎白和两位搭档——彼得·芬奇和达纳·安德鲁斯一拍即合，她还受两人的邀请加入了他们的兄弟会"浑蛋俱乐部"。俱乐部的规则相当糟糕，成员们必须在餐桌上打嗝放屁，必须会说脏话，礼仪更是一塌糊涂。

《象宫鸳劫》上映之前，派拉蒙准备为影片宣传造势，便让摄影师拍摄男女主角被困在锡兰狂风中的场景，并把一个鼓风机送到了片场。摄影期间，巨大的扇叶把一个钢片吹进了伊丽莎白的眼睛里。大家慌忙把伊丽莎白送到医院。手术期间，伊丽莎白只进行了局部麻醉，因为她需要配合医生做出回应。她后来说，自己能清晰地记得手术刀切割眼球的声音，还把这声音比作"吃西瓜时的沙沙声"。出院后，伊丽莎白回到家中与丈夫及儿子团聚。与儿子玩耍时，儿子不小心给了她"致命一击"，不偏不倚又打在了她的眼睛上，她被迫再次住院进行手术，这次手术的风险比上次还要大。手术过后，伊丽莎白不得不过了三周暗无天日的生活，外界甚至传出她要失明的消息。

罗迪为了安慰她，每天都去探望她，还跟她分享好莱坞的八卦新闻。住院期间，她听说了一个惊人的消息：蒙蒂住进了她家，还扮演起了她的角色。管家告诉伊丽莎白，怀尔登对蒙蒂非常依赖，两人经常同床共枕。伊丽莎白出院后，蒙蒂依旧住在她家，还替怀尔登整夜照料她，给她点烟，给她倒酒，顺便听她骂怀尔登没良心。好莱坞由此传出绯闻，说伊丽莎白与蒙蒂和怀尔登形成了"三人组合"。

庆幸的是，伊丽莎白的眼睛最终完全康复了。由于剧情复杂，加上中途更换演员，《象宫鸳劫》的投入高达三百万美元，成为派拉蒙耗资最大的影片。影片中，伊丽莎白将费雯·丽模仿得出神入化，以至于很少有观众能将两人区分开来。只可惜，这并未赢得评论家的青睐。

婚姻瓦解之前，怀尔登度过了"人生最快乐的一段时光"，他说虽然手头拮据，但生活依然自在。儿子出生后，伊丽莎白准备换个更大的房子。她再次向米高梅借款，以十五万美元的价格买下了一栋更奢侈的别墅。别墅依然是乔治·麦克林设计的，有一面俯瞰山谷的落地窗，景致十分迷人。他们很快就入住了新家，一同搬进去的还有三只猫、两只贵宾犬和两只家鸭。

与此同时，怀尔登拒绝出演《窈窕淑女》（*My Fair Lady*）中的亨利·希金斯教授，雷克斯·哈里森（Rex Harrison）接受了这一角色，并因此而声名大噪。怀尔登也拒绝出演《埃及人》（*The Egyptian*），但迫于生活压力，他最后还是签下了《埃及人》中那个"呆滞无趣的角色"。从影片开拍那天起，他就显得异常烦躁。怀尔登大部分时间都无所事事，他经常混迹于众多失业演员的聚集地——"巴尼小饭馆"。在那里，怀尔登和两位知名女星来往密切，一位是电影女王玛丽亚·蒙特兹（Maria Montez）；另一位是玛丽·麦克唐纳（Mary McDonnell）——"二战"期间知名的好莱坞海报女郎。多年后，麦克唐纳"厚颜无耻"地公开了她与伊丽莎白多任丈夫的恋情，这让伊丽莎白很愤怒。

伊丽莎白随后开始拍摄《狂想曲》（*Rhapsody*），影片中，由伊丽莎白饰演的富家女路易丝·杜兰特性格叛逆，同时爱上了两名乐手，并在两位乐手中间游移不定。两名乐手分别由维托里奥·加斯曼（Vittorio Gassman）和约翰·埃里克森（John Ericson）饰演。按照今天的标准来看，这部作品是肥皂剧和电视电影的结合体，片中的两位乐手对音乐的兴趣似乎胜过对伊丽莎白的兴趣，这实在令人费解。

拍摄完《狂想曲》后，伊丽莎白又投入到电影《浪子回头》（*Beau Brummell*）的拍摄中。影片改编自 1924 年的同名无声电影，片中斯图尔特·格兰杰出演了一位衣着考究的花花公子，伊丽莎白头戴假发，身着古装，出演了女一号——格兰杰的梦中情人。《浪子回头》在伦敦拍摄完成后，米高

梅为伊丽莎白和怀尔登安排了六周的假期，希望能弥补两人婚姻的裂痕。然而，度假期间，夫妇俩还是吵得不可开交。

度假刚一结束，伊丽莎白便开始拍摄《魂断巴黎》（*The Last Time I Saw Paris*），这是她当年接拍的第四部作品，联袂出演的还有范·强生、沃尔特·皮金、唐娜·里德（Donna Reed）和伊娃·嘉宝（Eva Gabor）。拍摄期间，整个剧组都看到，伊丽莎白几乎每天都要跟导演理查德·布鲁克斯（Richard Brooks）吵架，两人能够一起拍完片子实属不易。

此时，电影《巨人传》即将开拍的消息传遍了好莱坞，很多明星都对它非常感兴趣。开拍前很久，珍妮弗·琼斯就百般游说导演乔治·史蒂文斯，希望能让她出演女一号莱斯利。史蒂文斯拒绝了她，却看中了奥黛丽·赫本。1954 年 7 月份左右，史蒂文斯拜访了赫本。然而从一开始，两人就意见相左，赫本很快便退出了。1955 年春季，史蒂文斯拜访了爱娃·玛丽·森特（Eva Marie Saint），却失望地得知她正怀着身孕。制片人亨利·金斯伯格（Henry Ginsberg）向史蒂文斯推荐了玛琳·黛德丽，史蒂文斯认为玛琳太老了。

伊丽莎白也对角色非常感兴趣，她直奔本杰明的办公室，希望他同意将自己外借给华纳兄弟。本杰明不同意，于是，伊丽莎白进行了一场静坐示威，两人随即大吵了一架。最终，伊丽莎白如愿以偿，不过米高梅拿走了她的全部薪水，用以抵消她的房贷。当时伊丽莎白的年薪为十万美元，而为了借用伊丽莎白，华纳兄弟出了二十五万美元。

寻找男一号人选时，史蒂文斯每天都要接到无数电话，其中就有威廉·霍尔登（William Holden）、加里·库珀和克拉克·盖博打来的。影片的制片人则推荐了洛克·赫德森（Rock Hudson），认为他是继盖博之后最具阳刚之气的男人。环球影视却不愿意出借赫德森，而是安排他与简·惠曼出演《深锁春光一院愁》（*All That Heaven Allows*）。赫德森认为自己可以兼顾两部影片，在他的劝说下，环球影视同意了外借。

伊丽莎白得到莱斯利一角后，史蒂文斯考虑让理查德·伯顿（Richard Burton）扮演男二号。因为片中男二号为投机商，并且与伊丽莎白饰演的男一号的妻子有偷情戏份，所以史蒂文斯给伊丽莎白打去电话询问意见。伊丽莎白认可伯顿的实力，却担心他的口音。伯顿是威尔士人，后期或许需要配音。史蒂文斯因此拒绝了伯顿，随后希望艾伦·拉德（Alan Ladd）出演该角色。然而艾伦当时嗜酒成性，还有自杀倾向，史蒂文斯不得不打消了这个念头。观看完影片《伊甸园之东》（East of Eden）后，史蒂文斯颇受震撼，他决定把这一角色交给詹姆斯·迪恩。

不久，华纳兄弟召开了新闻发布会，携《巨人传》全体演员与公众见面。伊丽莎白第一次见到了迪恩。他身穿红色法兰绒衬衫、黄色牛仔裤，脚蹬破旧的靴子，头戴据说是加里·库珀送的帽子。他脸上挂着一副大墨镜，嘴里还叼着一根香烟。迪恩故意对伊丽莎白十分无礼，因为史蒂文斯告诉迪恩，伊丽莎白不愿跟他合作。直到最后一刻，伊丽莎白都在坚持让蒙蒂出演。不过蒙蒂长期酗酒吸毒，没人愿意用。剧组奔赴得州南部小镇马尔法进行拍摄，当地位于得州西部的大沙漠之中，仅有三千六百名常住居民，气候炎热干旱，最高温度可达近四十九摄氏度。临行前，迪恩与吉格·杨一同拍摄了倡导安全驾驶的广告。广告结尾处，迪恩说道："请安全驾驶，你挽救的生命可能就是我的。"然而，由于伊丽莎白再次怀孕，《巨人传》的拍摄不得不延期。迪恩趁机出演了《无因的反叛》（Rebel Without a Cause），赫德森也得以与简·惠曼完成了手中的电影。

此时，伊丽莎白和怀尔登已经形同陌路。他住在客厅里，她独占卧室。她后来承认说："这是我人生中最痛苦的阶段。我已经快24岁了，人生却黯淡无光。"怀孕期间，伊丽莎白只是勉强糊口，因为她又一次被暂时停职减薪。作为补偿，米高梅答应将她的合同延长一年。1955年2月17日，伊丽莎白的二儿子出生了。她给他起名为克里斯托弗·怀尔登（Christopher Wilding）。朱尔斯·戈斯顿评价说："伊丽莎白牺牲一百万薪水换了两个儿子。"伊丽莎白回应道："我的孩子值这个价！"生产刚刚结束，伊丽莎白就告诉前来看望她的珍妮特·利，她的婚姻已经走到了尽头。

我只和与我结婚的男人
上过床。有多少女人敢
这么说？

>>> part 0 4

任 性 女 王 范 儿

Taylor

倔 强 的 泰 勒

她是一位真正的明星，她不仅拥有美貌和名气，她还拥有才能和
智慧。作为朋友，她将永远和我在一起。我如此幸运能够结识她。

——演员 丽莎·明尼里

1954年，《纽约时报》的鲍斯雷·克洛瑟（Bosley Crowther）写文章力
挺伊丽莎白："她那乌黑的头发随风飘荡，似乎还带着光晕。特写镜头里，她
的大眼睛和红嘴唇也熠熠发光。对于喜欢音乐的绅士来说，边享受音乐边欣
赏美女，真是人生妙事。"伊丽莎白曾说，她在1952到1956年间拍的影片都
是"垃圾"，媒体却封她为"好莱坞女王"，至少是"米高梅女王"。英国杂志
《图片邮报》评论说，伊丽莎白与女王无异，"如果模仿是最好的追捧，那么，
伊丽莎白是当之无愧的世上最受追捧的女孩，姑娘们都在努力向她看齐"。确
实，从秘书到售货员，从护士到接线员，全国的姑娘们都竞相模仿伊丽莎白。

生产完不久，奥斯卡委员会发来邀请，希望伊丽莎白能担任最佳纪录
片的颁奖嘉宾。伊丽莎白为此再次投身减肥大业，每日以果汁和冰块对战肥
胖。在媒体的见证下，当晚，伊丽莎白闪耀登场。她脚蹬细高跟鞋，身着白
色绸裙，肩披白色貂皮披肩，头发高耸蓬松，闪光灯下的钻石项链和耳坠也
是熠熠生辉，她再一次证明了自己无可动摇的好莱坞女王的地位。随后，雪
莉·麦克雷恩（Shirley MacLaine）介绍伊丽莎白结识了凯文·麦克格罗瑞

（Kevin McClory）——迈克尔·托德（Michael Todd）的制片助理，凯文的出现点亮了伊丽莎白痛苦沉闷的生活。

凯文是知名作家姐妹艾米莉·勃朗特（Emily Bronte）和夏洛蒂·勃朗特（Charlotte Bronte）的后裔。这两姐妹正是伊丽莎白最崇拜的作家。凯文的好友中不乏知名作家与导演，比如多次被奥斯卡提名的约翰·休斯顿（John Huston）和英国小说家伊恩·弗莱明（Ian Fleming）——007系列的缔造者。数年后，凯文曾多次向记者提及自己与伊丽莎白的恋情，他声称："我没有破坏她的婚姻。当时她跟怀尔登已经貌合神离了。我对她醉心不已，她也疯狂地爱着我。她与怀尔登离婚后，我俩计划结婚。当然了，我提醒过她，说自己收入微薄，无法给她优越的生活。"伊丽莎白不介意这一切，她觉得凯文让她倍感幸福，她向汉利坦陈了自己的恋情。

此时的汉利情绪相当低落。为梅耶尽职尽责服务七年之后，他希望能休一次假，还主动提出休假期间不要薪水。梅耶给了他一个非常非常长的假期——他不用再回来了。伊丽莎白把这件事告诉了凯文，凯文很快就说服自己的老板迈克尔·托德，让汉利为托德的重磅作品《80天环游地球》（*Around the World in 80 Days*）工作。工作仅一周后，汉利便打听到了各种传闻，这种"职业素养"绝对离不开米高梅的栽培。

伊丽莎白从汉利那里得知了很多有关迈克尔·托德的秘密。汉利说，托德是波兰籍流亡犹太人的后代，早年靠卖报和擦皮鞋为生，后来做了一名喜剧作家；艾迪·费舍是他的密友，他和玛琳·黛德丽以及玛丽莲·梦露都有交往，还跟脱衣舞女有往来。汉利还透露说，迈克尔·托德有严重的暴力倾向，甚至比尼基·希尔顿更恶劣。从某种程度上来说，托德谋杀了自己的第一任妻子。他谎报自己的年龄，15岁时便娶了妻子贝莎。一天晚上，两人激烈地争吵起来。他抄起菜刀，几乎把她的手割了下来。她被匆匆送往医院，但很快就死在了手术台上。当时托德在跟琼·布朗德尔（Joan Blondell）交往，而布朗德尔和丈夫迪克·鲍威尔（Dick Powell）并未离婚。托德让布朗德尔跟警方撒谎，说两人整夜都在一起。之后他又大行贿赂，才逃过了指控。

不仅如此，贝莎死后，布朗德尔就离婚嫁给了托德。两人的婚姻很不顺利，新婚第一个月，托德就把她的积蓄挥霍一空。伊丽莎白由此得出结论：千万不能选托德做丈夫。然而，她后来似乎忘了这一点。

身材恢复后，伊丽莎白立刻投入到了《巨人传》的拍摄当中。《巨人传》主要描述了得州的兴衰荣辱，刻画了道德沦丧、种族主义、异族通婚、对女性的压迫以及得州的社会变迁，记录了得州守旧势力与新贵的纷争。《巨人传》的成本为两百万美元，这在当时可谓是天价。就伊丽莎白而言，《巨人传》成了她演艺事业的转折点。

伊丽莎白后来回忆了她在拍摄现场的生活，她说："在得州，我和赫德森很快就熟了。拍摄地炽热难耐，因此我们不得不千方百计振奋精神。我们经常彻夜饮酒，第二天依然面色红润，也不会有眼袋，这都是年轻的资本。"剧组人员注意到了赫德森和伊丽莎白的亲密关系，两人似乎又回到了童年。他们时常咿呀儿语，喜欢彼此恶搞，甚至还互相泼着稀缺的水资源。赫德森和伊丽莎白不仅狂饮，而且猛吃，两人对美味的墨西哥烤玉米片爱不释手。赫德森成了伊丽莎白的第二密友——第一密友永远是蒙蒂。

1955 年 6 月 3 日，迪恩与伊丽莎白的第一幕对手戏开拍。当天有二百五十名群众围观，有些孩子还特意逃课来观看。第一次与伊丽莎白演对手戏让迪恩异常紧张，他因面对着好莱坞最美的女人而一遍遍地说错台词，连续拍了十六遍都没有成功。突然，他冲出片场，来到了一处电线围成的篱笆旁。当着大家的面，他拉开拉链撒尿。随后他回到片场，顺畅地拍出了完美的一幕，他对伊丽莎白说："我很棒，真的很棒。"他后来解释了自己那样做的原因，他说："我明白，如果我可以对着那么多人撒尿，那我将无所不能。我可是演技派演员。"

由于城镇中住房紧张，伊丽莎白分到了唯一的庭院。没错，最好的永远只供女王享用。当地的居民把房子租给剧组，自己则住进了帐篷里。赫德森和迪恩分到了双人间，隔壁住的则是齐尔·威尔斯（Chill Wills）。刚开始迪

（上图和下左）洛克 · 赫德森和伊丽莎白在《巨人传》中的剧照

（下右）伊丽莎白和詹姆斯 · 迪恩

恩与赫德森相处愉快，但"蜜月"很快就结束了，两人最后反目成仇。迪恩抨击赫德森的表演"呆似一根木头"，而赫德森则骂迪恩是"败类"。这并没有影响伊丽莎白和迪恩的关系，两人经常聊天，最晚可以聊到凌晨两三点。迪恩愿意对伊丽莎白敞开心扉，倾诉自己内心的挣扎、欢乐与忧伤。迪恩去世前不久，他向伊丽莎白吐露了最痛苦的秘密。1997年，伊丽莎白接受了凯文的采访，她同意毫无保留地说出自己知道的秘密，但是为了维护迪恩的形象，必须等到她过世后才可以发表。2011年，伊丽莎白去世，凯文将采访内容刊登在了《每日野兽》上，"11岁时，迪恩受到了牧师的性侵，他毕生都无法走出阴影"。实际上，迪恩的传记作家一直怀疑，迪恩曾受到卫斯理公会派牧师的性侵。这位牧师一向喜欢年轻男孩。

拍摄期间，伊丽莎白患了很多病，其中一些还必须住院治疗。第一次紧急情况发生在1955年7月，当时她喉咙疼痛难忍，连台词都说不出来。没多久，她又患上了胆囊炎和血栓性静脉炎。她把气都撒到了史蒂文斯身上，因为他"让我穿紧身裤"。随后，医生又诊断出她的脊椎先天异常。为了缓解背痛，她大量注射麻醉药。8月12日，她拄着拐杖回到了片场。尽管伊丽莎白被很多人指责为"自私""任性"，但也非常倔强，经常带病拍戏。如果不是这样，想来她也绝不可能成为好莱坞的常青树。

一天，伊丽莎白拿到了最新的《机密》杂志，看到了醒目的大标题：《家中无泰勒，迈克称大王》。文章称怀尔登曾带两名脱衣舞男人回家过夜。之后，怀尔登带两个儿子去得州看望伊丽莎白，媒体又打出标题：迈克担心伊丽莎白和洛克·赫德森关系亲密。

伊丽莎白拍完戏后回到了好莱坞。当时，赫德森刚在朋友亨利·威尔森的劝说下结了婚，娶了威尔森的女同性恋秘书菲利斯·盖茨（Phyllis Gates）。两人的婚姻有名无实，只是为了掩盖赫德森是同性恋的事实。赫德森婚后的日子过得很不舒坦，他异常需要伊丽莎白的支持。因此，伊丽莎白和怀尔登经常邀请赫德森夫妇来家里做客。

伊丽莎白和迪恩的友谊也不曾中断。她和怀尔登曾数次拜访迪恩，并且送了一只猫给他。1955 年 9 月 30 日，迪恩路过伊丽莎白的家时向她告别，说自己准备和朋友去参加赛车比赛。伊丽莎白提醒他要注意安全，随后便应史蒂文斯的邀请，和赫德森一起观看《巨人传》的初剪辑版本。观看期间，史蒂文斯接到了紧急电话，他向众人传达了令人震惊的消息：詹姆斯·迪恩不幸身亡。事故发生在清晨 5 点 45 分，迪恩驾车带朋友在公路上飞驰。有报道称，迪恩当时的车速高达每小时一百九十三千米。行驶途中，他突然看到一辆黑白色福特缓缓左拐进入高速，他根本来不及刹车。车主是加州的一名大学生，他只是碰伤了鼻子；迪恩车中的朋友被甩出车外，磕到了下巴，其他部位也有受伤，但并无大碍；迪恩就没有那么幸运了，他几乎是身首异处。医生签署了他的死亡证明，并且通知了华纳兄弟。

迪恩死后，伊丽莎白很伤心，怀尔登因此陪了她一整夜。史蒂文斯对她的悲痛视若无睹，坚持要她第二天来片场拍戏。虽然她力不从心，但第二天还是出现在了片场。她刚结束一天的工作便垮掉了，说自己腹痛难耐。救护车急忙将她送往医院。她在医院住了两周，使得拍摄进度大受影响。不过，影片还是完成了拍摄。

一天凌晨 3 点，伊丽莎白接到了蒙蒂的紧急电话。当时他正在洛杉矶，他在电话中胡言乱语，大概是喝醉了，似乎还吸了毒。伊丽莎白听到他嘟哝道："没有吉米（詹姆斯·迪恩），我活着还有什么意义。"伊丽莎白大吃一惊，她不知道两人的关系竟如此亲密。伊丽莎白马上赶到蒙蒂家中，她发现他没有吃安眠药，也没有割腕自杀，只是吸了毒，倒在床上神志不清。她陪了他一整夜，像母亲一样把他搂在怀里。第二天清晨，蒙蒂对伊丽莎白坦言，和很多人一样，他也深爱着迪恩。

为如期推出影片，史蒂文斯加紧进行后期制作。在迪恩生前拍摄的几个场景中，他的言语有些模糊不清。于是史蒂文斯请来了尼克·亚当斯（Nick Adams）——他可以逼真地模仿迪恩的声音。伊丽莎白随后飞往摩洛哥，当时怀尔登正在那里拍摄动作历险片《撒克》（Zarak），一同出演的还有瑞典金

发女郎安妮塔·艾克伯格（Anita Ekberg）和维克多·迈彻（Victor Mature）。大家纷纷猜测伊丽莎白前往摩洛哥的动机，表面来看，她似乎是为了挽救自己的婚姻。然而汉利却认为，怀尔登夫妇的婚姻走到这个地步已经没有挽回的余地了。汉利的看法相当有预见性，来到摩洛哥的当天，伊丽莎白就与怀尔登吵架了。

凯文·麦克格罗瑞拍摄完《80 天环游地球》后，回到好莱坞，受到了伊丽莎白的热情欢迎。怀尔登留在家中照顾孩子，伊丽莎白则与凯文到马里布海滩共度周末。正如雪莉·麦克雷恩所言，这对"情侣"经常与麦克雷恩及其丈夫一同进餐。凯文后来宣称："想不爱伊丽莎白简直难于登天。当时我的内心十分挣扎：我收入微薄，娶伊丽莎白简直是白日做梦。"一天晚上，伊丽莎白正与凯文进餐，本杰明打来了电话，让她次日 10 点到办公室来一趟。第二天见面时，本杰明告诉她，她将出演美国版的《乱世佳人》——《战国佳人》（Raintree County）。本杰明相信，这部影片绝对可以帮助伊丽莎白获得奥斯卡奖，让她成为真正的巨星。最令伊丽莎白满意的是，伊丽莎白在片中的搭档是她最喜爱的蒙蒂。

此时，《80 天环游地球》进入了剪辑阶段，迈克尔·托德把凯文叫到了办公室。凯文后来回忆了两人的谈话：

托德："大家都知道你在跟谁交往。我觉得这不大合适。"

凯文："你这是什么意思？"

托德："别装傻了。她就是伊丽莎白·泰勒。"

凯文："她的婚姻已是回天乏术。我俩彼此相爱，准备等她离婚后就举办婚礼。我可以为你没日没夜地工作，但你无权干涉我的私生活。"

托德："你这叫犯罪。"

三天后，托德又一次找到凯文，说想要见见怀尔登夫妇。托德希望怀尔登夫妇能为他的影片带来宣传效应，他租下了一条游艇，将派对的日期定于 1955 年 6 月 29 日。在凯文和汉利的陪同下，怀尔登夫妇上了船，不过很快便分开行动。大家都盯着伊丽莎白粉红色的紧身裤和紫红色的羊绒毛衣，这身衣服把她的眼睛衬托得十分迷人。

乘船游览期间，托德的专职情人伊夫林·凯耶斯（Evelyn Keyes）多多少少扮演了伊丽莎白"监护人"的角色。她曾在《乱世佳人》中扮演女主角斯嘉丽·奥哈拉的妹妹。伊夫林曾结过两次婚，虽然她和托德未曾结婚，但在之前的三年，两人一直如夫妻般共同生活。伊夫林向伊丽莎白炫耀托德送给自己的订婚戒指，这是一枚 29.4 克拉的钻戒，花了十万美元，这在当时可谓是天价。几个月后，伊夫林再次看到了这枚钻戒，不过它已经戴在了伊丽莎白的手上。伊丽莎白常说，自己对昂贵珠宝的迷恋便始于此。2002 年，伊丽莎白出版了《我与珠宝的爱情故事》。她在书中写道："我觉得自己并不是它们的所有者，而是它们的照管者，让它们开心，给它们最好的待遇，保障它们的安全，并且全心全意爱它们。"伊夫林后来声称，托德在船上并未太过关注伊丽莎白，她说："我没有意识到，托德竟然在审视伊丽莎白。他怎么可能会喜欢她。她言语低俗，服饰暴露，一上船就不停地喝酒。托德不喜欢女人喝酒。更何况，她丈夫也在船上。"伊夫林不知道，有些时候，审视是感兴趣的另一种表达方式。

托德在船上举办了多场派对，其中一场是为大卫·尼文举办的，尼文扮演了《80 天环游地球》中的英雄菲尼亚斯·福格。几周后，托德又举办了一场顶级派对，这次的主角是爱德华·R. 莫罗（Edward R. Murrow），他为《80 天环游地球》配了旁白。麦卡锡"红色恐怖"期间，莫罗曾公然反对麦卡锡，这让托德敬佩不已。派对快结束的时候，伊丽莎白四处寻找怀尔登，希望跟他一起回家，然而却在角落里看到他和玛琳·黛德丽以及伊迪丝·琵雅芙在一起。此前汉利就告诉过伊丽莎白，说玛琳跟一位女同性恋有染。伊丽莎白不知道，怀尔登此时已经跟玛琳再续前缘。怀尔登后来坦言："一开始，我尝试引导并影响伊丽莎白。然而几个月过后，当我张开嘴巴的时候，她却让我

闭嘴。相比之下，玛琳·黛德丽可以耐心听我说几个小时，至少她表现得如此。"玛琳告诉其女儿："怀尔登被那个臭女人折磨了这么久，现在终于脱离苦海了。下一步，我们要把他的孩子们从那个女人手里救出来。"

一个周日的下午，托德邀请怀尔登夫妇到家中参加游泳派对。受邀宾客有三十人左右，其中包括艾迪·费舍及其妻子黛比·雷诺斯（Debbie Reynolds），两人被称为"美国甜心"。当天下午大部分时间，托德和伊丽莎白都躺在泳池中的气垫上，两人的距离不过几十厘米。费舍站在妻子雷诺斯旁边，目不转睛地盯着伊丽莎白。他对妻子说："伊丽莎白的腿太短了。我绝对不会喜欢这样的女人。"雷诺斯后来说道："如果你丈夫如此评论一个女人，那你不用担心他，而是要当心这个女人。"两天之后，托德打电话给伊丽莎白，邀请她到自己的办公室。伊丽莎白以为他准备邀请自己出演他的电影。她在回忆录中披露道："我在接待室等他。当时我的腿搭在桌子上，还喝着可乐。他突然冲了进来，一把拉起我的手，带我下了楼。他把我拽到电梯里，我们来到一间偏僻的办公室。他把我丢进沙发，然后拉了把椅子坐在我面前，对着我滔滔不绝地讲了半个小时。他说对我的爱毫不掺假。'我们很快就能结婚。'他说道。我看他的样子就仿佛小兔子在看肉食动物。我浮想联翩，思维混乱。我觉得他肯定是疯了。我得摆脱掉这个神经病。突然他也坐到了沙发上，把我搂了起来。他与我舌吻了至少五分钟，我不得不开始大口喘气。他态度强硬，'从现在开始，你不许再跟别的男人鬼混'！"

灾难之夜

作为好莱坞偶像，泰勒的一生几乎都在聚光灯下度过。惊人的美丽加上紫罗兰色的眼睛和长长的睫毛，让泰勒从小就有成为超级明星的潜质。对于她来说，没有任何事情是普通的，包括她与病魔抗争的过程。

——《人物》

1956 年 4 月，伊丽莎白开始为米高梅拍摄《战国佳人》。为扮演美国南部美女，她在开拍之前进行了复杂的定妆。米高梅还为她请了方言教练，教她南部口音，结果却并不如意，许多评论员抨击说，伊丽莎白的南部口音是"电影史上最烂的"。伊丽莎白和蒙蒂都承认《战国佳人》的剧本不堪入目，但两人急需用钱，只得全力以赴。《战国佳人》的预算高达五百万美元，这在当时绝对是史无前例的。

蒙蒂对选导演一事有绝对的发言权，他先后拒绝了米高梅的多个提议，把问题搞得越来越棘手。最后，他选了备受争议的爱德华·迪麦特雷克（Edward Dmytryk）。迪麦特雷克出生于加拿大，因执导《反攻班丹岛》（*The Invisible Army*）一炮而红。

拍摄期间，蒙蒂常常与伊丽莎白进行排练。他参照洛克里奇的小说，试图对剧本进行修改。多尔·沙里为影片配备了强力的配角团队，其中包括李·马文（Lee Marvin）、罗德·泰勒（Rod Taylor）和奈吉尔·帕特里克

（Nigel Patrick），爱娃·玛丽·森特还在片中饰演了伊丽莎白的情敌。签约《战国佳人》之前，蒙蒂做出了很多失误的判断。他拒绝了《正午》（High Noon），结果这部影片成了加里·库珀最出名的作品。他还拒绝了《伊甸园之东》，结果这部影片让詹姆斯·迪恩永远为人铭记。蒙蒂的日常行为越发古怪，据他的医生说，蒙蒂的药箱里有"人类已知的每种药片"。伊丽莎白曾在蒙蒂过生日时，送给他一个绿色的鳄鱼皮化妆包，蒙蒂一直随身携带，据说这个包里的阿司匹林的量比医药公司都多。

拍摄《战国佳人》期间，伊丽莎白不仅有丈夫怀尔登、男友凯文和新欢迈克尔·托德的陪伴，蒙蒂也和她形影不离。1956年5月12日，一个炎热的下午，伊丽莎白决定以怀尔登夫人的身份，举办最后一次家庭派对。怀尔登没有帮忙，他整个下午都躺在沙发上抱怨自己背疼。伊丽莎白不理会他，专心准备晚上的派对，谁都没料到，这会是一场灾难。

伊丽莎白打电话给蒙蒂，要他一定要来，不过蒙蒂拒绝了。拍摄《战国佳人》期间，米高梅为蒙蒂雇了一位司机，以防长期服用各种药品的蒙蒂在独自开车时遇到危险。蒙蒂当天准备早些休息，便早早地让司机回去了。在伊丽莎白的再三央求下，蒙蒂决定赴宴。派对上，蒙蒂一边抿着法国葡萄酒，一边听伊丽莎白夸赞凯文，没待多久就起身告辞了。凯文也准备离开，他要赶飞机。在怀尔登家门口，蒙蒂请凯文开车为自己带路，因为这段山路很险。凯文同意了，不过提醒蒙蒂不要"跟太紧"。

凯文后来回忆起那个可怕的夜晚时说："我看着后视镜，发现蒙蒂的车离我越来越近。我加快车速，但他还是马上就跟上来了。我俩顺利地过了第一道弯，但第二道弯很危险。转弯的时候，我能感觉到车身猛烈地倾斜。当时路上没有灯。我看到他的车灯在路两旁晃来晃去，我很快便听到了可怕的撞车声，还从后视镜里看到了一股浓烟。"

凯文立刻靠边停车，向事故现场奔去。蒙蒂的雪佛兰完全毁了，发动机还没有熄火。凯文顺着破碎的车窗探进了车身，关掉了发动机，却找不到蒙蒂。凯文以为蒙蒂被甩了出去，但周围的地面上没有他的踪影。事实上，蒙蒂一头栽在了方向盘下边。汽车撞上了路旁的电线杆，似乎马上就要坠下山崖。凯文担心汽车会爆炸，他迫切需要与外界联系。他注意到山下的民居都没有亮灯，于是又气喘吁吁地跑回了山上怀尔登的家中。他使劲儿敲门，怀尔登一开始还以为他是在恶作剧。"回家吧，凯文！"怀尔登说道，"派对已经结束啦。"凯文朝着客厅吼道："赶紧过来！蒙蒂死了！"宾客们都听得一清二楚，所有人都呆住了。

痛苦的尖叫声划破了寂静的夜空，大家纷纷前往事故现场，赫德森还嘱咐凯文带上手电筒。伊丽莎白后来回忆说："我以为蒙蒂在车里，或许是在地上。赶到之后，我们发现车门怎么都打不开。赫德森用手电筒照了照车前座。蒙蒂倒在那里，身体还在微微颤动。他的脑袋似乎撞上了方向盘。挡风玻璃也碎了。他血流不止，脸看上去似乎一分为二了。关于我如何钻进车里，媒体有各种版本的说法。坦白说，我自己也忘了。我只记得是从车后座钻进去的。到今日，我怎么进去的都是个谜。赫德森最为强悍，他把撞坏的前车门打开了。我记得自己戴了一条粉色的头巾。我把它摘下来为蒙蒂包扎。当晚我穿着白色的裙子，到最后全部被染成了红色。往日我对血的厌恶突然消失了。我把蒙蒂搂在怀里，他似乎慢慢清醒了。他的嘴边还挂着一颗血淋淋的牙齿。他让我把牙齿扯掉，说牙齿割到了舌头。突然间，他开始大口喘气。他比画着，意思是还有牙齿卡在喉咙里。我伸手取出了两颗牙齿，他这才有了顺畅的呼吸。这是我人生中最可怕的夜晚。该死的救护车还迷了路，一个小时后才赶到。不过蒙蒂的私人医生及时赶到了，蒙蒂的头几乎已经血肉模糊了，却还是为我们做了介绍。"

救护车赶到前，众多摄影师和记者已经闻风而来。伊丽莎白把赫德森和凯文拉过来，为蒙蒂设置了保护圈。她用头巾遮住蒙蒂的脸，这样摄影师就不会拍到"那个血红的肉团"了。她对摄影师们吼道："你们这帮浑蛋！谁敢拍蒙蒂，就别怪我不客气！你们这些吸血鬼，我要让你们统统滚出好莱坞！"救护车终于到了。在救护车上，蒙蒂的气息相当微弱。伊丽莎白坐在旁边，紧紧握住他的手，诉说自己对他的心意。她后来回忆说："我真想一死了之。是我把蒙蒂害成了这样。我满心愧疚。如果我没有坚持让他来，他就能在家里睡个安稳觉。那晚的事情一直挥之不去。多年以来，我时常做噩梦。我毁了自己最好的朋友。或许我总是如此。"

得知事故原因是伊丽莎白让蒙蒂疲劳驾驶之后，媒体对她进行了猛烈的攻击："这个姑娘真是什么都想要，连人命都不例外。"蒙蒂的两位女性密友——臭名昭著的利比·霍尔曼及她的表演教练反应最激烈，利比指控说："蒙蒂一再说自己太过疲劳，不适合在险峻的山路上驾驶。他从来不在夜里开车，也知道山路险情遍布。他本来是要好好睡觉的，而她（伊丽莎白）却宁愿牺牲他的生命，只为让他参加自己愚蠢的小聚会。"

手术后的蒙蒂十分恐怖，伊丽莎白回忆说："看到病床上的蒙蒂时，我强忍着没叫出声来。他的脑袋堪比万圣节上最大的南瓜灯，而且比南瓜灯更为恐怖。他的下巴上缝了针，鼻子破了，颧骨裂了，上嘴唇还裂了口，脸上满是伤口和瘀青。想要恢复昔日的美貌，他必须要做一系列整容手术。"一个周六的下午，伊丽莎白来到医院探望蒙蒂，却发现利比·霍尔曼坐在床边。两个醋意大发的女人随即爆发了争吵，这位歌剧红伶骂她"自私愚蠢"，伊丽莎白一边大声回骂，一边破门而出。

霍尔曼走后，伊丽莎白回到了蒙蒂的房间。得知霍尔曼用吸管给蒙蒂喂马提尼时，伊丽莎白气疯了。医生们已经提醒过，想要做整容手术必须滴酒不沾。蒙蒂伸出手来，让伊丽莎白不要生气了。他对伊丽莎白说："我们曾经被誉为地球上最美的一对儿，而现在你要独扛美丽大旗了。"每次去探望蒙蒂，伊丽莎白总要买些糊状婴儿食品和熟透的香蕉。她一勺一勺地喂他吃，但即便如此，他吞咽起来还是相当痛苦。"看他如此痛苦，我几乎要哭出来了。"她回忆道，"我求他不要急着回去工作。洛克·赫德森告诉我，他希望接手蒙蒂的角色，不过我没敢告诉蒙蒂。保罗·纽曼也表示愿意接手。当初就是他接替了迪恩。"蒙蒂认为自己必须回去工作，这是他欠伊丽莎白的。

蒙蒂的康复速度大大超出了医生们的预料。出院时，伊丽莎白一直陪在

他身边。她开车送他回了住处。蒙蒂租住的房子又小又脏，好在还有个游泳池。她每天下午都会去看他，却发现他不顾医嘱，又开始疯狂喝酒，还服用含有吗啡的止痛片。她曾对怀尔登说过："他的脸令我不忍直视。我再也找不到昔日的蒙蒂了。他的眼睛如同死去般呆滞无光。"蒙蒂早就意识到自己与美貌无缘了，不仅如此，他还要忍受伤痛的折磨。

沙里和迪麦特雷克每周都会去探望蒙蒂，检查他的伤势。休息了九周之后，沙里宣布蒙蒂可以重返剧组。不过他和迪麦特雷克都清楚，蒙蒂现在的面部特写已经大不如前了。一位作家写道："恢复之后，大家几乎都认不出他了。他的脸看起来皱巴巴的，昔日舒展的双眉变成了杂乱的丛林。他的左脸几近瘫痪，下巴松松垮垮，眼神也是黯淡无光，这无疑是伤痛、苦闷和药物交叉作用的结果。"试着拍摄了几次后，迪麦特雷克得出结论，以后只能拍摄蒙蒂的脸的右侧，"他的左脸几乎不能动了，因此无法传递任何感情。这张银幕上最贵的脸已经死了一半"。

没过多久，迪麦特雷克打电话给伊丽莎白，让她准备到南方拍摄外景。7月份，伊丽莎白收拾好了行李，临出门前，她没有向丈夫表达爱意，只是交代他要好好照顾两个儿子。全好莱坞都知道，伊丽莎白和怀尔登已经开始办理离婚手续了。

伊丽莎白刚抵达便收到迈克尔·托德发来的电报。电报上写着："我爱你。"不到一个小时，酒店经理就为她送来了托德寄来的礼物——卡蒂亚牌祖母绿手链和鲜花。当晚，托德给伊丽莎白打了电话，两人聊了将近四个小时。第二天，伊丽莎白搬进了托德为她租的房子，托德还在附近给蒙蒂租了同样的房子。

1956年7月19日，米高梅发表了公开声明。声明原文如下：

我们经过深思熟虑做出了这个决定。唯有如此，我们才能彻底走出困境。我们本着和谐友好的原则达成了共识。

虽然米高梅没有具体说明，但大家都明白，这表明伊丽莎白要与怀尔登离婚了。媒体纷纷赶往南方采访伊丽莎白，他们还尝试从米高梅的公关那里得到离婚细节。

当晚，伊丽莎白给怀尔登打了电话，她说："我还爱你，不要以为我薄情寡义，你可是我们孩子的父亲。不过，如果一段感情没有了激情，那便是走到头了。"得知凯文回到了洛杉矶，伊丽莎白当晚也给他打了电话，说自己要和他分手，凯文大吃一惊。凯文多年之后回忆说："昨天还说我是她的唯一，第二天就说自己准备嫁给托德。为什么公主轻易就落到托德手上了？托德还是我的老板，这让我的处境更加尴尬了。"

一周之后，伊丽莎白的律师联系了怀尔登，说伊丽莎白准备以感情破裂为由申请离婚。怀尔登可以定期看望两个儿子，而且每月只需承担二百五十美元的抚养费。这让怀尔登如释重负，当时他的银行账户里只有二百美元。迪麦特雷克私下对剧组成员说道："怀尔登不值得同情。结婚期间，他一直与格兰杰有来往。蒙蒂告诉我，怀尔登和格兰杰频频幽会。他非常滥情。"不过，被抛弃的并不只有怀尔登和凯文，托德的情妇伊夫林也遭到了同样的命运。

在1959年的一场派对上，伊夫林遇到了昔日的情敌伊丽莎白，托德当时已经去世了。"或许当初他甩了我是件好事。"伊夫林对伊丽莎白说，"我再也不用闻刺鼻的雪茄味儿，再也不用忍受他整夜与朋友嬉笑玩乐。如果我是你，估计我不会患感冒，说不定就跟他一起登上了那架致命的航班。那样的话，我或许已经不活在世界上了。如此说来，你可是我的救命恩人。"多年之后，一位记者问伊夫林："你认为伊丽莎白的毕生挚爱是谁？理查德·伯顿还是迈克尔·托德？"伊夫林回答说："都不是。她只爱自己。"

每周五下午，伊丽莎白都会乘专机飞往纽约，在托德的别墅中度过周末。在片场，伊丽莎白每天都能收到黄玫瑰，托德白天至少要给她打五次电话，晚上还要跟她聊上好几个小时。接线员们大饱耳福，他们向街坊邻里和媒体散播电话内容。伊丽莎白的感情生活十分顺利，然而住在她旁边的蒙蒂却每况愈下，警方曾两次以裸奔罪将他逮捕。大部分情况下，伊丽莎白会把蒙蒂带到自己家中，给他冲淋浴，让他清醒过来，然后给他擦干身子，送他上床睡觉，希望能慰藉他纠结的内心。伊丽莎白自己偶尔也会喝得烂醉如泥。每到这时，失去她照顾的蒙蒂会一直敲她家的门，如同他在电影《女继承人》中的最后一幕一样。迪麦特雷克并不关心两人的生活，他只希望影片不要让工作室破产了，他可不希望再出任何意外，尤其是伊丽莎白。但他的担心还是成真了。一个闷热的下午，伊丽莎白换上了厚重的戏装，随即就倒下了。医生迅速赶到现场，发现伊丽莎白过度换气且心跳过速。伊丽莎白在医院调养了一周，还注射了镇静剂。托德搭飞机过来陪伴她，直到她康复才放心离去。随后剧组转移了场地，伊丽莎白也搬出了租住的房子。

来到下一个拍摄地时，伊丽莎白的精神状态非常糟糕。第一天晚上，蒙蒂拜访了她。当天他已经服用了过量的安眠药、镇静剂和缓解抑郁的药。喝完三瓶香槟后，伊丽莎白倒头便睡，蒙蒂则倒在她床边的地板上。清晨时分，伊丽莎白发现蒙蒂已经昏过去了，手指间的烟快把他的骨头烧出来了。伊丽莎白急忙把他送到了医院急诊处，医生对他的手进行了紧急处理。

几个月后，在幽暗的放映室里，伊丽莎白拉着蒙蒂受伤的手，一起参加了《战国佳人》的首映式。蒙蒂的传记作家帕特丽夏·博斯沃思（Patricia Bosworth）写道："他车祸前后的片段都出现了。上一刻他还精力充沛、生机勃勃，下一刻他便死气沉沉——同样的造型，同样的姿势，但是看上去却跟僵尸一样。"观看结束后，蒙蒂批评这部影片"无聊透顶——简直就是一部恶趣味的肥皂剧"。他还批评自己的表演"惊悚、僵直而且呆滞"，他还说伊丽莎白的表演"太过火"了。尽管如此，伊丽莎白还是获得了奥斯卡最佳女主角的提名，但最终出演《三面夏娃》（*The Three Faces of Eve*）的乔安娜·伍德沃德（Joanne Woodward）得到了该项大奖。伊丽莎白对此评价道："我早就知道自己拿不到奖。委员会认为，伍德沃德比我更擅长发疯。"

环游世界的新娘

我见过伊丽莎白·泰勒很多次，她很机智，很懂得自嘲，常让我
感到不可思议。和她在一起时，我们非常愉快。她很喜欢笑。

——演员 史蒂夫·马丁

伊丽莎白与托德越走越近，与蒙蒂的联系则越来越少。飞回纽约之前，蒙蒂告诉伊丽莎白，他再也不想上镜了，他要努力寻找活下去的动力。伊丽莎白比他先一步确认了自己的目标——结束与怀尔登的生活，嫁给迈克尔·托德。

1956年9月，伊丽莎白回到纽约，向媒体炫耀了自己29.4克拉的钻戒。她声称："我已经跟迈克尔·托德订婚了。"她表示自己准备退出演艺圈，这让米高梅和公众大吃一惊。她说："我或许再也不会工作了。我希望做托德的专职家庭主妇。对我来说，家庭比什么都重要。我更喜欢做托德太太，而不是演员。我再也不要过演员生活了，我要过真正的生活。"

听说这一消息，萨拉瞠目结舌。当时弗朗西斯已经关闭了画廊，早早退休了，他正指望着女儿的薪水生活呢。萨拉一开始觉得托德是个富有的意大利人，对他还算满意。然而听说他是犹太人后，萨拉大失所望。伊丽莎白认为萨拉是世上最有偏见的女人，她通常都无视萨拉的意见。

1956年9月26日，伊丽莎白同乔治·史蒂文斯、洛克·赫德森一道，

把手印和脚印留在了格劳曼中国剧院门前的水泥板上。同年10月7日，《巨人传》在该影院首映。托德陪伊丽莎白参加了洛杉矶的首映式，洛克·赫德森带着妻子菲利斯·盖茨一同前往。10月下旬，托德和伊丽莎白飞往纽约，分别出席《80天环游地球》和《巨人传》的首映式。

《巨人传》首映式开始前，詹姆斯·迪恩的大批粉丝涌来。他们相信迪恩没有死，他会出现在首映式现场。首映式前，史蒂文斯接待了全体演员。他提醒大家，首映式上一定要注意安全。纽约警方为此投放了大批警力，还设置了木制栏杆，生怕迪恩的粉丝会引发骚乱。围观的人很多，整整积聚了几个街区。赫德森率先抵达现场，当晚他的女伴是塔卢拉赫·班克海德，两人搭档出现让观众十分诧异。伊丽莎白和托德随后抵达，光彩夺目的伊丽莎白一亮相，大批粉丝立刻涌向她。为了纽约的首映式，托德给伊丽莎白买了一对价值一万美元的钻石耳环。卡罗尔·贝克（Carroll Baker）和丈夫就跟在两人后面。贝克回忆道："迪恩的粉丝们几乎要占领入口了。离我们最近的一排粉丝不停地敲打着栏杆，还发出恐怖的尖叫声。他们表情狰狞，让我产生了强烈的不安感。"托德也感受到了危险，他努力挡住摄影师和记者，恨不能为伊丽莎白挖出一条逃跑的隧道。

突然，栅栏被挤开了一个口，人群迅速爆炸了，纷纷朝明星们冲去。摄影师连带摄像机都被撞倒了。一些粉丝甚至把警察打倒在地，还把警帽扔上了天。粉丝们抓住伊丽莎白的头发，还企图把她的裙子撕个粉碎，伊丽莎白的耳坠也不见了。托德朝他们吼道："走开！"剧院经理及时赶来救场。他把托德和伊丽莎白请到了办公室，给两人奉上白兰地压惊。赫德森也在那里，他的衬衫在刚刚的骚乱中被撕成了碎片，皮夹克和钱包都不知所终。疯狂的粉丝也贡献了疯狂的票房，到1978年《超人》（Superman）上映前，《巨人传》一直是华纳兄弟票房收入最高的影片。影片帮助史蒂文斯夺得了奥斯卡最佳导演奖。迪恩也获得了奥斯卡最佳男主角的提名，这是他第二次也是最后一次出现在奥斯卡奖的名单中。

《巨人传》备受影迷和电影类奖项的青睐。史蒂文斯
凭借该影片夺得了奥斯卡最佳导演奖，詹姆斯 · 迪
恩和洛克 · 赫德森也获得了奥斯卡最佳男主角的提
名，然而，伊丽莎白却一无所获

就在《80 天环游地球》首映前夕，托德说自己破产了，这让伊丽莎白大吃一惊。托德不仅分文不剩，还欠了一屁股债。托德的好友艾迪·费舍拿出两万五千美元，替他支付了影院的租金，首映式才得以如期举行。得知托德的困境后，《洛杉矶时报》集团表示愿意出价二百五十万美元买下影片的版权。伊丽莎白劝托德不要答应，结果证明，这是相当明智的。上映仅仅几个月后，这部六百万成本的电影就赚了超过三千万。1956 年 10 月，《80 天环游地球》备受推崇。《纽约每日新闻》称赞其"场面宏大壮观，令人无比兴奋"。第二天，伊丽莎白和托德的合照登上了各家报纸的版面。

当时，托德已经和伊丽莎白如夫妻般生活，因此，伊丽莎白的离婚事宜迫在眉睫。1956 年 11 月 14 日，伊丽莎白的律师以感情不和为由向加州法庭提起离婚诉讼。怀尔登不仅不需要承担赡养费，还能拿到房子拍卖额的一半，而当时房子的市价是二十万美元。离婚手续还在进行中，怀尔登就已经收拾行李搬出了两人的房子，把两个儿子留给了保姆照顾。他搬进了约瑟夫·科顿（Joseph Cotten）家的客房。在科顿家，他整日以酒度日。他不仅仅失去了婚姻，还失去了工作。为米高梅拍摄完最后一部作品后，本杰明把他开除了，因为他不再是伊丽莎白·泰勒先生。

怀尔登消沉到了极点，几次想要自杀，幸好一位好莱坞经理人向他伸出了援手。怀尔登做起了经纪人，伊丽莎白一度做过他的客户，后来还推荐他为理查德·伯顿工作。怀尔登最后回到了英国，离开英国时他还是一位大牌明星，回归时却已被彻底遗忘。后来，怀尔登娶了社会名媛苏珊·内尔（Susan Nell），这段婚姻也以失败告终。最后，他终于找到了自己的真爱——优雅的贵族演员玛格丽特·莱顿（Margaret Leighton），莱顿从小成长在剧院，对同性恋和双性恋非常宽容、理解，怀尔登也将自己的一切坦诚相告。1963 年两人成婚，1976 年莱顿去世时，是怀尔登守在其床前。

忙碌的首映式结束后，托德决定带伊丽莎白去旅行。他们计划飞到巴哈马群岛，参加英国媒体大亨比弗布鲁克勋爵举办的游艇旅行。伊丽莎白一上船就开始狂饮，早上 10 点钟都不忘倒杯香槟。一天，她下台阶想要回到船舱休息时，船体突然倾斜了一下。"我的屁股滑下了六级台阶。"她后来回忆说。托德抱她进了特等舱，把她放在床上。托德不信任当地医院，他雇了一架飞机，陪她回了纽约。一系列检查过后，纽约顶级骨科手术专家告诉托德，伊丽莎白的脊柱垫骨碎了好几个，左腿已经失去了知觉并有萎缩的迹象。她很有可能会瘫痪，甚至面临着截肢的命运，她必须要接受复杂的手术才能康复。

1956 年 12 月 8 日，伊丽莎白被推进手术室，进行了四个小时的手术。医生摘除了脊柱周围的死骨，还移除了她的盆骨碎片。两个月后，她断裂的骨骼得以融合，终于可以下床走路，但时常还是会痛得晕厥过去。她全天都需要有人陪护，蒙蒂也经常来探望她。托德抓住一切机会进行宣传，他租下了伊丽莎白隔壁的病房，每隔一小时就会对外界发布消息。医生告诉托德，伊丽莎白怀孕了。得知 24 岁的伊丽莎白未婚先孕后，托德没有向外界透露这个消息。他怕这件事泄露出去，于是安排伊丽莎白迅速办离婚手续，怀尔登也没有反对。为了尽快离婚，托德送怀尔登去了墨西哥。怀尔登对托德说："我是个穷人。"托德因此给了他二十万美元，以换来他的竭诚合作。为了让怀尔登乖乖听话，伊丽莎白把拍卖房子的钱全都给了他，而不是之前约定的一半。

1957 年 1 月 21 日，伊丽莎白康复出院，与托德一同飞往墨西哥城。当晚，两人和怀尔登一同用餐，怀尔登的举止相当优雅绅士，似乎毫不介意三人尴尬的关系。遗憾的是，法官拒绝了伊丽莎白的离婚请求。托德私下与法官见了面，还在其他方面花了不少钱，这才终于让怀尔登夫妇解除了婚姻关系。消息很快就从墨西哥城传了出去。随后，托德向世界宣告，他与伊丽莎白的婚礼计划将于 1957 年 2 月 2 日举行，地点是在一座墨西哥南部的小村庄。托德把自己的婚礼打造得如《80 天环游地球》般宏伟盛大。

托德是犹太教徒，但伊丽莎白是新教徒，因为没有犹太宗教领袖愿意为两人主持婚礼，托德便请了市长做见证人。艾迪·费舍夫妇分别做了伴郎和伴娘。海伦·罗斯再次为伊丽莎白设计了婚纱，这次是一件天蓝色的雪纺裙。

海伦承认说，为伊丽莎白设计婚纱已经成了她的习惯。伊丽莎白的父母及兄嫂一同来参加婚礼。托德与前妻的儿子小迈克尔·托德（Michael Todd, Jr.）也带了妻子前来。托德送了伊丽莎白一串价值八万美元的钻石手链作为结婚礼物。在现场，费舍还唱起墨西哥婚礼进行曲为两人助兴。走红地毯前，伊丽莎白已经喝光了两瓶香槟，醉得不像样。她在搀扶下走完红地毯，随后又一直喝香槟到午夜，直到胃痉挛了才罢休。

刚结婚时，伊丽莎白和托德连着吵了几星期的架。两人的脾气都很火暴，托德对外宣称："我们吵架正是因为爱。她发起飙来很美，这时我就会把她搂在怀里，热烈地亲吻她，当然了，故事还有下文。"费舍也证实说："我觉得伊丽莎白喜欢被打。我知道这听起来很疯狂，不过她跟托德的关系真的非常暴力。"伊丽莎白后来回忆说："嫁给托德真是既刺激又兴奋。他把我疯狂的银幕生活变成了现实。他很有表演天赋，心地也很善良。表面看来，他粗鲁暴躁，但这都是装出来的。事实上，他温柔诚实，为人正直。每个女人的生命里都应该有个迈克尔·托德。"刚结婚的伊丽莎白并未预料到，两人的婚姻仅仅维持了十八个月。汉利却认为这是必然的，"细水才能长流。这样的强度和热烈注定维持不了多久"。

《巨人传》之后的一年里，伊丽莎白没有再拍电影。她摇身一变，成了环游世界的新娘。托德为她寻找到了另一份全新的事业——《80天环游地球》的宣传大使。他们所到之处都成了宣传地，美洲、欧洲、亚洲、澳洲，每到一处，托德都会及时通知狗仔队和报社记者，两人的新闻每天都会登上世界某地的报纸，伊丽莎白成了全球媒体的焦点。伊丽莎白的每句话、每个动作都能登上头版头条。实在没有她的新闻时，记者们还常常自行编造。把她作为封面的杂志能够堆满一整个仓库，在未来的日子里，她也一直都是最受瞩目的女星。

托德夫妇先后去了罗马、伦敦、巴黎、东京和莫斯科等地。经过托德的包装，伊丽莎白树立了全新的媒体形象，她不再是一个呆滞的银幕美女，而成了备受瞩目的女神。在爱情、职场以及经济方面，托德都给了她莫大的帮助。结束在墨西哥的蜜月后，积蓄所剩无几的两人只得搭乘商务舱，这让托德十分不满。

离开洛杉矶前，托德买下了一架洛克希德飞机，并把它命名为"幸运的利兹"。托德花了两万五千美元对飞机上的卧室进行了精装修，他夸耀说，这是"世上唯一有双人床的飞机"。在安全防护方面，他却非常吝啬，只花了两千美元购置了老旧的防冻设备，这在将来会是一个致命的错误。1957年2月，托德中途在芝加哥逗留时，为伊丽莎白买了另一件结婚礼物——"他和她连锁电影院"，伊丽莎白自此拥有了自家的影院，这成为她未来收入的重要来源。他们随后继续朝纽约进发，抵达之后，两人频频光顾高档餐馆和知名夜店，还曾现身第五大道的多家珠宝店。"女孩子的珠宝怎么都不算多。"伊丽莎白对媒体说。

随后，托德夫妇回到好莱坞，参加了1957年的奥斯卡颁奖典礼。伊丽莎白炫耀着自己手上价值两万五千美元的钻戒，宣称自己是"高贵的公主"。得知托德的《80天环游地球》夺得奥斯卡最佳影片奖时，伊丽莎白的骄傲与自豪溢于言表。她出演的《巨人传》是《80天环游地球》的强力竞争对手，但伊丽莎白宁愿托德得奖。凯文也出席了颁奖仪式，他到后台向托德和伊丽莎白表示祝贺，伊丽莎白却对他不理不睬，因为她听说凯文在背地里轻率地道出了他和自己的闺房轶事，甚至对记者都没有隐瞒。

结束了洛杉矶的事务，并且安顿好两个儿子后，伊丽莎白和托德出发飞往纽约。两人一抵达便登上了"伊丽莎白女王"号，朝着欧洲进发。在法国靠岸时，记者们早已等在那里。伊丽莎白当天身穿香槟色的貂皮大衣，和托德一起乘坐一辆价值十万美元的劳斯莱斯游览法国。两人在肯马儿夫人的超级奢华别墅中租住了三个月，租金高达每月两万美元。别墅可以俯瞰整个蔚蓝海岸，地理位置极其优越。在别墅里，托德夫妇请的第一位客人就是怀尔登。伊丽莎白的两任丈夫之间毫无嫉妒——事实上，伊丽莎白自己也已经和

怀尔登成了兄妹，两人共同承担着抚养孩子的责任。

1957 年 5 月 7 日，费舍和妻子雷诺斯也飞抵蔚蓝海岸，准备参加《80 天环游地球》在戛纳电影节上的欧洲首映式。在戛纳，托德租下爱德华时代风格的"冬日赌场"，宴请一千名各国记者。他们享用了"成吨"的白鲸鱼子酱、烟熏鲟鱼以及蔚蓝海岸的小龙虾。一位来自戛纳的记者把这称之为"浮华与暴食"。正当大家兴致高涨之际，托德放飞了一个巨大的热气球来模仿《80 天环游地球》中的场景。随后，托德向全世界公布了伊丽莎白怀孕的消息。第二天晚上，托德来到摩纳哥的蒙特卡洛，应邀到王宫中与格蕾丝王妃一同进餐。他不愿让伊丽莎白陪同前往，因此当晚由汉利陪托德出席。费舍也收到了邀请，不过他没有赴约。出发赴宴前，伊丽莎白把一个密封好的信封交到了汉利手上，让他到了蒙特卡洛后交给托德。

托德拿到信后，让汉利读给他听：

亲爱的迈克：

在格蕾丝的卧室里待够再回来吧，不用担心我。今晚我有费舍相伴。

爱你。

你忠贞不渝的妻子 伊丽莎白·泰勒·怀尔登·托德

在接受《巴黎竞赛》采访时，伊丽莎白说："跟托德在一起，我觉得自己能够坐拥整个世界。他能实现我的全部梦想。"随后，托德、伊丽莎白和汉利驱车前往巴黎。托德预订了利兹酒店的总统套房，套房可以把旺多姆广场尽收眼底。巴黎上流社会热情欢迎这对夫妇的到来，一位名流为两人举办了一场晚会，在那里他们见到了许多国际社会精英。

每次影片的版税一到手，托德就会花个精光。在巴黎，他从阿里汗王子手中为伊丽莎白买下了三幅名画，作者分别是德加（De Gas）、维亚尔（Vuillard）和郁特里罗（Utrillo），共花去了七万五千美元。他还为怀尔登买了机票，让怀尔登住进了自己的三人卧室套房，此举在巴黎引起了一阵骚动。托德努力宣传伊丽莎白，他说："我希望世界知道，世上还有一位名叫伊丽莎白的知名女性。她或许不是伊丽莎白女王，但我相信，有朝一日，她至少会被称为伊丽莎白女爵。"伊丽莎白后来真的被授予了爵士勋章。

得知托尼·柯蒂斯和珍妮特·利也在伦敦后，托德专门为他们举办了一场派对，这对昔日的"美国甜心"遇上了现今的"美国甜心"——费舍和妻子。派对上，伊丽莎白为前夫怀尔登介绍了伦敦名媛苏珊·内尔，伊丽莎白认为苏珊温柔体贴，是离婚男人的最佳选择，而且苏珊十分富有，她会继承百万家产。自此，怀尔登开始和苏珊约会，并最终与她成婚。只可惜，两人的婚姻没持续多久。

1957 年 6 月，托德夫妇和费舍夫妇一同现身马场，此时的伊丽莎白与费舍和其妻子是好友

最浪漫的泰勒先生

泰勒在银幕上魅力四射的表演，加上她丰富多彩的私生活，让她成为美国流行文化中的中流砥柱。在她的一生中，泰勒似乎都在致力于拯救脆弱的灵魂和那些需要帮助的人。她曾经自夸："我是一位充满勇气的妈妈。"

——《卫报》

1957 年 7 月 2 日，托德为庆祝《80 天环游地球》的伦敦首映，举办了"狂欢之夜"的活动。他租下了巴特西公园，这是一个紧邻泰晤士河的小型游乐场。为了最大程度博得媒体关注，托德把派对办成了为"媒体基金"筹款的慈善会。他邀请了一千五百名宾客，其中包括许多记者，以及伦敦社会的上流人士。托德甚至还邀请了伊丽莎白女王和菲利普亲王，两人表达了歉意，并未出席。

伊丽莎白是当晚绝对的主角，她身穿迪奥红色天鹅绒低胸晚礼服，脖子上戴着名贵的红宝石项链，这是托德花了三十五万美元买下的。伊丽莎白对这条项链评价说："即使法王路易十六的王后见了也会心生嫉妒。"伊丽莎白告诉《泰晤士报》的记者："托德很棒，他或许是我一生中最棒的恋人。"当晚，劳伦斯·奥利弗和费雯·丽快乐地玩着旋转木马，达尔基思勋爵玩着儿童的荡秋千游戏，而杰拉德·莱格夫人（Mrs. Gerald Legge）则成了当晚射击游戏的大满贯得主。

为了最好地款待众位宾客，托德命人从科罗拉多州运来了熊肉，从北卡罗来纳州运来了甜土豆，从中国香港运来了巨大的对虾；又从印度运来了咖喱菜肴，从意大利运来了三十多种家庭自制的面食，从非洲运来了浇满巧克力汁的巨型蚂蚁，而草莓和奶油则产自英国本地。当晚，托德准备了五百箱香槟，但很多记者都对香槟视而不见，反而争相狂饮贮藏的啤酒。《时代周刊》评论道："如果托德有酒类经营许可，那他肯定还会提供下酒的坚果。"托德联系鱼贩，购得了新鲜的鱼类。对于那些喜欢猎奇的记者，他供应了大量多汁的牡蛎、龙虾、河虾和螃蟹。第二天，媒体热烈赞美了派对上的食物。

第二天清晨，伊丽莎白对托德说，自己把两人的护照给弄丢了，神通广大的托德立即请大使馆为两人开了旅游签证。现在的他不仅是纽约和好莱坞的风云人物，也成了伦敦城里的大人物。两人随后乘坐劳斯莱斯离开伦敦，朝着南安普敦进发。

1957年7月4日，托德和怀着身孕的伊丽莎白乘船返回纽约。在船上的第一晚，两人享用鱼子酱和香槟，托德还描述了自己未来四十年的宏图大志。当然，他无论如何都想不到，自己的生命只剩下八个月的光景了。乘船期间，托德讲了自己下一部电影的规划。他说自己接下来准备拍摄西班牙小说《堂吉诃德》（*Don Quixote*）。他希望伊丽莎白能出演邋遢的泼妇达尔西妮亚，伊丽莎白连书都没有看过就答应了。托德告诉媒体，自己准备租下整个西班牙拍摄影片，并且让毕加索画下概念图，为影片宣传。他打算让曾参演《80天环游地球》的坎丁弗拉斯（Cantinflas）出演堂吉诃德的侍者桑丘，让费南代尔（Fernandel）出演堂吉诃德。不过后来他改变了主意，准备让米基·鲁尼出演桑丘。就像堂吉诃德追求不切实际的梦想一样，托德的计划最终也未能实现。

半路上，伊丽莎白因疼痛难忍被送进了急救室，孩子似乎要早产了。医生给伊丽莎白注射了麻醉药，但由于能力有限，无法为伊丽莎白进行剖宫产手术。在镇静剂的作用下，伊丽莎白的子宫没有进一步收缩，脱离了临盆的危险。船抵达纽约后，她立刻被送往医院。多位专家对她进行了联合诊治后，

其中一位提醒托德说："如果伊丽莎白如期生产，那她的脊椎可能会遭受永久伤害。"因此医生建议流产，不过托德拒绝了："想都别想！"

在病床上，伊丽莎白脆弱的后背上装上了金属支架。由于支架的作用，胎儿被推到胸腔下的危险位置。医生为伊丽莎白注射了药物，防止她心脏停搏。很显然，胎儿的心跳也面临着停跳的危险。医生告诉托德，伊丽莎白必须进行高度危险的剖宫产手术，否则必死无疑。

手术于 1957 年 10 月 6 日进行。随后，伊丽莎白·弗朗西斯·托德（Elizabeth Frances Todd）降生了，她母亲亲昵地称她为莉莎。婴儿重四斤多，刚开始医生断定这是死胎，不过一位心肺复苏医生迅速对婴儿进行了抢救。14 分钟后，婴儿有了呼吸，并在氧幕中待了两个月。医生对托德说，若伊丽莎白再次怀孕，将会有生命危险，因此要求伊丽莎白进行绝育手术。托德很遗憾自己儿孙满堂的梦想无法实现了，但新生儿的喜悦冲淡了感伤。托德对外发布了女儿出生的消息，他骄傲地宣称："她非常漂亮，几乎是跟妈妈一个模子刻出来的。我的伊丽莎白相当勇敢。此刻我正在跟印度协商，准备为她买个礼物——泰姬陵。"

住院期间，托德拜访了霍华德·杨，从他手中买下了三幅名画，作者分别是雷诺阿（Renoir）、莫奈（Monet）和毕沙罗（Pissarro），但直到去世托德都未曾付款，霍华德因此起诉了他。莉莎·托德出院后，托德和伊丽莎白带她住进了一栋有二十三个房间的大别墅。作家杜鲁门·卡波特（Truman Capote）前来拜访，还带来了蒙蒂的消息——他又跟暴力扯上了关系，也依旧痴迷于毒品。卡波特代田纳西·威廉斯送了一部剧本给伊丽莎白，让伊丽莎白考虑一下。在随后的几个月里，托德带着伊丽莎白东奔西跑，因此她一直没来得及读剧本。

1957 年 9 月，托德夫妇回到了洛杉矶，住进了一栋有十二个房间的地中海风格别墅。伊丽莎白不喜欢这栋房子，觉得它阴森恐怖。此时的托德已经把影片的收益全都花光了，他不得不考虑越加严峻的经济问题。他督促伊丽莎白赶紧回到米高梅，完成已经签约的两部作品。一天，他的儿子小迈克尔·托德给他送来了两百万美元的支票。托德决定租下曼哈顿的麦迪逊广场花园，举办一次盛大的宣传活动，他准备再进行一次环球旅行，希望能借此筹得更多的启动资金。

伊丽莎白对两人再次启程感到犹豫，但还是答应了。临行前，她把孩子交给了保姆照料。1957 年 10 月 17 日，两人来到纽约庆祝《80 天环游地球》上映一周年。托德在麦迪逊广场花园举办了一场私人派对。托德先是对媒体宣称："这将是世上最盛大的生日派对。"之后他又告诉记者，"我将举办一场小规模派对，只邀请少数密友。"然而，最后出席的宾客加上浑水摸鱼的人，总人数高达一万八千人。伊丽莎白依旧像一个公主，她穿了一件定制的红色天鹅绒晚礼服，戴了一顶钻石小皇冠。托德不希望在食物酒品上投入过多，因而千方百计寻求食品企业的赞助。他还与哥伦比亚广播公司签订协议，以三十万美元的价格卖出了派对的录制权，节目还请了广播员进行配音。

看到广场花园的布置后，一位记者写道："托德和伊丽莎白是全美国最庸俗的人。"花园的尽头处放置着一个高达四十英尺的"奥斯卡"复制品，周围还有金色的菊花簇拥。这无非是在提醒人们，托德曾赢得了奥斯卡最佳影片奖。在这场狂欢盛宴的上空还飘着一个巨型热气球。托德哄骗泰国国王捐献了四十只有异域风情的猫。公园里还放置了各种动物，如狮子、老虎和大象。托德邀请了各界名流前来参加。值得一提的是，客人中还有派对女王艾尔莎·麦克斯韦和专栏作家赫达·霍珀。女演员金格尔·罗杰斯（Ginger Rogers）和珍妮·盖诺也一反常态地出席了。华尔特·温切尔、雪莉·温特斯、托尼·柯蒂斯等也收到了邀请。

派对上还进行了颁奖仪式。其中最大的奖品是一架两个座位的私人飞机。托德还颁发了许多名贵珠宝作为奖品。当晚的司仪是"全美顶级宴会主持人"乔治·杰塞尔（George Jessel），休伯特·汉弗莱（Hubert Humphrey）则被请来作为发言人，他后来成为美国第 38 任副总统。当晚的派对有近三千五百万观众收看。

当晚的亮点是派对上出现的重达一吨的生日蛋糕。托德命人做了淡蓝色的糖衣，"因为这样更上镜。"这个十四层的蛋糕花掉了两千个鸡蛋和价值一万五千美元的面糊。伊丽莎白爬上梯子，切开了蛋糕。她的背部依然有些许不适，因而差点失足掉进大蛋糕里。这蛋糕看似美味，但分到的人都说它难以下咽。切蛋糕仪式结束后，大家开始了一场蛋糕战。客人们本以为香槟是免费的，不料却是以每杯十美元的价格出售的。舞女们最后还跟工作人员用抹了芥末的热狗打仗。融化的冰激凌流了一地，地板变得异常光滑，有几个人还因此摔倒了。大家互相把比萨糊在别人脸上，很多宾客的衣服都被撕破了。乐队希望能奏乐助兴，却找不到一处干净的地方。托德换下了舞曲，改为美国国歌。一位电视台记者报道说："托德把整个纽约城都点燃了。"在台上，乐队指挥们也都疯狂了。一堆穿着各色衣服的姑娘们涌了过来，把他们高高抛起，丢进了人群当中。

次日清晨，广场经理为托德开出了巨额的"清扫费"，这场派对以灾难告终。媒体争相讽刺托德和伊丽莎白。不过托德并未被吓到，他对伊丽莎白说："去他妈的纽约！我们要环游世界，寻找欣赏我们的人。"1957 年 11 月，两人开始了第二次环球旅行。离开纽约之前，伊丽莎白踩到一块香皂滑倒了，背部再次受伤，因此，她是被抬上飞机的。当晚，两人飞抵法国，从那里出发，先后游历了瑞典首都斯德哥尔摩、挪威首都奥斯陆、澳大利亚悉尼、中国香港、日本东京和英国伦敦等地，其中最受争议的莫过于莫斯科之行。托德写信给苏维埃文化部，希望尼基塔·赫鲁晓夫（Nikita Khrushchev）能私下与两人会面。然而文化部长让他吃了闭门羹，甚至连信都没有回复。

回到蔚蓝海岸后，伊丽莎白对媒体说道："我再也不想做电影明星了，表演只是我的一个爱好。"

1957 年 11 月 17 日，在棕榈泉停留之际，伊丽莎白把自己的阑尾摘除了。托德非常沮丧，他对记者们说道："我他妈就是个护士，跟伊丽莎白生活就是陪她不停往医院跑。"听到这样的言论后，伊丽莎白勃然大怒。不过两人像往常一样，很快便和好了。1958年3月，两人再次回到洛杉矶。导演乔舒亚·洛根（Joshua Logan）拜访了两人，他希望伊丽莎白能够出演电影《南太平洋》（South Pacific）。托德让伊丽莎白赶紧答应下来。第二天，伊丽莎白到作曲家那里进行试唱，可是她的演唱实在太糟糕了，因而被拒绝了。最后工作室选择了米基·盖纳（Mitzi Gaynor）。

背痛缓解之后，伊丽莎白终于翻开了卡波特送来的剧本。田纳西·威廉斯在上面写道："尽快康复吧，伊丽莎白。玛姬猫的角色正等着你呢。赶紧把你的指甲留长。"好莱坞随后传出风声，伊丽莎白将与保罗·纽曼合作，共同出演《热铁皮屋顶上的猫》（Cat on a Hot Tin Roof）。一位专栏作家对此评论道："当一个冰川蓝眼睛的男人遇到紫罗兰眼睛的女人时，本世纪最伟大的银幕爱情便拉开了序幕。这两位性感偶像怎么能抵抗住彼此的吸引呢？"

1958年3月12日，影片正式开拍。伊丽莎白来到片场与其他演员见面，纽曼和她一同到来。照布鲁克斯所言，伊丽莎白与剧组见面时"就像一位高贵的女王"。伯尔·艾弗斯（Burl Ives）也出现在片场，他扮演了片中的爸爸——南部波利特家族的族长一角。事实上，艾弗斯只比饰演大儿子古珀的杰克·卡森（Jack Carson）大1岁。知名女演员朱迪丝·安德森（Judith Anderson）扮演了片中的妈妈。古珀势利的妻子梅则由马德琳·舍伍德（Madeleine Sherwood）扮演。影片中，古珀夫妻两人都希望能继承父亲的百万家产和辽阔的庄园。纽曼饰演了片中的二儿子布里克，伊丽莎白饰演了他的妻子。

午餐期间，布鲁克斯透露，米高梅要求对剧本原稿进行修改。这时詹姆斯·坡（James Poe）也加入进来，他将负责与布鲁克斯一同改编剧本。伊丽莎白对坡并不陌生，坡曾参与《80天环游地球》的剧本制作。为振奋众人精神，布鲁克斯也带来了一个好消息：米高梅原本计划拍摄黑白片，但在他和迈克尔·托德的争取下，工作室同意改拍彩色片，这样男女主角漂亮的眼睛就可以充分显示出来。

排练期间，纽曼与伊丽莎白毫无默契。纽曼对此非常无奈，他们似乎一点都不来电。正式开拍后，纽曼立刻改变了看法。镜头前的伊丽莎白容光焕发，演技也比纽曼想象中好得多。抛开纷纷扰扰的传闻，纽曼发现伊丽莎白其实是个货真价实的电影演员。布鲁克斯对纽曼的表现一直很满意，认为纽曼把男主角演绎得十分到位。看过毛片后，托德认为伊丽莎白"表现得不能再好了"，这部影片完全改变了托德对伊丽莎白的看法。一开始，他并不想让她扮演玛姬猫，甚至还希望把她带到伦敦去，千方百计地让她相信自己不适合这一角色。没想到的是，她是如此适合这个角色，表演也十分到位。

　　拍摄仅仅几天后，伊丽莎白就得了重感冒。她发起了高烧，只得被送回家中。第二天，纽曼和布鲁克斯得知她的感冒变成了肺炎。米高梅迫切希望伊丽莎白能早日完成影片，因为按照合同条款，她的片酬为十二万五千美元。但合同很快就要到期。米高梅猜测，她将提出更高的片酬，说不定会超过三十五万美元。而纽曼的片酬十分微薄，米高梅只花了两万五千美元就从华纳兄弟那里借到了纽曼。相比之下，田纳西·威廉斯拿到的版权费则高达四十五万美元。布鲁克斯告诉纽曼，伊丽莎白康复之前，纽曼不能停止拍摄。布鲁克斯非常了解伊丽莎白，感冒对伊丽莎白来说都是灾难，更何况更为严重的肺炎呢？

绝望的利兹

伊丽莎白·泰勒是最后一颗耀眼的明星。她的绯闻堪称
史上最长的肥皂剧，她代表着好莱坞所有的诱惑和悲剧。

——导演 迈克尔·温勒尔

1958年2月28日，托德举办了一场小型派对，庆祝伊丽莎白26岁的生日。受邀的有艾迪·费舍、大卫·尼文和其妻子，以及阿特·科恩（Art Cohn）等。托德开了一瓶香槟，庆祝科恩写完了托德的传记——《迈克尔·托德的九条命》（*Nine Lives of Mike Todd*）。派对上，托德对伊丽莎白的表演赞不绝口，他相信奥斯卡奖绝对属于伊丽莎白。他心中满是宏图大志，计划筹拍更多的大片。托德对客人说，他已经把自己飞机上的卧室刷成了紫色，这样才会与伊丽莎白的眼睛更相配。托德还说，下个月他将与伊丽莎白搭乘"幸运的利兹"号飞往纽约领取"年度演艺人"奖，活动在阿斯多里亚酒店举办，大约有一千二百名宾客会出席。宾客的名单相当震撼，其中有纽约州州长埃夫里尔·哈里曼（Averell Harriman）、总检察长赫伯特·布劳内尔（Herbert Brownell），以及大牌明星劳伦斯·奥利弗等。

出发之际，伊丽莎白因身体虚弱而无法陪同。托德不想自行前往，便邀请了艾迪·费舍、布鲁克斯等一干人同行。但大家都有自己的安排，都拒绝了。美联社记者詹姆斯·培根（James Bacon）接受了邀请，但出发前一个小

时他又改变了主意。詹姆斯劝托德不要去，因为当晚是洛杉矶为数不多的坏天气，外面下着瓢泼大雨，还伴有电闪雷鸣。

托德的传记作家科恩——托德生命中仅次于费舍的二号好友最终陪他坐上了飞机。托德还叫了汉利，然而上飞机之前，他又让汉利回去了，以便替他照顾生病的伊丽莎白。起飞前，托德给伊丽莎白打了电话，向她表达了自己的爱意。伊丽莎白央求他不要夜晚出行，让他第二天清晨再出发，托德却安慰她说自己会安然无恙的。伊丽莎白后来说："托德隐约有种不祥的预感。临走之前，他五次折回卧室与我吻别。他不愿与我分开。他说他太高兴了，但高兴的背后往往隐藏着灾难。我想跟他一起去，但被医生坚决制止了。"托德离开后，伊丽莎白再次发起高烧。

1958 年 3 月 21 日，托德进行了人生中最后一次飞机旅行，当时，他才49 岁。他向伊丽莎白承诺，自己中途加油时会给她打电话，然而他没来得及打电话就出事了。1959 年 4 月 17 日，就在飞机失事一年之后，一份报告详细揭示了当时的情况。飞机的限重为 18605 磅，起飞时却重达 20757 磅。此外，飞机的防冻系统也失灵了。为摆脱机翼结冰的困扰，"幸运的利兹"向控制塔发送了信号，请求从 1.1 万英尺攀升到 1.3 万英尺。控制塔答应了。随后飞机发送了第二条信号，说自己已攀升至 1.3 万英尺，但机翼依然处于冻结状态，而且飞机遇到了猛烈的暴风雨以及数不尽的雷电和强风。这是这架飞机发出的最后一条信号。墨西哥城控制塔的工作人员注意到，不远的空中闪起一道亮光。工作人员以为是闪电，直到一架路过的空军飞机报告说，附近的一架飞机爆炸了。报告中说当时为凌晨 2 点 40 分。报告指出："飞机的主引擎杆失灵了，右螺旋桨也出了故障。随后飞机便彻底失去控制，一头栽了下去。"托德的飞机坠毁在新墨西哥的山区。机身散落在方圆几百米的冰雪区域。破晓时分，搜寻队找到了飞机残骸。机上的托德、科恩和两位飞行员无一幸存。虽然尸体已经被烧得难以辨认，但托德的尸体还是被辨别出来了，因为他的骸骨上还戴着金质的婚戒。随后，戒指被归还给伊丽莎白。她让人将其熔化重塑，然后戴到了自己手上，她说自己会一直戴着它，直到爱她的人让她取

下为止。

记者詹姆斯大概是洛杉矶第一个得知托德死讯的人。一位驻扎在新墨西哥的美联社特约通讯员知道詹姆斯也受到了托德的邀请，因此他想确认一下詹姆斯是否还活着。詹姆斯大吃一惊，他立即联系了美联社洛杉矶分部。十五分钟后，空难消息传遍了世界。美国东岸和伦敦的广播都纷纷插播了这一紧急消息，所有的人都知道了托德遇难的消息，只有伊丽莎白还不知情。病痛持续了整整一夜后，伊丽莎白终于在清晨 5 点睡着了。本杰明给汉利打电话，让他马上通知伊丽莎白。汉利赶到伊丽莎白的家中时，女仆说她还在楼上睡觉。

伊丽莎白后来回忆说，那是"我人生中最绝望的时刻"。汉利进来时，她刚刚睡醒，没等汉利开口，她似乎就有预感似的尖叫起来。费舍从纽约给妻子黛比·雷诺斯打了电话。费舍本计划为托德举办晚会献唱，没想到却得知了这个噩耗。雷诺斯立刻赶去了托德家，帮忙照顾伊丽莎白的孩子们。她刚走进房间，就看到伊丽莎白正在楼梯上尖叫："不！不！这不是真的！这不是真的！"雷诺斯后来回忆说："我永远都忘不了她那惊恐又痛苦的表情。我也忘不了那张苍白的脸、绝望的眼神和凌乱的头发。然而即便如此，她依旧美艳动人。她声嘶力竭地呼唤着托德的名字。"

2003 年，在拉里·金（Larry King）主持的电视节目中，伊丽莎白回顾了这段痛苦的历史，她说自己当时悲痛难忍，"只穿了内裤就跑了出去，还不小心摔倒了。我大喊道：'不！不是托德！不是托德！上帝怎么会如此残忍！'我几乎被一辆车碾了过去。我的医生和汉利慌忙扶我起来，把我送回了卧室。医生还给我打了镇静剂"。汉利随即给导演布鲁克斯打了电话，通知他托德的死讯。布鲁克斯说隔着电话就听到了"背景中的尖叫声"。演员艾迪·曼尼克斯（Eddie Mannix）和本杰明迅速赶到伊丽莎白家中，随后布鲁克斯也赶来了。伊丽莎白已然情绪失控，对所有人破口大骂。

伊丽莎白的房子外边聚集了一大批人，警方不得不设置了障碍物，并对来访人员进行严格控制与检查。经过一番询问后，萨拉、弗朗西斯及怀尔登被允许探望，发型师盖瑞拉弗也前来照料伊丽莎白的饮食起居，并负责为她梳洗打扮。托德的家成了记者们关注的焦点，摄影师们甚至不惜从房顶上爬进去，还有人试图从酒窖爬进屋子。

吊唁信从世界各地传来，甚至连白宫也表达了哀悼。一封电报写道："在此，我和总统先生致以最沉痛的哀悼。——玛米·艾森豪威尔（Mamie Eisenhower）。"还有一封来自克拉克·盖博，十六年前，他深爱的卡罗尔·隆巴德也是在空难中去世的，他在吊唁信中写道："我知道失去爱人是什么感受。"乔治·杰塞尔则总结了托德的一生："他从跑龙套的做起，逐步成了敢对毕加索吆来喝去的男人。"

托德死后，汉利再次失业了。他因此开始负责照顾伊丽莎白的生活起居，同时处理她的各项事务，甚至还要清理小狗的粪便。电话如潮水般涌来，汉利一个个处理得妥妥当当。费舍从纽约打电话给汉利，说自己"非常担心伊丽莎白，怕她有自杀倾向，或精神失常"。汉利还给她读了全世界的来信——既有来自知名人物的，也有来自无名小卒的。汉利很少把电话转接给伊丽莎白，尽可能自己处理，然而伊丽莎白却希望接到费舍的电话。得知费舍准备次日飞来陪伴自己时，伊丽莎白终于感到了一丝安慰。

保罗·纽曼也非常担心伊丽莎白，这其中既有工作因素，也有感情因素。听到广播消息后，他立刻赶去探望伊丽莎白，两天之后才被放进去。纽曼来到楼上后敲了敲房门，但是无人应答。他转身时看到一个摄影师躲在隔壁房门后。纽曼当场与其对峙，要求其立刻离开。后来据安保人员说，这位摄影师想要冲进房间，抓拍下伊丽莎白悲痛欲绝的那一刻，把照片用作小报的封面。摄影师被带了出去，纽曼再次敲响了房门。这次伊丽莎白开了门，看到纽曼后，她立刻扑进他的怀里。纽曼把她送回床上。伊丽莎白已经两天两夜不眠不休了，紫色的眼睛布满了血丝。她伸出手对纽曼说道："不要离开我。"声音微弱得近乎耳语。

霍华德·休斯一直对伊丽莎白念念不忘。这次，他主动提出把自己的飞机借给伊丽莎白，让她飞往芝加哥参加托德的葬礼。伊丽莎白答应了，并且表达了深深的谢意。机组人员们都清晰地记得，在飞往芝加哥的途中，伊丽莎白

一直依偎在费舍的怀里。她的哥哥霍华德和医生也随机同行，汉利则拿着她那两个重重的钱包。大约两千名粉丝在机场接机，激动地请她签名。若是以往，她肯定会答应的。轿车直接把她送到了德雷克宾馆，套房已经准备好了，里面还摆满了朋友和粉丝们送来的鲜花。小迈克尔·托德和妻子也到机场迎接了伊丽莎白，为了准备父亲的葬礼，他先到了芝加哥。托德的弟弟本打算把墓碑做成奥斯卡奖杯形状，但奥斯卡委员会威胁要起诉他，这一计划因此取消了。

第二天，大约有两万名狂热的粉丝来到了葬礼现场。一些粉丝并不是冲着伊丽莎白来的，他们是来朝拜费舍的。很多人带了他的唱片请他签名。当然，在这种场合下，他是断然不会答应的。在海伦·罗斯的帮助下，伊丽莎白庄重地出现在葬礼现场。她身穿毛边黑色套装，肩披黑色貂皮围巾，手上戴着黑色皮手套，头戴黑色面纱，独留了朱红色的嘴唇在外边。伊丽莎白知道蒙蒂讨厌托德，因此特意没有邀请蒙蒂，不过蒙蒂还是出现在了人群中。

托德的葬礼于 1958 年 3 月 25 日在芝加哥城外的苏黎世犹太人公墓举行，悲伤的告别仪式最后成为"一场托德式盛典"。粉丝们吃掉了大量的炸薯条和爆米花，把公墓里的垃圾箱都塞满了。一些孩子甚至在墓地里爬来爬去。一个个小摊主在人群中兜售着热狗和饮料。葬礼上，托德烧焦的遗体被放进了青铜棺材中。伊丽莎白朝着棺材鞠躬，她啜泣着说道："托德，我爱你，我会爱你到天荒地老。你的位置无人能够取代。"下葬时，犹太教牧师的声音都被粉丝的叫喊声遮住了。他们高声喊道："利兹！利兹！利兹！"随后一张照片传遍了世界各地，照片里年轻的寡妇伊丽莎白潸然泪下，费舍在旁边搀扶着她，俨然托德的替身。费舍将葬礼称为"最痛苦的折磨"，他还跪在坟前哭泣着说："我失去了毕生唯一的朋友。"

葬礼结束后，警方试图为伊丽莎白开辟出一条道路。然而粉丝争相冲破阻碍，希望能抢到伊丽莎白的一片衣服。一个带着相机的女人摘掉了伊丽莎白的面纱，"听着，贱人！我希望能拍到你那被泪水淹没的脸。"费舍好不容易才把伊丽莎白送回了车里，然而司机却被夹在人群中。人们把车团团围住，一些年轻人甚至还朝车上扔石头，逼伊丽莎白露面，好拍下她的一两张照片。

她惊恐地尖叫起来，害怕车顶会被砸破。伊丽莎白后来回忆说："人们就像大片蝗虫一般挡在车外，透过车窗什么都看不到了。"警方用了一个小时才清理出一条道路。

回到酒店后，伊丽莎白和蒙蒂见了面，两人的谈话很不愉快。蒙蒂一气之下冲出酒店，搭上了飞往纽约的航班。随后，伊丽莎白、费舍及客人们搭乘霍华德的飞机回到洛杉矶。一路上，伊丽莎白当着大家的面依偎在费舍怀中，费舍则将她紧紧搂在怀里，跟她分享自己对托德的回忆，"托德对我说，大部分美国男孩的梦想都是做总统，然而他毕生的梦想却是娶伊丽莎白·泰勒"。

回到洛杉矶之后，伊丽莎白整天跟费舍在一起。小迈克尔·托德有时也会来探望他的继母，此前两人只在婚礼、葬礼等重要场合见过几面，而且通常情况下，他还会带着自己的妻子。小托德后来在回忆录中写道，葬礼结束后，"伊丽莎白多次陷入歇斯底里的状态。她哭着闹着，就是不愿面对现实，平静后她会说：'托德肯定没死。我不信他死了。'"。伊丽莎白还向她的继子承认说："我每晚都会梦到托德，梦到他还活着。我梦到自己还在家里，突然他就冲进了房间。'你这个愚蠢的女人。'他对我说，'你是不是以为我死了？我只是在潜伏，等事情摆平之后再现身。'"伊丽莎白把托德的睡衣放在枕头下，为了尽可能久地让托德的气息陪伴在她身边，她还拒绝换下两人一同睡过的床单。伊丽莎白常和小托德讨论托德，他们认为托德的死是可以避免的。小托德说自己一直让父亲离那个破飞机远一些，还让父亲看过一份报告，说除非花大笔钱进行改造，否则这样的飞机很容易出危险。托德看过后毫不在意，他说："我命大，死不了。"

小托德为安慰伊丽莎白，常会和她聊几个小时，他讲了很多父亲早年的故事。有些十分搞笑，有些则让伊丽莎白醋意大发，比如说玛丽莲·梦露曾为了出演《80天环游地球》而勾引过托德。伊丽莎白开始依赖小托德，两人甚至希望完成托德的遗愿——拍摄电影《堂吉诃德》，但最终未能实现。小托

德和伊丽莎白年龄相仿，伊丽莎白觉得他就是年轻版的托德，她甚至把小托德作为托德的替代品爱上了他。几周后，为了尽快忘掉小托德，伊丽莎白跟小阿瑟·勒夫走得很近，因此谣言四起。多年后，小托德承认自己爱过伊丽莎白，并且不后悔爱上她。他说："她一直很热心很体贴。不过或许因为她是童星出身，所以有些恃宠而骄，还有些自私自利。她有勇气也有能力追求自己的幸福，哪怕历尽千辛万苦也在所不惜。"

托德的遗嘱在 4 月份进行了认证。他的房产价值五百万美元，不过大部分都用来抵债了。房产被一分为二，小托德拿到了房子，伊丽莎白的那份则以信托基金的方式继承。大家都以为托德为自己的遗孀留下了大笔遗产，然而小托德却发现，父亲的财产问题相当棘手，必须通过官司才能解决。伊丽莎白没拿到多少钱，却不得不支付托德欠下的税款。小托德与伊丽莎白联手，起诉了向托德租赁飞机的公司。官司五年后才有了定论，两万七千美元的赔偿被判给了莉莎·托德。

虽然小托德和伊丽莎白没有了感情往来，但两人依然是朋友，并且作为托德遗产的共同继承人，两人一直保持生意上的合作。两人都希望可以通过《80 天环游地球》再赚一笔，他们预测影片还会带来八百五十万到一千万美元的收益，然而影片最后只赚了二百三十万。1968 年，经伊丽莎白的同意，《80 天环游地球》再次上映，这次也只赚了不到一百万美元。1971 年，小托德以两百万的价格将影片卖给了电视台，虽然托德曾发誓，绝对不会把影片卖给电视台。托德的欠税问题直到 1971 年才彻底解决，托德昔日的万贯家财只剩下一万三千美元。

很多人都认为，如果托德还活着，伊丽莎白终有一天会和他离婚，连小托德也怀疑父亲的爱情不会长久。但是，托德夫妇没有走到那一步，两人的感情难得地让伊丽莎白放弃了自己在感情中的强势地位，成为托德"忠实的部下"。托德成了替伊丽莎白做决定的那个人，成了保护伊丽莎白的盾牌，还成了伊丽莎白无所不能的爱人，替她摆平所有的问题。最重要的是，伊丽莎白说："我的生命中有两个真爱，迈克尔·托德是第一个。"

如果我一生犯了什么错误，那
我绝对毫不避讳。但对于不明
真相的人们为我创造出的形
象，我绝对不会理会，否则我
肯定不会安息的。

最 吸 金 的 影 后

女 王 的 新 生

伊丽莎白可能比那些缺乏勇气的人更知道该怎样生活，而我也属于
后者。

——导演 乔治·史蒂文斯

　　伊丽莎白无法忍受住在旧日的房子里，每当看见熟悉的场景，她都难过
不已。她把孩子们交给小阿瑟·勒夫照管，自己搬进了比弗利山庄的一间小
房子中。小阿瑟无私地对伊丽莎白伸出援手，她外出散心期间，他心甘情愿
地帮她看孩子，还帮她处理各种事务。伊丽莎白每天都会收到托德生前的账
单，而照顾三个孩子也需要钱，她知道自己必须工作了。

　　1958 年 4 月 14 日，伊丽莎白重新开始工作。她没有通知布鲁克斯，便
让汉利开车送自己去《热铁皮屋顶上的猫》的片场。到了之后，伊丽莎白坐
在车里，汉利则跑去找布鲁克斯。布鲁克斯上了车后仔细审视了她的脸，她
的眼睛还有些红，但她坚称自己可以工作了。她记得托德非常喜欢她在片中
的表现，因此更希望能拍完这部片子。布鲁克斯同意了，还陪她回到化妆间。
第二天，剧组人员就在她的化妆间里放满了紫罗兰，作为对她的安慰和鼓励。
纽曼也过来跟她打招呼。她在纽曼的嘴唇上温柔地亲了亲，感谢他在她最绝
望的时候去看望她。

　　拍摄期间，纽曼给了伊丽莎白莫大的精神慰藉，每当伊丽莎白精神崩溃

时，他总会在一旁安慰。纽曼还向她承诺，不论什么时候，只要她需要自己，他一定会赶到。多年后，伊丽莎白表达了对他的感激之情，称他"彬彬有礼，绝对是个绅士"。最终，伊丽莎白发挥出自己的最高水平，完成了这部影片。影片拍摄完毕后，纽曼、伊丽莎白、布鲁克斯和田纳西·威廉斯一起坐在放映室里观看了影片。放映期间威廉斯一直在打哆嗦，纽曼也因此紧张得不停颤抖。影片结束后，威廉斯站了起来。他对纽曼和伊丽莎白的表演很满意，但被改编后的剧情气得够呛，甚至说要号召人们抵制这部影片，随后就愤怒地冲出了放映室。

影片杀青之际，伊丽莎白飞往纽约与蒙蒂和解，不过她跟费舍相处的时间更多。费舍当时正在东海岸工作。为掩人耳目，伊丽莎白和费舍在不同的酒店订了套房。或许是这些小伎俩起了作用，两人的恋情一度躲过了媒体的视线，虽然两人经常被报道一同出现，但因为费舍是托德公认的好友，所以大家都以为他只是在安慰这位遗孀。事实上，他提供的可不仅是安慰，他正在取代托德的位置。蒙蒂和汉利都知道两人正在交往，又都不看好两人的恋情。汉利建议伊丽莎白维护好自己的声誉，和费舍保持距离，但伊丽莎白毫不理会他的建议。

费舍30岁生日时，伊丽莎白把托德的钱夹送给了他，上面写道：

贫穷是一种精神状态。我的一生经历过无数破产，不过我从未感到贫穷。

费舍回忆道："我永远都忘不了，她那炽热的眼神直逼我的内心。我可以从心灵深处感受到，她是真的需要我。我对她的感情也是如此。"费舍1928年出生于费城，比伊丽莎白大4岁，是知名的青春派偶像。费舍的父母是移民至苏联的犹太人。费舍长相阳光英俊，被称为"犹太版的西纳特拉"，媒体称他为"流行音乐的黄金男孩""从费城来的带酒窝的民谣歌手"。1950年至1954年间，是被一些历史学家称为"20世纪音乐史上最不温不火和最因循守

旧的时期"，费舍正是在这段时间跃居美国娱乐业顶层。后来他应征入伍，时任总统哈里·S.杜鲁门还称其为"我最喜欢的陆军一等兵"。

1955年，费舍与黛比·雷诺斯结婚。娶了雷诺斯后，费舍声名大噪，唱片销量达到了历史新高，出场费也创下了二十五万美元的纪录。一开始，甚至是赫达·霍珀都对费舍和雷诺斯的婚姻大加赞赏，她写道："我从未见过如此正直单纯的一对夫妻。每次想到他们，我都会觉得旗帜在飘扬，乐队在演唱。"费舍不仅仅是托德最好的朋友，也是托德的狂热崇拜者，他力图模仿托德的一言一行。托德点什么菜，费舍就跟着点一份相同的。他们喝同样的酒，跟同一个女人谈恋爱，后来还娶了同一个女人。

厄尔·威尔逊（Eral Wilson）是当时纽约最受欢迎的专栏作家，也是首批曝光伊丽莎白和费舍恋情的人之一。1958年8月29日，他写道："今天清晨在一家俱乐部里，伊丽莎白·泰勒和艾迪·费舍尽情地跳舞。托德的好友似乎成了伊丽莎白的男伴。"此评论一出，立刻引起了轩然大波。当时苏联刚刚发射了人造卫星，阿拉斯加在闹独立，马丁·路德·金（Martin Luther King）在亚拉巴马州遭到了逮捕，重磅新闻接二连三，然而各家报纸还是争相报道"伊丽莎白与费舍"的故事。1958年9月8日，《洛杉矶先驱快报》刊登了这样的标题——《艾迪·费舍在跟伊丽莎白·泰勒约会》。伊丽莎白与费舍的恋情曝光后，公众对伊丽莎白的同情顿时烟消云散。伊丽莎白的粉丝们非常愤怒，他们认为她"至少应该服丧一年"。

费舍当时正在为可口可乐录制节目。节目完成后，费舍邀请伊丽莎白到格罗辛格共度劳动节周末，那是纽约州休闲娱乐的胜地。1949年，费舍在这里开始了自己的事业。1955年，他也是在这里与妻子雷诺斯举行了婚礼。此时，远在好莱坞的雷诺斯再也受不了丈夫的绯闻了。9月6日凌晨2点，她打电话到费舍的套房，但无人接听。她知道伊丽莎白住在另一家酒店，于是心生一计。她打电话到另一家酒店的总台，谎称自己是加州的接线员，说迪恩·马丁有急事找费舍，费舍果然接听了电话。两人随即在电话里激烈地争吵了五分钟，费舍承认自己爱着伊丽莎白，他要求离婚。雷诺斯后来评价说：

"费舍一直想成为影星。他娶了一个女明星，却因为更大牌的明星而抛弃了我。回顾以往，我可以看出费舍对我不是很感兴趣。我不是一线女星，也不像伊丽莎白那样有激情。他（费舍）远远配不上她（伊丽莎白），不过他自己还没有意识到。当时她也没有意识到，或许是因为她太寂寞绝望了。"

伊丽莎白和费舍以及雷诺斯的故事成为各大报纸杂志的焦点。《纽约每日新闻》评论道："费舍和雷诺斯的童话故事已经成为历史了。"《生活》杂志评论说："好莱坞真是个虚伪的地方。"伊丽莎白昔日的朋友、派对女王艾尔莎·麦克斯韦写道："感情里，她（伊丽莎白）一直有股闯劲儿。她对故手没有丝毫同情，对自己伤害的人也是残酷冷漠。"就在这一评论发表的同时，米高梅张贴了伊丽莎白的宣传海报——海报上是身穿白色丝绸裙和丝绸舞鞋的伊丽莎白，预示着《热铁皮屋顶上的猫》即将上映。《电影故事》等时尚杂志呼吁公众抵制伊丽莎白的电影，多家报纸也群起而攻之。洛杉矶的一位牧师甚至召集教堂会众，烧掉了她的塑像。

《纽约邮报》的记者马克思·勒纳（Max Lerner）发文为伊丽莎白辩护："我非常欣赏两人的坦诚，这总比愚弄视听强千百倍。"伊丽莎白非常喜欢他的报道，因此请他到自己的套房小聚。后来她对勒纳说："费舍的身上有托德的影子。唯有跟他在一起，我才能守住对托德的回忆。"

1958 年 9 月 18 日，《热铁皮屋顶上的猫》在全国各大影院上映。伊丽莎白顶着"小三"的名头遭到众人指责，名声受到很大影响。出人意料的是，票房收入相当可观。大家甚至排起长队，只为一睹这个"恶婆娘"。

《热铁皮屋顶上的猫》成了米高梅的年度巨献，伊丽莎白评价说："这次，恶名反而成了好事。很显然，公众都是奔着我来的。"伊丽莎白的演技终于得到了大家的认可。《纽约先驱论坛报》评论道："先前可能有人质疑泰勒小姐的演技，怕她不能胜任情感纠葛的电影，然而这部电影却证明了她的实力。"《洛杉矶观察报》盛赞她的美貌和激情，夸她是"银幕上最强势的年轻女星"。《周日评论》也对她热烈赞美："这部影片无疑是本年度的最佳作品。"

最终，《热铁皮屋顶上的猫》在第 31 届奥斯卡金像奖上获得多项提名，

《热铁皮屋顶上的猫》剧照，伊丽莎白在这部影片中充分展现了自己成熟的演技 ⬇

包括最佳影片奖、最佳改编剧本奖、最佳导演奖、最佳男主角、最佳女主角。纽曼最终败给了出演《鸳鸯谱》（*Separate Tables*）的大卫·尼文，伊丽莎白输给了出演《我要活下去》（*I Want to Live!*）的苏珊·海沃德（Susan Hayward）。

与费舍交往之前，伊丽莎白一直听西纳特拉的唱片。两人交往后，她听的歌全部成了费舍的作品。伊丽莎白试图为自己辩护："迈克死了，我还活着。玛姬猫还活着。"她尖刻地对媒体说道："没有哪个女人能破坏别人幸福的婚姻。"随后，伊丽莎白和费舍搭乘不同航班飞回了洛杉矶，伊丽莎白还租下了贝艾尔酒店的套房。

各家报纸都持续报道两人的情况，有时候实在没有新闻，他们就自行编造。有家报纸声称伊丽莎白因精神崩溃而住院治疗，还被迫穿上了约束衣。报道刊登的当天，伊丽莎白挽着费舍的胳膊，正大光明地走进了一家高档餐厅。其他位子上也有很多名人，贝蒂·戴维斯和玛娜·洛伊（Myrna Loy）走过来跟她打招呼，格里高里·派克（Gregory Peck）还给了她深深一吻，但琼·克劳馥与年轻男伴路过时却对她视若无睹。此时，伊丽莎白的很多好友都不再跟她来往，甚至连她的电话都不接，虽然他们并不比伊丽莎白高尚。大家的排斥让伊丽莎白颇为受伤。费舍为伊丽莎白举办了一场小型派对，邀请了仍然跟她交往的朋友。令他惊讶的是，她的强力支持者中竟然有罗纳德·里根和南希·里根夫妇。派对上当然也少不了她的铁杆好友洛克·赫德森、理查德·布鲁克斯、珍妮特·利、托尼·柯蒂斯、彼特·劳福德、乔治·伯恩斯（George Burns）和格雷西·艾伦（Gracie Allen）。

伊丽莎白总是离不开疾病的困扰，这一次入院的却不是她，而是她的女儿——莉莎·托德。莉莎患上了双侧肺炎，情况十分危险，幸存的机会很是渺茫。伊丽莎白对媒体的攻击视而不见，又或许是为了缓解危机，她把所有的注意力都集中在女儿身上。在无数的祈祷之下，莉莎最终奇迹般地挺过来了。十五个月大的她死里逃生，但这并未帮助伊丽莎白赢得好感，反而让伊丽莎白收到了更多的恐吓信，其中还有几封是来自 3K 党^①的恐吓信。可以说，伊丽莎白和费舍每天都要受到无数的抨击和恐吓。

相比之下，雷诺斯得到了媒体的赞赏和同情，她把弃妇的角色演绎得相当到位。她经常扎着马尾且不施粉黛地在公共场合露面。为了吸引眼球，她甚至还把尿布上的别针别到了裙子一角。她向媒体宣称自己"依然深爱着费舍"。她还用最温和的声音对媒体说："我得告诉孩子们，爸爸不会陪你们了。"雷诺斯不断赢得公众的赞美，伊丽莎白却对她冷嘲热讽，伊丽莎白说："那个贱人！那个骗子！她曾经两次提出离婚，上次没能离成是因为她发现自己怀孕了。"费舍也对雷诺斯的行为嗤之以鼻，说这完全是作秀。"她一点都不享受跟我做爱。我把她叫作处女山，登上山巅真是难得要死。"

1959 年 2 月，雷诺斯与费舍的离婚诉讼进行了终审。在离婚法庭上，雷诺斯称自己的丈夫爱上了其他女人，不过没有提及具体姓名。法官同意了离婚请求，还把两个孩子的抚养权判给了雷诺斯。她得到了好莱坞的两处房产，据说还得到了一百万美元的"分手费"，以及每年四万美元的赡养费。只有当她再婚，费舍才能停止提供赡养费。后来，她得知费舍准备出版个人传记，揭露她的同性恋情史。雷诺斯声称要起诉前夫恶意诽谤，还准备索要几百万美元的精神损失费。费舍只得改口，说会把她写成"完美的邻家女孩"。

由于离婚手续要一年后才能办理完成，因此雷诺斯答应让费舍搬去与伊丽莎白同住。或许她是因为得到了巨额的分手费才如此宽容。费舍当时与托比卡拉俱乐部签订了演出协议。伊丽莎白因此租下了距赌城只有五英里的住宅，还把孩子们带了过去，以便离费舍近点。费舍后来说："别人经常问我从婚姻中吸取了什么教训，很简单，那就是不要娶黛比·雷诺斯。伊丽莎白是每个男人的幻想对象。她有天使般的面容。"

1959 年 4 月 2 日，费舍开始在托比卡拉俱乐部进行表演。由于他与伊丽莎白的绯闻，很多电视台和俱乐部都不愿雇用他。付完律师费和分手费后，

---

① 3K 党：一个奉行白人至上主义的民间团体，是美国种族主义的代表性组织。

他的口袋就变得空空如也了。因此，托比卡拉俱乐部提供的为期六周的协议对他来说无异于雪中送炭。伊丽莎白每晚都会开车去听他演唱。每当她走进俱乐部，大家都会怒目而视，并且打出横幅——"伊丽莎白滚回家去！"伊丽莎白不为所动，她每晚都会穿不同的礼服，准时在 11 点 48 分到场。演出期间，伊丽莎白对记者们说："我开始真正喜欢费舍了。我不知道自己是否还把他当成托德，不过我知道任何人都无法把一个人改造成另外一个。这绝对会是一场灾难。我会一直爱托德，但这另当别论。费舍身上确实有很多托德的品质，但我确定自己不是爱上了托德的影子。我爱真真正正的费舍。"

得知离婚手续会提前办完，费舍兴奋地在俱乐部即兴作曲，为场下的伊丽莎白献唱："又一个新娘，又一个六月，又一个阳光灿烂的蜜月。"表演结束后，他感谢俱乐部老板为自己提供了工作。赚到钱的费舍和托德一样，不停地为伊丽莎白买珠宝，他送给她一个镶了二十七颗钻石的手袋，每一颗钻石都代表着伊丽莎白人生中的每一年。他还为她买了价值二十七万美元的钻石手链、价值十五万美元的手袋，以及价值五十万美元的翡翠项链。在 20 世纪 50 年代，五十万美元可是天文数字。费舍说："为了让伊丽莎白开心，你得每天早餐前送她一颗钻石。"因为出手大方，费舍的钱很快便花光了。

夏日里的爱情

伊丽莎白没办法一个人生活。当迈克尔（托德）很忙的时候，我就成了她的第二选择……我和她不是一类人。

——歌手 艾迪·费舍

嫁给费舍之前，伊丽莎白又做出了备受争议的举动——皈依犹太教。之前她就有过这样的想法，她认为做犹太教信徒让她倍感骄傲。她说："我对犹太人的苦难深有体会，成为犹太教徒能拉近我与托德的距离。"她还购买了十万美元的以色列国债，阿拉伯联盟国于是立刻声明禁播她的电影。伊丽莎白当着父母的面进行了皈依仪式。迈克尔·托德或许会赞赏她的做法，但费舍却不是很热心，因为他自己都不大关心宗教问题。伊丽莎白与费舍成婚后，两人只去过一次犹太教堂，她也一直坚持佩戴十字架。费舍后来常把伊丽莎白称为"我的犹太小女人"。

1959 年 5 月 12 日，费舍在法庭上用了两分钟就完成了离婚手续。几个小时后，他和 27 岁的伊丽莎白举行了婚礼。前来参加的还有萨拉和弗朗西斯，这是两人看着自己的女儿第四次出嫁。伊丽莎白的嫂子做了她的伴娘，而她上次的伴娘是黛比·雷诺斯。婚礼上，她身穿让－路易斯青绿色雪纺裙。玛琳·黛德丽评论道："新娘绝对不能穿绿色，这是要倒霉的。当然了，没人比伊丽莎白更活该倒霉。"新郎与新娘举办了一场传统的犹太婚礼，他们站在彩棚下，彩棚上装点了白色的栀子花，花朵散发出异域的芬芳，上面还有一百朵白粉相间的康乃馨。费舍戴着一顶犹太族圆顶小帽，脚踩在一个玻璃杯上。在场的服务人员及宾客包括汉利、发型师悉尼·盖瑞拉弗、伊丽莎白的经纪人库尔特·弗林斯（Kurt Frings）、费舍的伯乐艾迪·康托尔（Eddie Cantor）、米高梅的高层本杰明，以及后来成了派拉蒙公司董事长的帅气男演员罗伯特·埃文斯（Robert Evans）。

婚礼结束后，这对新婚夫妇便飞往纽约，准备转机飞往欧洲度蜜月。伊丽莎白迎来了新的电影——《夏日惊魂》（*Suddenly, Last Summer*）和新的人生。她对纽约的记者们说："我的人生从未如此开心，接下来的三四十年都将会是蜜月。"抵达伦敦后，她又对伦敦的记者说："这次我终于选对了人，我和费舍会白头偕老的。"

夫妇俩随后又飞往西班牙，着陆后，伊丽莎白说道："从现在开始，我希望全力做个好妻子和好妈妈。"她似乎是在暗示，自己计划退出娱乐圈。然而问题在于，费舍目前没有接到任何演出邀约。伊丽莎白是负担家计的人，而且是最当红的女演员。她几乎每天都会收到影片邀约，甚至连蜜月期间都要抽空工作。《夏日惊魂》的外景就是在西班牙完成的。她还友情客串了小托德的电影《神秘的气味》（*Scent of Mystery*）。

《夏日惊魂》的外景拍摄结束后，制片人山姆·史匹格（Sam Spiegel）把自己的游艇借给了伊丽莎白和费舍，方便两人进行环地中海旅行。游艇由一艘扫雷艇改造而成，配备了六名仆人和一名法国女佣。两人居住在特等舱，舱中有张四柱大床，床被固定在船头处，因此比固定在船中央更为摇晃。"太可怕了，"费舍回忆道，"我讨厌那个床。我们连安稳睡觉都困难。"随后，三个孩子也加入环游之中。一个周日，两人开车带孩子们到附近观看斗牛比赛。比赛进行到一半时，场上需要一位观众自愿面对疯牛。费舍不顾伊丽莎白的劝告，主动站了出来。他醉醺醺的，嗑了药。当牛朝他奔来时，他整个人都僵住了。幸好技艺娴熟的斗牛士把牛引开，费舍才成功地躲过了攻击，逃向

了更安全的区域。

结束了蜜月之行，伊丽莎白和费舍飞往伦敦。整个伦敦社交界都将两人拒之门外，好在山姆·史匹格为两人准备了温莎城堡隔壁的宅邸。这座宅邸有十五间卧室，周围高墙环绕，还缠有带刺的铁丝网。大门上的标示充满恶意地写道：非请勿入！伊丽莎白此次伦敦之行是为了继续拍摄《夏日惊魂》。费舍是美国最知名的歌手，然而现在却成了伊丽莎白·泰勒先生。"我真正的工作是哄她开心。"他在自己的回忆录中写道，"我自己的演艺生涯在逐渐衰退。昔日我靠演唱为生，现在它却成了我的业余爱好。"

费舍和伊丽莎白从来都存不下钱，两人总是为彼此买礼物。在伦敦时，他送她飞去巴黎，为她定制了十几件高档礼服；作为答谢，她为他买了一辆捷豹汽车。他为她在纽约买下了一栋有十三个房间的宅邸，周围还有五英亩的庄园。他还为她购置了价值三十五万美元的瑞士木屋。伊丽莎白则回送给他一辆祖母绿的劳斯莱斯。费舍希望效仿托德，做一名制片人。他创办了自己的电影公司，声称将启用伊丽莎白担任主演，然而他的计划不了了之。除了创办电影公司，他还组建了费舍集团，声称集团只发行伊丽莎白主演的影片，但是他连拍摄的意思都没有。很快，伊丽莎白又得知，费舍为她买的礼物都算到了两人的共同账户上。可以说，费舍是在用伊丽莎白的钱给伊丽莎白买东西。

马克思·勒纳来到伦敦后，伊丽莎白与他再续前缘——在和费舍结婚前，伊丽莎白曾与他秘密交往。这位专栏作家承认："有段时间我们甚至在认真考虑结婚。得知我俩的恋情后，同事们称我们为'美貌与智慧'的组合。玛丽莲·梦露嫁给阿瑟·米勒（Arthur Miller）时，媒体也给出了同样的评价。估计我的身材没起太大作用，伊丽莎白肯定是被我的智慧吸引了。"伊丽莎白这么快就移情别恋，汉利对此毫不吃惊。"刚结婚时，她和费舍如胶似漆。然而她很快便厌倦了。当他一事无成时，伊丽莎白对他失去了尊重。或许他的失业正是她一手造成的。现在他囊中羞涩，只得靠伊丽莎白为生。她不喜欢这样，便开始对他颐指气使，把他当奴隶看待。"

　　她不仅对费舍呼来喝去，在制片人和导演面前也越发强硬。她坚持要求让蒙蒂参演《夏日惊魂》，但蒙蒂在拍摄上一部电影时，已经彻底毁掉了自己的声誉。他吸毒和酗酒的问题越发严重，没有工作室愿意用他，他也因此失去了医疗保险。伊丽莎白以退出拍摄相要挟，导演约瑟夫·曼凯维奇（Joseph Mankiewicz）不得不冒着巨大的风险雇用蒙蒂。这么说一点也不夸张。蒙蒂曾拜访伊丽莎白和费舍的套房。他把身子探出阳台上的铁栏杆外，用费舍的话说："死亡简直近在咫尺。"最后是费舍把醉醺醺且吸了毒的蒙蒂送回了套房。

　　伊丽莎白告诉蒙蒂，包括珍妮特·利在内的朋友们都劝她不要出演《夏日惊魂》，他们认为这会把她仅存的声誉也毁掉。《夏日惊魂》的剧本争议性十足，影片由田纳西·威廉斯的独幕剧改编而成，编剧是他的朋友、敌手兼同事戈尔·维达尔（Gore Vidal），内容涉及同性恋、疯狂、谋杀、邪恶的感情等。在很多人看来，这绝对是个恐怖片，里边有食人族、女同性恋医生和施虐成性的修女。然而，鉴于《热铁皮屋顶上的猫》的成功，伊丽莎白决定接拍，她期待自己这次也能有不俗的表现。此次她的片酬为五十万美元，这让她一跃成为全世界片酬最高的女演员。

　　曼凯维奇一开始对蒙蒂礼遇有加。但蒙蒂在拍摄现场几乎连台词都记不住，因此总是被曼凯维奇呵斥。曼凯维奇一度想换掉他。伊丽莎白也是在看到片中的蒙蒂后才意识到他的状态有多差，但当得知制片人山姆·史匹格有意换人后，她瞬间爆发了，她威胁要退出拍摄，换人的事因此不了了之。

　　拍摄开始时，伊丽莎白有发胖的迹象。萨姆·卡什纳（Sam Kashner）在《烈爱》中写道："很难想象，这样一个靠美貌吃饭的女人竟敢大吃大喝。伊丽莎白对自己的美貌似乎是爱恨交织。正是美貌导致她童年缺失，让她的生活变得不切实际。她生来就是个怪胎，不停被追求、被嫉妒、被批评。难怪她希望破坏自己的美貌，因此她不停地吃啊，吃啊，吃啊。"约瑟夫·曼凯维奇是出了名的喜欢和自己电影里的女明星谈恋爱的导演，还勾引过琼·克劳馥

和吉恩·蒂尔妮（Gene Tierney）。在片场，伊丽莎白和导演争吵不断，关系似乎十分恶劣，但剧组上下都明白，两人之间擦出了火花。深爱费舍的同时，伊丽莎白与曼凯维奇也展开了一段炽热的恋情，曼凯维奇跟托德很像——高调、强势、意志坚决、手段强硬，兼具力量与脆弱，这一切都让伊丽莎白难以抵抗。

费舍听说了伊丽莎白和曼凯维奇的恋情，或许是为了保护自己的自尊心，他坚决予以否认，被问急了的时候，他会说："曼凯维奇这一刻还喜欢简·西蒙斯，下一刻就会喜欢朱迪·嘉兰，现在轮到伊丽莎白了。他们不过是小打小闹。"1962 年，执导伊丽莎白拍摄《埃及艳后》（*Cleopatra*）时，曼凯维奇多多少少承认了这段恋情。一位来自罗马的记者问他："是否在跟'埃及艳后'交往？""没有！"他朝记者吼道，"上次合作的时候才是！"——上次合作便是指《夏日惊魂》。

或许是为了恶作剧，费舍在片中客串了向伊丽莎白行乞的老汉。戈尔·维达尔和威廉斯的爱人也参加了客串。他们混在全景阳台上的人群当中，观看医生在"手术剧院"进行手术。梅赛德丝·麦坎布雷奇（Mercedes McCambridge）出演了伊丽莎白贪婪的母亲。她后来回忆说，影片的拍摄对每位演员来说都是折磨。"蒙蒂演着演着突然崩溃了，伊丽莎白也无法施以援手，因为她自己同样沉浸在痛苦之中。我频频在报纸中读到，说她有多爱艾迪·费舍。那个暑假，伦敦简直如地狱一般炽热难耐。我们走出片场透气时，她突然就哭了起来。'我的人生真是一团糟。'她坦言道，'我做了一个极其错误的决定。我嫁给了费舍，可现在却不爱他了。有时候我真是受不了他。'我简直无法相信自己的耳朵。随后我们回到片场，发现费舍来了。她立刻装得对他热情起来。与琼·克劳馥共事仿佛噩梦一般，而与伊丽莎白共事则让人心力交瘁。"

杜鲁门·卡波特看过影片后，评论伊丽莎白片尾的独白"是她毕生的最高表现""奥斯卡非她莫属"。曼凯维奇称伊丽莎白片尾的独白是"悲情史诗

《夏日惊魂》剧照，伊丽莎白凭借这部影片获得了第十七届金球奖剧情类最佳女主角奖

中传出的咏叹调"，虽然影片拍摄期间困难重重，但伊丽莎白还是展现出了毕生最高的水准。拍完最后一幕，伊丽莎白异常激动，连着哭了几个小时。后来，这部影片成了伊丽莎白的最爱，因为它"让人心力交瘁，却又情绪高涨"。

在片场，导演曼凯维奇和凯瑟琳·赫本出现了严重冲突。凯瑟琳见不得曼凯维奇对蒙蒂的粗暴，指责他居高临下、目中无人，两人可谓剑拔弩张。不过，一旦镜头转向凯瑟琳，她就瞬间变得非常克制，极具专业素养。拍完最后一幕，凯瑟琳走到曼凯维奇面前，当着所有人朝他的脸上吐了一口唾沫，然后愤然冲出了片场。凯瑟琳在片中的表现受到了很多人的肯定，卡波特评论说："赫本是无冕女王。我不喜欢影片的剧作家戈尔·维达尔，然而又不得不承认，这部影片标志着 50 年代的终结。公众期待着更为直白的表达方式。"威廉斯也称赞说："赫本是剧作人的梦想。她的表演比我的剧本更为出彩。她为每一幕都注入了艺术家的灵感。"

但是，迫于天主教道德联盟的压力，影片上映时对内容进行了适当的剪辑，许多过于敏感的内容都成了晦涩的情节。《时代周刊》称观看《夏日惊魂》仿佛被"黏糊糊的巨蟒"缠了起来。《综艺》评论道："这是知名影片公司拍摄的最诡异的电影了。"《纽约时报》也不留情面地评论说："《夏日惊魂》是所有邪恶事件的大杂烩，伊丽莎白·泰勒则充分展现了自己性感撩人的一面。"影评家鲍斯雷·克洛瑟也来凑热闹，他说影片是"堕落分子的世界"。当然，他口中的"堕落分子"便是指维达尔和威廉斯。维达尔听闻后回应称："这真是再好不过的宣传了。"

虽然恶评四起，但这部作品仍然成为 1960 年电影总票房榜的第四名，仅美国本土的票房收入就接近六百万美元。伊丽莎白也因此跻身好莱坞十大票房明星之列。当时榜单前两名分别为洛克·赫德森和多丽丝·戴（Doris Day），两人因合演《枕边细语》（*Pillow Talk*）而大红大紫。和凯瑟琳·赫本一样，伊丽莎白也凭借《夏日惊魂》获得奥斯卡最佳女主角的提名，然而，两人最终都败给了出演《上流社会》（*Room at the Top*）的西蒙·西涅莱（Simone Signoret）。

首位百万女星

跟泰勒交往就仿佛在脑袋里放了个打蛋器。我爱她，我相信她也爱我。但她却不是我想要的妻子。她需要被人照顾。生活中她就是中心，她需要男人全天候为她服务。

——演员 罗伯特·瓦格纳

按照合同规定，伊丽莎白将为米高梅拍摄最后一部影片——《青楼艳妓》。在艾迪·费舍的陪伴下，伊丽莎白回到了米高梅。1959年9月9日，她和费舍搬进了比弗利山庄的两栋小屋，伊丽莎白还把三个孩子及保姆们接来同住。

伊丽莎白还不到30岁，却已经站在了人生的十字路口。与50年代晚期的很多影星一样，她将脱离米高梅，成为一名独立艺人。她自幼就受到梅耶的控制，因此一直很讨厌梅耶，说他是"老古董""老顽固"，她甚至告诉一些朋友，说自己幼时曾受梅耶骚扰，不过梅耶于1957年就已经去世了。到米高梅报到时，她也不忘对梅耶进行讽刺挖苦："如果梅耶还活着，我也不至于沦落到扮演《青楼艳妓》中的妓女。"

《青楼艳妓》一片中，由伊丽莎白·泰勒饰演的格洛丽亚玩世不恭，表面上是一个光彩照人的模特，实际上却是暗娼联络所的高级应召女郎，她的电话号码是"巴特菲尔德8号"，这同时也成了她的绰号。风流放荡的她爱上了由劳伦斯·哈维（Laurence Harvey）饰演的社会名流，这位名流并没有钱，不过是依靠迪娜·梅瑞尔（Dina Merrill）饰演的有钱妻子生活，因而他无法离开妻子。心灰意冷之下，格洛丽亚决定自杀，临死前她终于醒悟，然而一切都已为时太晚。

伊丽莎白和费舍在家中宴请了怀尔登及他当时的妻子苏珊。第二天晚上，黛比·雷诺斯出其不意地把费舍的两个孩子也送了过来，说是为了帮助这个"重组的家庭"建立友谊。回到好莱坞还不到一周，伊丽莎白就受邀同四百位好莱坞顶级明星一道，欢迎苏联领导人赫鲁晓夫的到来。当时他正在 20 世纪福克斯电影公司参观《康康舞》（CanCan）的拍摄现场。次日，伊丽莎白意外地接到了一部历史剧的片约。

好莱坞传出消息，说伊丽莎白为米高梅拍摄最后一部影片后，会脱离米高梅，接受其他公司的影片邀约。各大工作室都希望能邀请她参演自己的影片，其中最有竞争力的是 20 世纪福克斯电影公司。为筹拍《埃及艳后》，制片人沃尔特·万格（Walter Wanger）和福克斯电影公司的老板斯派罗斯·斯库拉斯（Spyros Skouras）已经准备了近两年。他们本打算将其制作成一部小成本电影，甚至打算沿用 1917 年版本中的一些场景。琼·科林斯一度是埃及艳后的头号人选，其他人选还包括两位意大利美女——索菲娅·罗兰（Sophia Loren）及吉娜·劳洛勃丽吉达（Gina Lollobrigida）。福克斯电影公司还考虑过奥黛丽·赫本和玛丽莲·梦露，然而斯库拉斯坚持让伊丽莎白出演。米高梅的潘德洛·S.伯曼评论道："如果赫本和梦露戴上假发，那将是好莱坞历史上最大的错误。伊丽莎白倒是收放自如。"

汉利受福克斯电影公司的委托，为伊丽莎白递上了原始剧本。她当时正因头疼卧床休息，于是要求汉利读给她听。她饮着香槟，默不作声地听他读完了剧本，只在结尾处给了评论——"绝对的垃圾！"但她不想看到这样的新闻大标题——《伊丽莎白·泰勒拒绝扮演埃及艳后》。因此，她同意出演，但要求支付给她一百万美元的片酬。第二天，汉利替伊丽莎白传了话，整个福克斯都能听到斯库拉斯的咆哮声。他对手下们说："随便拉个女人都能演！"然而，与罗伯特·瓦格纳（Robert Wagner）讨论过后，斯库拉斯改变了主意。

他们决定把经费涨到三百万美元，并且任用好莱坞最受欢迎的"浪荡女"——伊丽莎白·泰勒小姐出演女主角。于是，伊丽莎白成了当时好莱坞片酬最高的女明星。

此时，伊丽莎白开始着手自己的两部影片。她希望先拍《埃及艳后》，再拍《青楼艳妓》，毕竟福克斯答应给她一百万美元，米高梅却只给她十二万五千美元。米高梅的律师们得知后拒绝了她的提议，说她必须先完成《青楼艳妓》。米高梅打着自己的如意算盘：伊丽莎白和费舍的恋情臭名昭著，这正是《青楼艳妓》的绝佳宣传手段。影片的蓝本为约翰·奥哈拉（John O'Hara）的同名小说，人物原型是个名为斯塔尔的妓女，1931 年 6 月 8 日她被发现死于棕榈滩。一开始，伊丽莎白并不愿接拍《青楼艳妓》，认为这是一部色情片。她对自己的密友们说："米高梅想让我扮演一个免费妓女。我不愿续约，他们就如此报复我。"潘德洛·S.伯曼提醒她，明星们如今早就不是养尊处优的状态了，米高梅的律师可能会千方百计地刁难伊丽莎白，他们甚至可以把她继续在米高梅拴两年；但如果伊丽莎白拍完这部电影，她就可以早日得到自由，也可以早日得到百万片酬。经过两个小时的激烈争论，伊丽莎白同意先拍《青楼艳妓》。但她不知道的是，伯曼也是《青楼艳妓》的股东之一。多年后，伯曼对伊丽莎白的评论只有鄙夷与不屑："她总是给人找麻烦，后来还吃得跟猪一样胖。我这一生一直寻花问柳，但是我从来没觉得她有魅力。"

伊丽莎白抓住这次机会，要求让费舍也出演《青楼艳妓》。1956 年，费舍曾参演《欢乐一箩筐》（Bundle of Joy），影片糟糕透顶，因此米高梅对费舍毫无好感。不过，考虑到伊丽莎白与费舍的漫天绯闻，米高梅还是同意了伊丽莎白的要求。他们预测，两人或许能带来两百万美元的票房收益。伊丽莎白成功地为费舍争取到了二号男主角——作曲家兼她的精神伴侣。该角色本计划由大卫·詹森（David Jensen）出演，但他在最后一刻被换下了。本杰明也不想用费舍，不过他对伯曼说："她快把我们搞疯了，如果有费舍在，这个

荡妇或许能收敛一点。这孩子（费舍）是个小流氓、瘾君子，更是个糟糕的演员。就用他吧！"鉴于好莱坞流言满天飞，伊丽莎白要求在纽约拍摄这部电影，米高梅同意了。

与此同时，费舍接到了一个为期两周的特邀表演机会，不过条件是伊丽莎白每晚都要出席，而在此之前，他已经一年多没有演出邀约了。随后，曼哈顿华尔道夫酒店也邀请他前来表演，但同样要求伊丽莎白每晚都出席。在费舍的开演之夜，伊丽莎白与阿里汗王子坐在贵宾席观看，汉利以及世界级拳击冠军、瑞典拳击手英厄马尔·约翰松（Ingemar Johansson）也出现在现场。

伊丽莎白很快就迷上了约翰松，这是伊丽莎白鲜为人知的一段情事。约翰松告诉伊丽莎白，说自己也想做个演员。伊丽莎白便帮他争取到了《少壮军人魄》（*All the Young Men*）的演出机会。后来两人虽然分道扬镳，但伊丽莎白偶尔还会给约翰松打电话。自60年代中期开始，这位昔日的拳击冠军便开始遭受老年痴呆的折磨。2009年1月30日，约翰松因肺炎逝世，享年76岁。多年来，他的床边一直摆着伊丽莎白的照片。

1959年10月26日，与汉利在第五大道购物时，伊丽莎白突然昏倒。汉利冲向最近的电话亭，火速叫了一辆救护车。去医院的路上，伊丽莎白依然幽默感十足地让汉利给她涂唇彩。几小时后，她被诊断患上了病毒性肺炎，并且有生命危险。住院期间，伊丽莎白做了一个"鲁莽的决定"。先前她做了结扎手术，现在她要求医生解开自己的输卵管。她想，如果能为费舍生个孩子，或许两人的婚姻会更加稳固。虽然先前医生已经警告过她，再次怀孕会有生命危险，但她还是执意如此。然而不知为何，她的输卵管没能解开。

得知伊丽莎白无法再孕后，她的某些人生谜团逐渐浮出了水面。传闻说她曾在20世纪50年代早期有过一个私生子，流言的细节直至她去世后才公之于众。约翰·克安（John Cohan）是伊丽莎白的密友兼心理医生，她向他吐露了许多痛苦的秘密。她说自己有一个私生女，名叫诺拉，当时她与三个男人有染，因此不能确定谁是孩子的父亲。在保守的 50 年代，这样的丑闻势必会结束女演员的星途。在本杰明和萨拉的鼓动下，她把孩子送了出去。伊丽莎白对克安说："孩子几经转手，最后被送到了爱尔兰的一户人家里。"孩子成年后，知道自己的母亲是伊丽莎白，但对母亲的抛弃深感痛心，"我跟伊丽莎白·泰勒毫无关系"。伊丽莎白对此深感愧疚，她让克安保证"在我离世前守口如瓶"。《纽约邮报》的记者辛迪·亚当斯（Cindy Adams）刊登了这个故事，他坦诚自己不能确定故事的真实性，也不能确定是否真有这个女儿的存在，"不过聊胜于无吧，说不定真有呢"。

汉利后来说："那段时间，伊丽莎白今天会害怕失去费舍，明天又会谋划如何甩掉他，并且把负面效应降到最低。我一直都没敢告诉她，她住院期间，费舍曾背着她跟舞女们鬼混。此外，他还有一些同性恋举动，甚至邀我加入他们的小型纵欲派对。他以为我会与他们同流合污，但出于对伊丽莎白的忠诚，我拒绝了。"伊丽莎白出院之后，费舍请来了"兴奋剂医生"，为她进行"医疗咨询"。医生在她的静脉中注射了一种兴奋剂——安非他命，这让伊丽莎白连续几夜彻夜不眠，而且严重虚脱、精神低迷并且心跳加剧。她时而兴奋到极点，时而又消沉不已。有时候她睡起觉来仿佛昏迷一般，甚至会连睡一天一夜。

为了帮助费舍筹备即将开拍的《青楼艳妓》，伊丽莎白让蒙蒂教费舍表演。"我自己状态低迷，无心学习表演。"费舍后来回忆说，"而蒙蒂比我还低迷，完全无心指导我。他坐在沙发上，我起身给他拿了杯酒。等我回来时，他已经在沙发上睡着了，手里还夹着一支香烟，剧本也被点着了。"

1960 年 1 月，出院不久，伊丽莎白就拖着虚弱的身体到了《青楼艳妓》的片场。《青楼艳妓》又译作《巴特菲尔德 8 号》，是指曼哈顿上东区的一个电话交换台。因此，影片的外景拍摄于第六大道和曼哈顿格林尼治村西十街。前往拍摄时，伊丽莎白身披皮外套，还戴了许多珠宝首饰。这一角色虽然经历了好莱坞的严密审查，但剧本依然暗示她幼年时受过性侵，并且很享受这一过程。"我会成为银幕上第一个浪荡女人。"伊丽莎白评论自己的角色时说。当然，经历了如此混乱的生活后，格洛丽亚必须付出代价，影片结尾处，她死于一场车祸。编剧约翰·迈克尔（John Michael）总结道："我们不能让这样的妓女活下来。拍摄当天，伊丽莎白的无数对手出现在片场，看着她上演被车撞死的一幕，这对她们来说真是太解恨了。"

影片由丹尼尔·曼（Daniel Mann）担任导演，他出生于布鲁克林，自幼便登台献艺。他曾执导过《兰闺春怨》（*Come Back, Little Sheba*）和《玫瑰纹身》（*The Rose Tattoo*）。他对演员动作的鉴赏力一般，对人物台词却有着敏锐的洞察力。伊丽莎白刚开始工作时的表现让曼相当无奈，当时的伊丽莎白不仅看起来毫无魅力，还体重超标，脸上挂着重重的黑眼圈。为了让她显得有型，他们不得不不停地给她改衣服，甚至让她穿上塑身衣。曼认为伊丽莎白虽然年轻，却已经失去了青春活力，甚至有些未老先衰。米尔德丽德·丹诺克（Mildred Dunnock）扮演了伊丽莎白的妈妈，片中伊丽莎白有一句对她说的台词："妈妈，你不能逃避现实。我就是头号婊子！"伊丽莎白一直不愿说这句台词，但伯曼坚决反对去掉这句台词。

在片场，伊丽莎白遇到了男主角——英国影星劳伦斯·哈维。一开始哈维非常讨厌伊丽莎白，把她称作"贱人""肥妞儿"。伊丽莎白对他也没好感，说他"非常做作，且极具同性恋特质"，哈维确实是一个同性恋。然而仅仅几天之后，两人就对彼此产生了好感，很快就成了朋友，这段友谊直到1973年哈维意外去世才终结。两人聊了很多认真严肃的问题，尤其讨论了伊丽莎白在片中的角色。伊丽莎白后来表示，很感谢哈维为自己提供了"许多建设性的意见"。

看过最终剪辑的影片后，伊丽莎白把杯里的酒猛泼在银幕上，愤然夺门而去。她冲到伯曼的办公室外，用口红在半透明的玻璃门上写了"不卖"二字。片中的格洛丽亚与哈维一夜激情后，也在镜子上用口红留下了同样的文字。

伊丽莎白的米高梅岁月最终以泼酒和留字告终，这不免有些极端和幼稚，毕竟是米高梅一手培养了她。但从小在米高梅长大的伊丽莎白能够态度温和，显然是不可能的，毕竟没人教给她这道理。随后，伊丽莎白在米高梅吃了最后一顿午餐，再次遭到了侮辱。虽然她还未离开，厨师却已经把"伊丽莎白·泰勒沙拉"改名为"拉娜·特纳沙拉"。

《青楼艳妓》发行后，一位评论家写道："昔日《玉女神驹》的清纯女孩已经成了地地道道的荡妇了。"但不可否认的是，影片质量确实上乘，伊丽莎白凭借在片中的精彩表现，再一次获得了奥斯卡最佳女主角的提名。1961年4月18日，她成功问鼎第33届奥斯卡金像奖的影后。她对记者说："我差点与大奖失之交臂。"后来，她在自传中写道："被认为是一名女演员，而不是电影明星，这点我很感激。我知道单凭演技，自己还不足以获得此奖，这包含了大家对我的同情和怜悯。"这也是伊丽莎白赢得的第一座奥斯卡奖杯。

1960年6月20日，伊丽莎白和费舍飞往纽约，他们要一同观看一场重量级拳击赛，比赛双方分别为英厄马尔·约翰松和弗洛伊德·帕特森（Floyd Patterson）。第二天，伊丽莎白和费舍乘船向罗马进发，这是"列奥纳多·达·芬奇"号的首航之旅，两人此行是为了到罗马观看1960年的奥运会。随后，两人才飞往伦敦，因为推迟许久的《埃及艳后》终于要开拍了，地点定在伦敦城外的松木工作室。在赶往伦敦途中，伊丽莎白开心地获悉，她已经被《先驱电影期刊》评为全美最吸金的演员，甚至超越了洛克·赫德森、多丽丝·黛、约翰·韦恩、加里·格兰特（Gary Grant）、威廉·霍尔登、托尼·柯蒂斯等人。

伊丽莎白刚抵达下榻的都切斯特酒店，就在小报上看到了这样的消息——"据传闻，伊丽莎白已和帅哥史蒂芬·博伊德（Stephen Boyd）'试演'过床戏了"。博伊德是《埃及艳后》中马克·安东尼的扮演者，他是一个同性恋者。这些小报似乎并不知道这个事实，或者说他们知道，却故意忽视了，只为借机炒作伊丽莎白的绯闻。伊丽莎白觉得这条新闻实在荒唐可笑。博伊德确实经常到酒店拜访，不过，他拜访的不是伊丽莎白，而是费舍。在都切斯特酒店，费舍和伊丽莎白分开居住，费舍的套房就在伊丽莎白隔壁。

当时，雪莉·温特斯正在伦敦拍摄《洛丽塔》，也住在都切斯特酒店。她顺道拜访了费舍夫妇，令她惊讶的是，这对夫妇竟然各过各的。私下里，费舍对温特斯承认自己一直在尝试做制片人。他曾试着为伊丽莎白争取《爱玛姑娘》（*Irma la Douce*）的女主角，不过最后却败给了雪莉·麦克雷恩。当时的费舍与其说是伊丽莎白的丈夫，不如说是她的经纪人兼助理，媒体都戏称他是"伊丽莎白的秘书"。费舍每周都会从福克斯电影公司领到一千五百美元的薪水，作为他让伊丽莎白按时工作以及保持清醒的酬劳。同时，他真的在效仿迈克尔·托德，为伊丽莎白制作电影，这让他不得不频繁地往返于伦敦和好莱坞。费舍后来承认说他当时确实是有意地在躲避自己的妻子，"我仿佛掉进了一个陷阱，哪怕我疯狂地爱着她，这还是一个陷阱"。费舍的苦闷不难理解，他从最受欢迎的歌手变成了伊丽莎白·泰勒先生，事业已不复存在，无论何时，人们关注的都不再是他，而是他举世闻名的妻子。伊丽莎白似乎并不了解丈夫的苦闷，或者说就算她知道，她也不知该如何处理，她自己也已经对这段感情感到迷茫、无措。好在伊丽莎白还有事业——生活里最重要的东西。

◀◀ 在《青楼艳妓》中，伊丽莎白扮
演的格洛丽亚用口红在镜子上写
下"不卖"二字，在离开米高梅
前，伊丽莎白在伯曼的办公室外
留下了同样的文字

凭借在《青楼艳妓》中的
精彩表演，伊丽莎白获得
了人生中第一个奥斯卡最
佳女主角的奖杯，迎来了
自己事业的第一个巅峰 ▶▶

死里逃生

她对生命中的每一件事情都充满激情和怜悯之心，包括她的家人，她的朋友，特别是那些艾滋病的受害者。她真的是一位传奇式的人物。

——前总统夫人 南希·里根

《埃及艳后》刚开拍，伊丽莎白就被伦敦的天气击垮了，湿冷的九月让她高烧不退。福克斯电影公司的预算为三百万美元，然而刚到十月下旬，预算便用光了，伊丽莎白的身体状况却丝毫没有好转。1960年11月13日夜里，伊丽莎白的病情进一步加重，甚至惊动了伊丽莎白女王的私人医生埃文斯（Lord Evans）。初步检查后，埃文斯打电话叫来救护车，将她送进了医院。医生为伊丽莎白做了详细的检查，诊断的最终结果表明伊丽莎白患上了脑膜炎，令人惊讶的是，一周后她便幸运地康复了。不过整整三个月过去了，《埃及艳后》却没拍什么。因此，为该片承保的劳埃德保险公司要求福克斯电影公司换下伊丽莎白，由金·诺瓦克（Kim Novak）、玛丽莲·梦露或是雪莉·麦克雷恩出演女主角。斯库拉斯否决了这些提议，仍然坚持让伊丽莎白担任女主角。

出院后，伊丽莎白和费舍就立刻飞回佛罗里达，在棕榈泉休养。其间，福克斯电影公司暂停了拍摄。鲁宾·马莫利安（Rouben Mamoulian）担心会被炒鱿鱼，急忙给伊丽莎白去了电话。伊丽莎白建议他以退为进，静候时机，她说自己会向福克斯电影公司表示，非他本人担任导演将拒绝拍摄。马莫利安听罢放心地辞去了导演一职。但就在第二天，伊丽莎白便致电斯派罗斯·斯库拉斯，声称除非让约瑟夫·曼凯维奇执导，否则自己就要罢工。对于此次背叛，马莫利安一生都没有原谅伊丽莎白。

斯库拉斯于是联系曼凯维奇，当时他正跟休姆·克罗宁（Hume Cronyn）和杰西卡·坦迪（Jessica Tandy）一起在巴哈马。曼凯维奇对福克斯电影公司提出了苛刻的条件，因为曼凯维奇当时和其他电影公司还有合约，所以他要求除了付给他相关酬劳，福克斯电影公司还要支付由此产生的违约金。福克斯电影公司最终同意了全部条件。曼凯维奇接手后，对电影人选有自己的考虑，他倾向于由马龙·白兰度（Marlon Brando）出演马克·安东尼。马龙·白兰度曾在1953年的《恺撒大帝》（*Julius Caesar*）里扮演过安东尼，不过此时他正忙于拍摄《叛舰喋血记》（*Mutiny on the Bounty*），着实难以分身。费舍夫妇赶回伦敦时，正好赶上参加沃尔特·万格举办的新年庆典。在雍容华贵的卡普莱斯餐馆，两人受到热烈欢迎。伊丽莎白身着与自己眼睛颜色一样的迪奥礼服，十分性感，一位服务生因此看得入了迷，还不小心将热咖啡泼在她身上。

1961年的第一个星期，曼凯维奇赶到松木制片公司，接手了导演《埃及艳后》的相关事宜。他和伊丽莎白也不是第一次打交道，在拍摄电影《夏日惊魂》时两人就曾合作过。曼凯维奇发现，整部影片就只拍摄了十分钟，差得完全不能看。整个剧组都是一个灾难，剧本更是糟得无以复加。曼凯维奇换掉了男主角，并要求重写剧本。他选出的新组合是由雷克斯·哈里森饰演恺撒，理查德·伯顿饰演马克·安东尼。费舍后来声称，是他推荐了雷克斯·哈里森和伯顿，"之后我肠子都悔青了"。斯库拉斯同意了这个组合。

雷克斯·哈里森此时档期未满，欣然同意了邀约，但理查德·伯顿当时正和朱莉·安德鲁斯（Julie Andrews）以及罗迪·麦克道尔合作，在百老汇出演《卡米洛特》（*Camelot*）。万格和曼凯维奇与伯顿商议后，决定以二十五万美元的片酬和伯顿签约，同时福克斯电影公司还会额外支付五万美元，以便帮伯顿从《卡米洛特》"赎身"。此外，伯顿帮助好友罗迪·麦克道

尔得到了片中恺撒养子屋大维的角色，两人将会一起离开百老汇的《卡米洛特》。就在飞往罗马之前，罗迪和伯顿讨论后认为，罗迪扮演的屋大维会"表现得性取向模糊，多少有些同性恋倾向"。

有时，一些观看《卡米洛特》的观众会被准许进入后台，伯顿这时会模仿伊丽莎白的声音逗大家开心。他的模仿经常充斥着下流与猥亵。他在纽约的闲谈中透露，自己之前曾和"那个肥胖的"伊丽莎白见过面，那是在好莱坞，在斯图尔特·格兰杰的家里。临去罗马前，伯顿还对纽约的一名记者说："恐怕我要穿上护胸甲，与大胸小姐演对手戏了。"

接受安东尼这个角色前，伯顿把自己定位成一名严肃的演员，他曾因扮演《卡米洛特》里的亚瑟王，获得 1961 年百老汇的托尼奖最佳男演员。然而，他已经厌倦了"不列颠的白兰度"以及"小劳伦斯·奥利弗"的称谓。1949年，他和威尔士女演员西比尔·威廉姆斯（Sybil Williams）结婚，却从未对其忠贞。伯顿时常与搭档的女主角传出绯闻，他喜欢和女演员谈恋爱，从拉娜·特纳、莎莎·嘉宝，一直到芭芭拉·史翠珊（Barbra Streisand），所涉范围甚广。在百老汇时，尽管结婚已有十二年之久，伯顿还是和漂亮的帕特·汤德尔（Pat Tunder）传出了绯闻，后者当时还只有 21 岁。只有伊丽莎白一直对他不理不睬，好像他是"隔夜的煮鸡蛋"（伯顿的原话）一般。

而见面之前，伊丽莎白在《纽约时报》上读到了关于伯顿的文章："两岁时的丧母之痛给他造成了巨大的创伤，分裂的性格再也没能恢复。他可以看上去成熟冷静，同时又对自己坐卧不安。他有自毁倾向，却又是古典演员的典范，细心而自律。当面临选择做哪个自己时，他时常会选择逃避，去做第三个自己——那个迷失的小男孩。"

1961 年 2 月，曼凯维奇还在夜以继日地修改《埃及艳后》的剧本，伊丽莎白和费舍则飞到巴黎，登上东方快车赶往慕尼黑，因为伊丽莎白想要体验慕尼黑的狂欢节——那里有斋前的狂欢，以及热闹的假面舞会。她打算把自己扮成法国国王路易十六的玛丽王后，丈夫费舍则扮成她的男仆。伊丽莎白对止痛药越来越依赖，她认为它比惯用的镇静剂效果更好。出于对妻子的关心，或许还有部分的好奇，费舍吞下了一粒。接下来发生的事，他是如此描述的："没过几分钟，我眼前的一切就开始晃动，家具也开始跳来跳去。我倒在客厅的沙发上，醒来已是第二天中午。这么强的药效，我都不知道她是如何忍受的。"

当天晚些时候，他尝试和伊丽莎白谈谈此事。"我绝对不会眼睁睁地看着心爱的女人沉沦自毁。"他如此回忆。似乎是认为自己受到了冒犯，伊丽莎白毫不客气地回击，两人的矛盾进一步升级。伊丽莎白用瓶子乱扔丈夫，砸中了他的额头，他顿时血流不止。"我犯了一个致命的错误。"费舍后来回忆道，"我威胁说第二天一大早会飞回纽约，把她一个人留在这里。"伊丽莎白呆住了，有些难以置信地看着费舍。她冲进浴室，并将门反锁。费舍很清楚她要干什么，他赶紧叫来宾馆的保安打开房门，并叫来了常驻医师。医师带了器材进去，随后传来伊丽莎白呕吐的声音，医师给她服下了镇静剂。为了不让媒体知道，费舍给了医师相当于两千美元的马克。

次日早晨，伊丽莎白苏醒了。她呼唤着费舍，让他永远也不要离开她。回到伦敦时，费舍发现妻子有些疲惫，于是把她送进了医院。然后他做了一件非常奇怪的事：没有生病的他也住院了，假装自己患有阑尾炎。他甚至还允许医生切掉了他的阑尾，尽管它一点毛病也没有。费舍后来解释说："我也要尝尝被别人照顾和服侍的滋味。"

1961 年 3 月 4 日，伊丽莎白患上了严重的亚洲型流感，再次病倒了。费舍想让她接受最好的治疗，为此请来了女王的私人医生。医生让她戴上了氧气罩，还送来了一个便携马桶——在英联邦的偏远地区时，女王陛下使用的就是这种马桶。此外，费舍还请了全天候的护士。一天凌晨，夜班护士发现伊丽莎白呼吸困难，脸色铁青，于是急忙通知值班室。医生赶到伊丽莎白的房间时，伊丽莎白已经意识涣散。医生抓住伊丽莎白的脚踝并抬高，想以此排出她胸中的气塞，但没有效果。医生又用手指插入她的喉咙，希望诱发呕吐并使她重新呼吸，不过依然没有起色。最后，医生按压她的胸口，伊丽莎白在自传里写道："他拼命地按压，然后我睁开了双眼。我深吸了一口气，就

这么活了下来。"

医生认为，必须立刻给伊丽莎白实施气管切开手术，只有这样才能挽救她的生命。不过，这项手术必须在医院里进行，而移动病人是要冒很大风险的。尽管如此，医生还是认为这值得一试。一辆救护车火速赶到都切斯特酒店，在呼啸的鸣笛声中，伊丽莎白被送往伦敦医院。特伦斯·考索恩（Terrence Cowthorne）医生早已准备就绪，为她实施了救命的气管切开手术。经过考索恩医生的诊断，伊丽莎白患上了严重的葡萄球菌感染，这种病的致死率极高。术后，伊丽莎白的情况仍不容乐观。医生为她戴上了呼吸器，以此控制她的呼吸频率。七名医生寸步不离地守在她床边，其中还包括埃文斯——伊丽莎白女王的私人医生。他甚至要每天向女王汇报伊丽莎白的病情。埃文斯还发现伊丽莎白患有贫血症，因此为她安排了输血以及注射抗生素。不幸的是，进行脚踝静脉注射引发了她小腿的感染。伊丽莎白后来在自传里写道："我差点就失去了自己的腿……当时我真想一死了之。我也想一直开心，只不过那时都是装的。我已经深深地陷入了自怜之中。"

1961 年 3 月 6 日凌晨，佛罗里达的一家电台播出了这样的消息："伊丽莎白辞世。尽管伦敦的医务人员奋力挽救，但于事无补。《玉女神驹》里那个广受大家喜爱的小女孩已经永远地离开了我们，只留下一段永恒的传奇。"不过，这条消息被转载之前，伦敦传来了确切的消息："伊丽莎白还活着。她正在医院里同病魔作斗争，我们一直都是她的强力后援。"伦敦的小报开始准备相关的报道，而标题则定为《死亡再临》。一些报纸刊登了她的讣告，伊丽莎白从中读到了对自己生平的评价。后来提及此事时，她如此评论："这是我收到的最好的评论。不过，我也只有死了才能获得这些。"

3 月 10 日，振奋人心的消息首度传出——伊丽莎白已经"明显好转"。后来回想起此事时，伊丽莎白称这段经历为"可怕的梦魇"，她说："恢复意识后，我想问医生我是否还活着，可完全发不出声音。脑海中，我大声向上帝祷告，希望他能救救我。那时的我惊恐而愤怒。我不想死。我曾四度停止呼吸，却又每次都逃出死神之镰。当时的感觉，就像是深陷在一个漆黑的深井之中，无人可应。后来，埃文斯医生告诉我，正是强烈的求生欲望，才使得我死里逃生。"

卡波特当时也在都切斯特酒店，他是首批被允许在术后拜访伊丽莎白的人之一。据他回忆："那时街上挤满了粉丝以及看热闹的人。"在伊丽莎白的要求下，他还偷偷带了一瓶香槟，以及一些书籍进去，这些大部分都是他自掏腰包。他回忆说："她的喉咙里仿佛有一个银色硬币。我不知道是什么把这个东西固定住的。令人惊讶的是，喉咙既没有流血，也没有渗出液体。她还开我的玩笑。我给她带了一大瓶香槟王，她拔下塞子，把香槟喷得满医院都是。"

全世界的粉丝都为她哀悼，尽管她只有一只脚踏进鬼门关。一些暴徒甚至冲进了伦敦医院，全天候地守在那里。但是，他们都失望了。每一天，伊丽莎白的状况都在好转。1961 年 3 月 27 日，她终于安全出院了，虚弱不堪的她坐着轮椅，用一种史无前例的方式离开伦敦。她身穿貂皮大衣，围着白色的围巾，像瓷娃娃般被小心照顾。警察拦下了激动的人群以及狗仔队，而机场安检则用悬带将其吊入飞机。伊丽莎白要回家了，《埃及艳后》则再次被延误。

由于影片拍摄延期，斯库拉斯向劳埃德保险公司索赔三百万美元，并最终获得两百万美元的补偿。斯库拉斯和万格私下讨论后认为，伦敦似乎并不适合拍摄《埃及艳后》这样的史诗巨作。他们决定放弃六十万美元的设备，离开松木。电影将于 1961 年 9 月在罗马重新开拍，这样也可以给伊丽莎白充足的康复时间。

1961 年 6 月 7 日，费舍夫妇受邀飞往拉斯维加斯，参加迪恩·马丁 44 岁的生日派对。7 月 9 日，伊丽莎白又去洛杉矶参加了一个慈善募捐活动。当晚她和时任总检察长的罗伯特·肯尼迪（Robert Kennedy）坐在一起。他们后面则是乔伊·毕晓普（Joey Bishop）、迪恩·马丁、弗兰克·西纳特拉以及彼特·劳福德等人。罗伯特一直在偷瞄伊丽莎白丰满的胸部，而这正好被镜头忠实地记录了下来。宴会上，伊丽莎白发表了简短的演讲，讲述自己濒

临死亡时的感想：

> 濒死之际，我的脑海中闪过无数念头——我不想死，我还活着。在医院的日子里，我的每一根神经、每一处肌肉都无时无刻不紧绷着，或许会一直持续下去，直到生命的最后一刻，直到我的死亡。我到现在还记得，自己曾多么绝望地凝视着悬挂在头顶正上方的医院照明灯。在我眼前，它成了我生命的某种象征。灯光一点一点地变暗，熄灭了，最后只留下一片黑暗。我死了。
>
> 死亡的感觉，就好像是在一条漆黑的隧道中独自行走。隧道仿佛没有尽头，终点也没有灯光，你永远不知道何时才能走出去。但我一直没有放弃。我听到有人在呼唤我，鼓励我坚持下去。整段经历和生孩子有些相似：虽然过程饱含苦楚，但依旧让人感觉美好。

伊丽莎白为这次募捐捐献了十万美元，在场的其他宾客，包括罗伯特在内也纷纷慷慨解囊，活动最终募集了七百万美元的善款。伊丽莎白的善心被广为称赞，她发自内心的帮助是那么真实，这只是她未来所做的慈善事业的一个开端而已。晚宴后，她的演讲被刊登在多家报刊上，这段话在日后对她的采访中常常被提及。

1961 年夏，伊丽莎白返回洛杉矶。她做了整形手术，以除去气管切开手术造成的疤痕，但整形手术并不成功。因此，她总是选择合适的首饰，恰到好处地遮住伤疤。费舍回到好莱坞大使酒店，签约进行表演，这个合同在一定程度上是因为他与伊丽莎白的关系才得到的。

8 月，演唱会结束后，费舍和伊丽莎白一同飞往罗马，开始拍摄《埃及艳后续集》——他们是这么叫的，不过事实上，由于伊丽莎白抱恙，第一部《埃及艳后》并未问世。两人抵达罗马后，迪克·汉利亲自送他们去别墅休息。别墅是一座有着十五间房间的豪宅，正对着一块粉红色的大理岩。它坐落在亚壁古道之侧，四周花园环绕，用于比赛的游泳池以及网球场一应俱全。此次罗马之行，她共雇用了二十人左右，甚至连费舍在罗马兜风的司机都考虑到了。

假戏真做

泰勒以惊艳的容貌和高超的演技而出名，同样为人注目的还有她不同寻常的私人生活。她演过许多出色的角色，这些角色使她成为全美国的偶像。

——《时代周刊》

"新版"《埃及艳后》的准备工作终于完成得差不多了。著名舞蹈编剧为剧中进入古罗马的盛大场景进行了指导。设计师艾琳·沙拉夫（Irene Sharaff）是本片的服装设计师，服装组为伊丽莎白准备了大约七十套戏服，最惊人的一件是克莉奥帕特拉进入罗马时所穿的礼服——由整整十五英镑的黄金制成；剧组还为其他角色制作了数以千计的服装，包括黑芭蕾歌舞团、武士、战车御夫等，力求将那段历史完美再现。除此之外，影片专门设计制作了狮身人面像，雇用了战车御夫、武士以及吹鼓手等演出人员，共计花费数百万美元。影片的费用严重超标，雪上加霜的是，在安齐奥海滩工作的工人们发掘出了大量战争时期遗留的未爆炸的地雷，原来1944年1月"二战"期间，美军曾在此登陆。为了清除地雷，福克斯电影公司不得不额外花费两万两千美元。

1961年9月，影片正式在罗马开拍。而截至当时，该片已花了约两千万美元。拍摄刚开始的那段时间，众星拱月的伊丽莎白表现得雍容而得体，即使在家中也是如此，她是真的把自己当作了克莉奥帕特拉。

　　拍摄期间，克里斯·曼凯维奇（Chris Mankiewicz）负责每天早上去接伊丽莎白，他是导演曼凯维奇的儿子。伊丽莎白到摄影棚时，伯顿和雷克斯正在谈话。她身披黑色貂皮，光彩照人，前有艾迪·费舍开路，后有迪克·汉利带一干随从护航。曼凯维奇冲出来，以一个重重的吻表示了自己的欢迎，他说："我的女王，你让我喘不过气了。""这是自然。"伊丽莎白回应道，"天生的。"她对导演有些冷淡，似乎是故意的。伯顿走上前去，上下打量了她一番："你的身材太胖了，不过脸倒是真的漂亮。"伊丽莎白竟然没有生气，反而觉得很有趣，还笑了——这笑声，后来却被伯顿比作"马嘶"。她快步上前，一下子坐在费舍的腿上。伊丽莎白和伯顿在众人面前调侃对方，言语中都流露出对彼此毫无兴趣。伊丽莎白可不希望自己成为伯顿的战利品，因为她已经听说了伯顿的"豪言壮语"——伯顿称，他将在两天内俘获伊丽莎白。

　　随后，伊丽莎白开始和导演探讨角色，此前埃及艳后的故事已经被拍摄过多次，曼凯维奇对每一版都有自己的看法："蒂达·巴拉（Theda Bara）版的埃及艳后完全就是一个荡妇，克劳黛·考尔白（Claudette Colbert）演的活脱脱就是她本人，塔卢拉赫·班克海德呈现的那是凯瑟琳大帝，费雯·丽的表演就更差了，那简直是一个年少的泼妇。"两人讨论的结果是，伊丽莎白诠释的埃及艳后会更复杂——野心勃勃、位高权重，危险地游走于恺撒和安东尼之间。伊丽莎白还说，迈克尔·托德就是自己的恺撒，费舍则是自己的安东尼。

　　然而，人类的感情永远令人捉摸不透，即使是像伊丽莎白这样骄傲的女王，也无法完全把握内心突然迸发的热火。一个平凡的早晨，伊丽莎白和伯顿擦出了火花。当天，伯顿由于前一夜的放纵，看起来非常疲惫，全身都在战栗。伊丽莎白注意到了伯顿的糟糕状况，内心有些同情。用她自己的话说："他点了杯咖啡，不过手还有些颤抖。我帮他端到嘴边，说实话，这激起了我

从左至右分别是《埃及艳后》拍摄初期的理查德·伯顿、艾迪·费舍和伊丽莎白。此时的费舍夫妇看上去幸福恩爱，然而谁也没想到，过不了多久，伯顿和伊丽莎白之间就擦出了爱情的火花

的母性本能。他看起来如此脆弱，还有些可爱。我还偷偷地在心里抱了抱他。"
尽管身体不适，伯顿还是强打起精神拍摄，但仍力不从心，几次忘了台词。
与此形成鲜明对比的是，伊丽莎白举手投足间都魅力无穷。伯顿后来在自传
中写道："当她穿起埃及艳后的金色礼服，光芒耀眼。我突然非常沮丧，一种
将失去她的预感油然而生。她再也不需要我了，我伤心不已，乃至失声恸哭。"

　　1962 年 1 月 22 日，安东尼与克莉奥帕特拉的首幕爱情场景开拍时，曼
凯维奇对制片人万格形容说："他们的嘴唇相互靠近，伯顿用一个深深的吻将
她包裹。这一幕总共重拍了四次，我能够感受到他们彼此之间的激情与火花。
这让我多少有点震惊。到最后，我不得不这么说：'你们是否介意我说暂停？'"
伊丽莎白最终也没能逃脱与伯顿合作过的其他女演员的命运，爱上了伯顿。

　　理查德·伯顿于 1925 年 11 月 10 日于威尔士出生，原名是小理查
德·沃特·詹金斯（Richard Walter Jenkins, Jr.）。他的父亲是一名煤矿工人，
母亲在生育最后一个孩子的时候去世了。家中共有十二个孩子，伯顿排行倒
数第二。他从小家庭困难，一家人住在一个破败不堪的棚屋里，连自来水都
没有。他的父亲是一名矿工，却整日喝得酩酊大醉。伯顿对自己的亲生父亲
相当厌恶。1957 年，他的父亲去世，他连葬礼都没去。10 岁之前，伯顿只会
说威尔士语，不过后来他学会了四种语言。

　　按照正常情况来说，他未来也会成为一名矿工，然后早早死于肺结核和
营养不良的折磨。但是，教师菲利普·伯顿（Philip Burton）的出现直接改变
了他的命运。菲利普是一所戏剧预科学校的老师，还是研究莎士比亚文学的
权威。他把伯顿带回家中，给伯顿起了新的名字——理查德·伯顿，菲利普
教会伯顿说英语，帮伯顿改掉浓重的威尔士口音。在菲利普的影响下，伯顿
喜欢上了戏剧、文学以及莎士比亚。伯顿一直视菲利普为自己真正的父亲和
最棒的老师。菲利普有同性恋倾向，这也影响了伯顿的性取向。伯顿谎称自
己毕业于牛津大学，但实际上他只读到了中学。1943 年，他首次登台表演，
随剧团来到伦敦。1944 年他开始在英国皇家空军服役，其中有六个月他们驻
扎在牛津大学校园附近，伯顿因而曾去听过一些课程。退役后伯顿重返舞台，

并于 1949 年拍摄了自己的第一部影片《道尔文的最后时日》（*The Last Days of Dolwyn*），拍摄这部影片时他遇到了 19 岁的西比尔·威廉姆斯，两人很快就结了婚。婚后西比尔·威廉姆斯全心全意地支持伯顿的事业，甚至为此放弃了自己的表演生涯。对伯顿来说，西比尔是个伟大的女人，犹如母亲一般。她会去读他的剧本，研究他的合同，帮他挑选服装，还担心他会沉迷堕落。两人的第一个女儿出生于 1957 年，两年后，二女儿也出生了，但她从出生就患有自闭症，不得不在疗养机构接受治疗。

伯顿亲口对伊丽莎白承认，自己并不是严格意义上的异性恋者。不过，伊丽莎白对此一点也不介意，她对于双性恋的男人早就已经见怪不怪了。2004 年，时值伯顿逝世二十周年，格莱尼丝·罗伯茨（Glenys Roberts）在《每日邮报》中写道："有人说伯顿先是想勾引伊丽莎白当时的丈夫费舍，遭到拒绝后才转向伊丽莎白。"这是否属实已无法确认，但可以确认的是，伊丽莎白和伯顿的恋情是真实而热烈的。

素来捕风捉影的好莱坞得到风声，说伊丽莎白和理查德·伯顿假戏真做了。这条新闻让福克斯电影公司十分担心。不过，更让他们头疼的是每周拍摄要花费百万美元，要命的是，福克斯电影公司甚至都不知道这些钱到底去了哪里。沃特·万格和约瑟夫·曼凯维奇被指对预算失控，斯库拉斯亲自带着会计团，不远万里来到罗马，想要弄清到底发生了什么。拍摄的压力让曼凯维奇烦躁不堪，一直处在崩溃的边缘。很多时候，他每晚都只睡三个小时。为了工作，他不得不注射兴奋剂。福克斯电影公司的股东们把愤怒都发泄在他身上，甚至工作人员的争斗也要由他出面解决。他不停地咬自己的指关节，以致后来患上了神经皮肤病，不得不戴上手套。

过了没多久，伯顿就意外遇上了《综艺》派往罗马的记者。面对记者，伯顿对私人问题避而不谈，但还是因牵涉此次"丑闻"而致歉。他对记者宣称，自己的下部影片将会和玛丽莲·梦露合作，联袂出演改编自莎士比亚的作品《驯悍记》（*The Taming of the Shrew*）。后来他的确出演了《驯悍记》，不

过合作对象却是伊丽莎白，因为梦露已于 1962 年 8 月去世了。

罗迪很早就意识到，伊丽莎白和伯顿是认真的。虽然伊丽莎白还戴着费舍的婚戒，但已经应伯顿要求，取下了迈克尔·托德的戒指——这还是从托德失事的飞机残骸上取回的。这充分体现了伯顿对她的影响程度和在她心里的分量。伊丽莎白在回忆录中坦诚道："我一定要和理查德·伯顿在一起。我知道这样不对，我知道这会伤害别人，我知道，我都知道！但我更知道我必须做什么。上帝，请赐予我力量。我一定要和伯顿在一起。"大多数人都已知道了这段恋情，但没人看好这段感情的未来，因为从感情产生的那一刻起，它被赋予的名字——"罗马丑闻"就已经预示了它将要面对的重重困难。

伯顿对这段感情深感愧疚，他常常夜不能寐。他非常关心妻子西比尔及家人，尤其是天生自闭的幼女杰西卡。在和万格的私人谈话中，这位制片人敦促伯顿回到妻子身边。至少在当时，伯顿看起来还是同意这种说法的。回到住处，伯顿和罗迪聊了很久。罗迪提醒伯顿要挽救自己的婚姻，并努力做个称职的父亲。他敦促伯顿去见伊丽莎白了结一切，继续这段感情只会让两人徒增痛苦。

思虑再三，伯顿接受了罗迪的意见。1962 年 2 月 16 日晚上 10 点，没有提前通知，伯顿直接把车开到了伊丽莎白的住处。伊丽莎白感到不对劲——伯顿并未像往常那样冲过来抱她。他明确地表示自己想了结这段感情，之后就转身离开了。伊丽莎白震惊不已，开始砸玻璃。汉利不得不叫来她的私人医生，并为她注射了镇静剂。随后，汉利打电话给曼凯维奇，告诉他伊丽莎白暂时无法工作了。

次日中午，万格和汉利赶忙把伊丽莎白送进了医院——她把整瓶安眠药都吃了！有人将此事透露给了媒体，救护车到达急诊室门口时，那里已经有不下三十名记者。万格编了一个故事，告诉他们说伊丽莎白吃了"变质的牡蛎，患上了急性食物中毒"。然而没有一个人相信他的话。当晚，似乎全世界都得知了"伊丽莎白因为伯顿而自杀未遂"的消息。

西比尔从罗马飞往纽约，去照顾公公菲利普·伯顿。一些记者问及她将于何时离婚。她对这些传闻予以了否认："伊丽莎白是我的好友，我非常喜欢她。她和伯顿之间绝对没什么，我也不会跟伯顿离婚。"伯顿也被问到了两人的关系，在记者面前他显得有些不知所措。"之前我也有过绯闻。"他说道，"但我怎么会知道她这么有名？她甚至在杂志封面上抢了赫鲁晓夫的风头。"

遭遇伯顿的背叛后，伊丽莎白变得有些疯狂。她甚至想放弃电影的拍摄，让福克斯电影公司由此破产。《时代周刊》则报道称，伊丽莎白不过是用伯顿做了个幌子——"她对53岁的老头子曼凯维奇痴迷不已"。有人曾问福克斯电影公司的公关杰克·布罗斯基（Jack Brodsky），伯顿是否是曼凯维奇与泰勒绯闻的掩护者。他半开玩笑地说："故事的真正版本应该是我和理查德·伯顿相爱，伊丽莎白不过是我们打的烟幕弹。就这么报道吧！"

虽然这话有够荒诞，但他的评论还是登上了美联社的版面。曼凯维奇也掺和了进来，他一把抓过伯顿，和伯顿舌吻了一分钟。曼凯维奇随后对惊愕不已的记者说道："现在你知道了吧，我才是理查德的情人。"回到片场的伯顿受到了万格的欢迎。万格在日记中写道："这场恋情，成了全世界的头版。记者们像秃鹫一般蜂拥而至。今天的伯顿，端着啤酒，自信满满。数个月前，他是一名不错的演员，但还称不上著名，酬金不少却算不上丰厚。然而几乎在一夜之间，他的名字传遍了大街小巷。他的下部片酬也会一飞冲天。这场绯闻改变了他的生活，虽然我认为他自己并不清楚。"成百上千的记者等待采访，却几乎都被伯顿拒绝了。他只对罗马的一位记者说："我绝对不会离开西比尔。她爱我，也懂我。"

《埃及艳后》的剧照。影片中，伊丽莎白和伯顿深情对望；而影片外，两人的绯闻已经震惊了整个好莱坞

绯 闻 中 的 女 王

在我们这个时代里，她是最被误解和低估的人。

——杜鲁门·卡波特

1960 年的古巴导弹危机将美国和苏联拖入了核战争的边缘，不过伯顿和伊丽莎白的绯闻貌似比它更为抢眼。放在今天，这样的绯闻不会激起太大的波澜，然而在那个年代，却引发了众多指责，甚至掀起了"自由之爱"的革命。有时，伊丽莎白会因报刊封面大发脾气，尖声诉说世事不公："世上最著名的男人约翰·肯尼迪和世上第二著名的女人玛丽莲·梦露上床了——这是多好的新闻，他们连个屁都不放，整天盯着我和那个威尔士演员没完没了。他们一定是疯了！"

费舍知道自己在伊丽莎白心中的地位下降了，他很痛苦，却无计可施。他买了一把左轮手枪，并时时携带。他计划行刺伯顿，或许还有伊丽莎白。他曾对罗迪说："在意大利，法庭对'激情犯罪'十分宽容。"实际上，费舍曾接到黑帮分子的电话，他们主动要求到罗马去打断伯顿的腿，再狠一点也可以，但被费舍拒绝了。

当伊丽莎白再度和伯顿出演感情戏时，气氛压抑到了极点。那段时间里，萨拉·泰勒和弗朗西斯·泰勒从加州来到了罗马，尽管伊丽莎白并不是真的需要他们。在接下来的拍摄中，片场外时常停着一辆救护车，车上特意安装了银色的洗胃器。这是万格要求的，以防伊丽莎白再次自杀。据说，在伊丽莎白的父母、发型师及其他人员的陪同下，伯顿去宝格丽为伊丽莎白买了一条价值十五万美元的翡翠项链，项链还是弗朗西斯拍板选中的。

然而，生活就像电影，剧情总会发生巨大的逆转。或许正是由于公众的反对和批评，伯顿和伊丽莎白分开后没多久就又走到了一起。当费舍再次出现在片场时，伯顿正在和曼凯维奇讨论一幕场景。费舍还没来得及开口，伯顿就起身走到他跟前。当着曼凯维奇的面，伯顿说，费舍已经是明星了，因此再也不需要伊丽莎白了，但他还不是，他需要伊丽莎白助他一臂之力。在《埃及艳后》上映后的一次采访中，曼凯维奇曝光了此事。《伊丽莎白·泰勒传》的作者凯蒂·凯利（Katy Kelly）写道："在这个男人身上，似乎有伊丽莎白爱过的所有人的影子——尼基·希尔顿的放荡不羁、迈克·怀尔登随心所欲的幽默，以及迈克尔·托德的旺盛精力与领导力。他和英厄马尔·约翰松一样强健，和马克思·勒纳一样聪明，又和弗兰克·西纳特拉及艾迪·费舍一样温柔贴心。"伊丽莎白希望戏里戏外的生活都是轰轰烈烈、有声有色的，而伯顿正可以满足她的要求。

有人曾问曼凯维奇，与阴晴不定的明星合作是什么感受。他回答说："如果你跟很多老虎关在同一个笼子里，那绝不能表露出你害怕它们，害怕它们会把你吃掉。唯一确定的就是不确定性。"这样的事情就发生在《埃及艳后》的片场。当时伯顿、伊丽莎白、西比尔的关系已经够混乱了，但伯顿似乎应对自如。一天，他又把另一个女人带到了片场——她是曾经与他传过绯闻的漂亮歌舞女郎帕特·汤德尔。汤德尔抵达后的第二天，伯顿直到上午 11 点才出现在片场。他酒似乎还没有醒，一个胳膊保护地搂着汤德尔。伊丽莎白就站在不远处，注视着两人的到来。公关布罗斯基回忆道："伊丽莎白一动不动地站在那里，恶狠狠地盯着伯顿和这个小可爱。讽刺的是，一旁的汤德尔则脉脉含情。化好妆后，伯顿朝伊丽莎白走去，伊丽莎白当面与他对质。"万格见两人剑拔弩张，便要求汤德尔离开片场。两天后，万格派人给汤德尔送去

了回纽约的单程机票。汤德尔离开后，伯顿设法得到了伊丽莎白的原谅。在两人随后的两次婚姻中，这一模式将不断重复。

之后，发生了一件令伊丽莎白伤心的事。伯顿被派到巴黎客串电影《最长的一日》（*The Longest Day*）。这是一部描述诺曼底登陆的史诗大片。西比尔也从伦敦飞到巴黎，与自己的丈夫团聚。记者们发现两人一同现身美心餐厅。当晚，伯顿喝了三瓶伏特加和三瓶香槟。离开餐厅时，他被记者们包围了。"你要娶伊丽莎白·泰勒吗？"其中一位记者朝他喊道。"我已经娶了西比尔，我可不要离婚。"第二天，这番对话就登上了巴黎的多家报纸。汉利把消息告诉了伊丽莎白，她很沮丧。费舍意识到，伊丽莎白对伯顿难以放手。他主动提出前往瑞士休假，想要给伊丽莎白留出充足的时间，让她在两个男人之间做个选择。

随着和伊丽莎白恋情的不断升温，伯顿来自英格兰和威尔士的亲友们开始团结一致，共同维护西比尔。伯顿的弟弟詹金斯（Ifor Jenkins）是他的保镖，詹金斯因无法忍受伯顿对待西比尔的方式，对伯顿大打出手。伯顿的一只眼睛被打肿了，嘴唇被打破了，脸上也有一道伤痕，休息了好几天才重返片场。知名剧作家兼演员埃姆林·威廉姆斯是伯顿的威尔士好兄弟，他飞到罗马谴责伯顿，两人吵得不可开交。面对一次又一次的攻击，伯顿厌倦了。他不停地抱怨被媒体日夜骚扰，布罗斯基提醒道："事情没有两全的。你又想跟伊丽莎白幽会，又不愿意公开承认。"伯顿把那些阴魂不散的狗仔称为"贪婪的豺狼"。两人的绯闻逐渐变成了国际事件，甚至一向只报道政治的记者也开始转移注意力。沃尔特·李普曼（Walter Lippmann）是美国最受尊重的记者，曾两度荣获普利策奖。他来到罗马，记录自己对"伊丽莎白和伯顿传说"的感触。伊丽莎白和伯顿友好地接待了他，对私生活却只字不提。

伊丽莎白的男管家弗雷德·奥兹（Fred Oates）接受了《电影故事》的采访，他说伊丽莎白是"专制的女王，尼罗河女王的现实版，把丈夫当奴隶看待，拒接父母的电话，请客人来用餐自己却不出席"。他还把费舍称为"被驯服的男人"。伊丽莎白得知后立刻换了个管家。与此同时，伯顿不辞而别，也不透露自己的行踪。伊丽莎白再次崩溃了，她服用了强力镇静剂，再次被送进医院洗了胃。伊丽莎白自杀的新闻再次传遍了世界。费舍第一时间赶回了罗马，但伊丽莎白连续一周都拒绝见他，直到他答应偷偷给她带点冷啤酒。伯顿也从报纸上得知了这一消息。他无视妻子的央求和挽留，执意回到了罗马。伯顿抵达罗马后，伊丽莎白和他见了面，她说："我们终于达成了某些共识。"伯顿离开医院时，记者们蜂拥而来，他回应道："我没有什么要说的。"

出院后，伊丽莎白不愿意跟费舍生活在一起。费舍想照顾她，但她总是攻击他，不管他做什么都要挑刺儿，特别是当他要求她戒酒、戒药时。费舍知道自己应该离开了。汉利送费舍到了机场。费舍后来回忆道："登机之前，我喝了三瓶烈性伏特加，还吃了安眠药。我知道一切都结束了，剩下的只是财产纷争，估计要持续很多年。"确实，后来的离婚手续并不是很顺利。费舍要求伊丽莎白归还所有的珠宝，虽然大部分都是用伊丽莎白的钱购置的，另外，他还要求得到一百万美元的赔偿金。

3月19日，费舍离开了罗马，之后的两年，他们都没再见过面。不过，他仍爱着伊丽莎白，想为她做点什么。3月30日，他在纽约举办了一场新闻发布会，说伊丽莎白和伯顿的传闻"荒唐可笑""绝无此事"，试图为伊丽莎白澄清。当着记者们的面，他给伊丽莎白打了电话，希望她承认自己与伯顿毫无瓜葛。然而，伊丽莎白已经不想再撒谎了，她在电话中承认了传闻的真实性。此举引起了轩然大波，甚至连梵蒂冈的广播电台都声称，伊丽莎白和伯顿的恋情将"社会伦理"置于险境。4月2日，纽约路易·奈泽律师事务所发布了一份郑重其事的备忘录，上面写道："伊丽莎白·泰勒和艾迪·费舍宣布离婚。离婚手续将立刻进行。"

与伊丽莎白离婚之后，费舍一度十分消沉。他在回忆录中承认，自己"整日吸毒，且狂饮伏特加。没有了伊丽莎白，生活变得混沌暗淡"。他回忆说："她把我当奴隶看。她大病小病不断，我几乎全部时间都在照顾她——当然了，其他时候则是在清理小狗的粪便。"费舍指责伊丽莎白毁掉了他的事业。

1970 年，他提出破产清算，债务共计九十一万六千美元，资产却只有四万美元。但实际上，他应该指责埃尔维斯·普雷斯利（Elvis Presley）。随着艾森、豪威尔时代的结束，费舍低吟浅唱的风格已经被淘汰了，埃尔维斯·普雷斯利的风格广受欢迎。和伊丽莎白分手之后，费舍又结了三次婚。2001 年，他最后一任妻子死于癌症，为他留下了百万财产。2010 年 9 月，费舍臀部摔伤，加之数病缠身，不久后去世，享年 82 岁。

《埃及艳后》拍摄期间，伊丽莎白领养了一个九个月大的德国女婴，伊丽莎白后来回忆了第一次见到这个女孩的场景，"她双腿扭曲，几乎缠绕在一起"。这个女婴有蝶形的大眼睛，自然卷曲的浓密头发，但也有严重的先天性髋关节缺陷，腿部的手术需要高昂的费用，她的亲生父母无力承担。医生告诉伊丽莎白，女婴的骨盆发生了畸变，如果不用手术矫正，她毕生都将是跛子。尽管术后的恢复要整整两年，而且还要全身用石膏固定，伊丽莎白还是同意了手术。不过她要求手术在伦敦进行。女婴原名佩特拉·海西斯（Petra Heisis），后被改名为玛丽亚，以此纪念玛丽亚·谢尔（Maria Schell），正是她为费舍一家与这个畸形女婴牵线搭桥。在随后的两年时间里，这位女婴都被称为玛丽亚·泰勒。之后她也被伯顿收养，进而改姓为伯顿。伊丽莎白回忆道："第一眼看到玛丽亚，我就喜欢上了她。我明白她是多么需要一个正常、幸福而满足的生活。"领养仪式最终在巴伐利亚州的一家天主教堂进行，此事激怒了梵蒂冈教廷。据说，教皇约翰二十三世曾私下谴责伊丽莎白不是一位合格的母亲。

伊丽莎白和伯顿对教皇和梵蒂冈的评论不屑一顾，两人趁着周末外出度假了。他们溜到了一处小型旅游胜地，距离罗马北部仅一百英里。当晚，两人因伯顿不愿离婚而大吵了一架。在浴室里，伊丽莎白拿起一瓶安眠药，一口气吞了下去。伯顿缓过神来，连忙把手指伸进了她的喉咙里为她催吐。"她已经开始口吐白沫了。"他后来说。前台匆匆叫来医生为她诊治，还好事情没有被媒体察觉。第二天是一个周日，两人都喝得不省人事，又一场战争爆发了。伯顿把伊丽莎白打得鼻青脸肿，随后把伤痕累累的伊丽莎白拽进车里，以每小时一百英里的速度朝罗马驶去。一位意大利巡警驾车尾随两人，在伊丽莎白的尖叫和怂恿下，伯顿加速甩掉了巡警。伊丽莎白后来对罗迪坦承："我真心想让他加速，恨不得陪他一起撞死。如果他不是我的，那西比尔也别想得到他。"

因为周末的事故，曼凯维奇只得再次推迟影片进度，这又是一笔巨大的损失。福克斯电影公司再也无法忍受了，伊丽莎白和伯顿的恋情已经成为福克斯电影公司的癌症。影片再这样进行，"20世纪福克斯绝无希望变身21世纪福克斯"，因为它一定会破产的。愤怒的董事会开除了董事长斯库拉斯、《埃及艳后》的制片人沃尔特·万格和导演曼凯维奇。虽然曼凯维奇被请出局，但后来再次被请了回来，因为唯有他能在后期制作时将影片拼接起来。伊丽莎白和伯顿也不得不把个人问题搁置一边，应对福克斯电影公司给他们的压力。达里尔·扎努克先前曾被福克斯电影公司扫地出门，随后他旅居巴黎，计划做一名独立制片人。董事会请他出山，认为唯有他能使福克斯电影公司免遭破产的命运。扎努克首先把福克斯电影公司的外景地卖给了房地产商，开发商将这片土地改造成了绵延的商业区和住宅。

看过《埃及艳后》的前期剪辑片后，扎努克火冒三丈，说它是"完全的混乱。演员们就像收容所里的室友，对话也过度情绪化了"。随后，福克斯电影公司起诉了伯顿和伊丽莎白。在诉讼中，伊丽莎白被指控"因自己行为举止而使自己遭受嘲弄奚落和负面新闻"。扎努克要求伯顿和伊丽莎白赔偿五千万美元，指控两人"故意拖延影片进度"。伊丽莎白以两百万美元与福克斯电影公司达成庭外和解。不过最后，她得到的片酬并不是起初要求的一百万美元，而是四百万美元。

《埃及艳后》剧照

《埃及艳后》剧照

艳后的爱情

她是好莱坞真正的最后一位偶像，一位大美女，一位伟大的演员，她用自己喧闹的生活和事业吸引了全世界的目光。

——演员 琼·科林斯

《埃及艳后》剧组先后辗转意大利、西班牙和埃及，历时225天，终于在1962年6月完工。影片的胶卷堆积如小山，初剪版长达八小时，最终剪辑版也有四小时，这在当时的好莱坞电影史上绝对是史无前例的。有人估计《埃及艳后》的总投入是四千五百万美元，甚至更高，或许高达六千五百万美元。在罗马停留了十个月后，伯顿终于要离开这个充满纷扰的地方了。伊丽莎白暗下决心，她未来的每部片子都由理查德·伯顿出演男主角，她也确实这么做了。

1963年6月，万众期待的《埃及艳后》在纽约上映。《新政治家》的约翰·科尔曼（John Coleman）称："泰勒小姐的表演千篇一律、味同嚼蜡。"影评人朱迪斯·克里斯特（Judith Crist）在《纽约先驱论坛报》上发表评论："这片子真是虚张声势。"虽然伊丽莎白和伯顿在现实生活中擦出了火花，但两人在影片中的火花却很不明显。一位罗马的评论员写道："伊丽莎白对小狗莱西的热情似乎都比对伯顿要大。"知名电视主持人大卫·萨斯坎德（David Susskind）看过影片后说："伊丽莎白超重、胸超大、片酬超高，就是天赋超低。她让演艺界倒退了十年。"《时代周刊》更苛刻，而且关注的重点还偏了，他们批评"她的尖叫声仿佛参加街头联欢的市井妇女"。

当然，作为好莱坞电影史上的大手笔经典作品，这部影片的支持者也如浪如潮。鲍斯雷·克洛瑟是《纽约时报》的评论家，他一向爱挑剔，但却盛赞《埃及艳后》为"终极娱乐盛宴，是我们这个时代最伟大的史诗片"。世界各地的制片人激烈地抢夺伊丽莎白和伯顿。最终，《埃及艳后》获得了九项奥斯卡提名，出人意料的是，在片场总是"默默无闻"的雷克斯·哈里森也获得了最佳男主角的提名，而被寄予厚望的伊丽莎白却没有获得任何提名。但这位无可争辩的"艳后"似乎并不在意，她和伯顿已经溜去度"蜜月"了。

伯顿和伊丽莎白从公众的视线中消失了整整一周。这对备受瞩目的情侣藏到了法国尼斯附近的一栋别墅中，是德国演员柯特·杰金斯（Curt Jurgens）为他们提供的藏身之所。只过了几天与世隔绝的生活，伯顿就开始想念媒体的关注了。他让伊丽莎白戴上华丽的首饰，披上黑色皮外套，带她去了蒙特卡洛。格蕾丝王妃请他们喝了下午茶。当晚，在蒙特卡洛赌场，伊丽莎白盛装出现。她穿着深红色迪奥礼服，披着毛皮外套，戴着闪耀的钻石，光彩照人。很快，各家媒体齐聚蔚蓝海岸，市民们也纷纷前来围观。两人清晨离去时，还引起了一阵骚动。

离开尼斯后，两人向北部的瑞士进发。伊丽莎白先邀请伯顿到自己新近在瑞士滑雪胜地格斯塔德购置的宅邸度假。她知道，伯顿的妻子西比尔和女儿们住的地方距格斯塔德仅八十五英里，伯顿开车一个小时便可到达，但她并未因此而故意避开这个地方。在此生活期间，伯顿不断往返于两个女人之间，不过他大部分时间是与伊丽莎白一起度过的。虽然两人隐居瑞士，但外界的报道从未间断，他们的恋情被标榜为"20世纪最伟大的爱情"，但更多的是对两人不负责任的指责。多年后，田纳西曾到墨西哥拜访伯顿，伯顿回忆起了那段犹豫不决的时光："我想同时坐拥两人，但我很清楚，我还是要有所取舍的。我不愿为伊丽莎白而抛弃家庭。我还爱着西比尔，不过没有以往用心了。我真不算是个男人！伊丽莎白的魅力让我难以抵抗。或许我是在自欺

欺人，我觉得如果我离开，她就会自杀。"

伊丽莎白一度觉得，伯顿是无论如何都不会离婚的。她甚至已经打算好了，如果伯顿不离婚，她就做他的情人。米高梅原本准备安排伯顿和索菲娅·罗兰联合出演《一代情侣》(*The V.I.P.s*)，但得知伊丽莎白愿意做伯顿的情人后，立刻把索菲亚换成了伊丽莎白，试图利用两人的话题性为影片造势。伊丽莎白同意了，于是和伯顿回到了英国，之后分头乘车抵达都切斯特酒店，住进了各自的套房。他们要结婚了，不过是在即将开拍的《一代情侣》中。

回到伦敦后，伯顿就做出了跟西比尔离婚的决定。没人知道是什么帮他下定了决心。媒体时刻关注着两人的一举一动。《时代周刊》写道："如果伯顿娶了泰勒，他就会成为她的第五任丈夫。"伯顿连着几周都没有去看望妻子和女儿们。1963 年 1 月，有人看到他进了伦敦萨伏伊酒店。三个小时后，他在酒店大堂碰巧遇到了西比尔。伯顿说自己"咬着牙"跟她提出了离婚，西比尔也不再挽留，她同意离婚，并决定让律师来处理离婚事宜。伯顿心怀内疚，他决定优待西比尔，为她提供了一百万美元的离婚补偿，这是他当时手头所有的现金。

伊丽莎白和伯顿的恋情让男主角成了暴徒眼中的目标，但这丝毫没有影响两人的恋情。伊丽莎白 31 岁生日的时候，伯顿送了她一条价值二十万美元的钻石项链。她则在父亲弗朗西斯的帮助下，以九万两千英镑买下了凡·高(Van Gogh)的名画作为礼物送给伯顿。

与大手笔的《埃及艳后》不同，《一代情侣》的预算只有三百万美元，但却云集了不少大腕儿，路易斯·乔丹(Louis Jourdan)、奥森·威尔斯、罗德·泰勒、玛格丽特·鲁斯福德(Margaret Rutherford)和玛吉·史密斯(Maggie Smith)等都参与了拍摄。伊丽莎白的报酬是五十万美元，再加百分之一的票房收入，她为伯顿也争取到了同样的待遇。影片开拍前，弗洛伊兹公司拒绝为伊丽莎白投保，这显然是受伊丽莎白拍摄《埃及艳后》时恶劣表现的影响。伊丽莎白很愤慨，决心在两个月内完成这部影片的拍摄。

《一代情侣》在伦敦拍摄时，伊丽莎白频频生病，这让制片人阿纳托莱·德格伦瓦尔德（Anatole de Grunwald）头疼不已，好在影片最终如期完成了制作。令人意外的是，这部小成本的影片在票房上大获成功，收益甚至赶超了《埃及艳后》。伊丽莎白和伯顿因此共得到了三百五十万美元的片酬。在片中饰演偏执古怪且穷困潦倒的布赖顿公爵夫人的玛格丽特·鲁斯福德还获得了第36届奥斯卡最佳女配角奖。

拍摄两部电影期间，伊丽莎白还参与制作了电视节目《伊丽莎白·泰勒在伦敦》，并因此获得了二十五万美元的报酬，这是任何一位艺人都不曾有过的待遇。在节目中，她陪同观众畅游英国地标性建筑。一位评论员写道："纵观整个节目，伊丽莎白·泰勒都在与伦敦竞争——结果——她赢了！"

伯顿的名气也和往日大不相同，他接到了更多回报丰厚的影片邀约。劳伦斯·奥利弗一直在争取《雄霸天下》（Becket）的男一号，然而这一角色却落到了伯顿头上。《时代周刊》声称："他是个草根英雄。与洛克、里普或者塔布不同，他的名字相当奇怪。不过他比三人都要出色。他是新一代的票房先生。"

准备回美国时，伯顿发现了一部自己喜欢的剧本。剧本改编自田纳西·威廉斯的同名作品《巫山风雨夜》（The Night of the Iguana），影片讲述了一位被解除神职的牧师在墨西哥的旅游区当导游时，面对三个形象个性差异巨大的女性的性诱惑，而变得矛盾的故事。读完剧本，伊丽莎白对女一号产生了兴趣，虽然这位女一号是墨西哥一家海滩旅店的荡妇老板娘——她当初对饰演《青楼艳妓》中的妓女可相当抵触。她打电话给好友威廉斯，却得知女一号已落入艾娃·加德纳手中。为了保护自己的"私人财产"不受侵犯，伊丽莎白决定同伯顿一起飞往墨西哥，她要确保在影片拍摄过程中他不会被其他女演员勾引走，或者说，她不希望伯顿勾引其他女演员。

1963年9月22日，伊丽莎白和伯顿来到墨西哥城。大批粉丝涌入机场，引得国际社会争相报道。在推搡的人群中，伊丽莎白弄丢了钱包和部分衣物，连鞋子也丢了。在多名保安的帮助下，她终于冲破了人群。伯顿拒绝召开新闻发布会，只是发布了一条声明："这是我第一次来墨西哥，我希望这也是最后一次。"不过他很快便改变了主意，而且还在当地买下了一栋度假别墅。伊丽莎白一开始就很喜欢这个地方，墨西哥的记者们刊登了她的话："我会再回墨西哥的，我真的喜欢墨西哥。"不过这是稍微修改过的版本，省略了两个不太文雅的形容词。

导演约翰·休斯顿曾拍摄过蒙蒂的两部电影——《乱点鸳鸯谱》(The Misfits)和《弗洛伊德》(Freud)，拍摄过程中他对蒙蒂的态度十分恶劣。伊丽莎白因此对休斯顿很反感，指责他曾经虐待过好友蒙蒂；作为回击，休斯顿则指责她从他的前妻伊夫林的手中偷走了迈克尔·托德。不过，两人的复杂关系仅仅是片场众多复杂关系的一小部分而已——艾娃·加德纳是休斯顿的前任恋人，休斯顿的前妻伊夫林已经嫁给了艾娃的前夫，黛博拉·蔻儿的剧作家丈夫彼特·维尔德(Peter Viertel)曾是艾娃的情人，伊丽莎白的旧爱迈克·怀尔登作为理查德·伯顿的经纪人的助手也出现在片场，还带来了自己的女友——瑞典美女演员凯伦冯·翁蓋(Karen von Unge)。剧组成员之间的关系纷繁复杂，都能写成一部小说了。为防止意外发生，休斯顿为各位主角配备了镀金手枪。手枪短小轻便，可以藏在袖筒里。大家都得到了一发银色子弹，上边还刻有各自的名字。虽然伊丽莎白并非剧组成员，但她还是得到了一把手枪。此外，她还得到了五发金色的子弹，每颗上面都有一个名字，分别是理查德·伯顿、苏·莱恩(Sue Lyon)、艾娃·加德纳、黛博拉·蔻儿和约翰·休斯顿。与其说这像是对大家的保护，不如说这是在变相地怂恿这些关系复杂的人做出点什么事。

1963年的巴亚尔塔港还是一个小渔村，但伊丽莎白和伯顿到来之后，这里迅速出名，还被收入了国际旅游地图。影片的真实拍摄场地是一座孤岛，与外界的唯一交通工具便是船只。岛上的居民为原始土著，他们都生活在茅草房里，平日靠打渔为生。伊丽莎白和伯顿带来了重重的行李，两人被安排在岛上的高档住宅区居住。伊丽莎白分到了一栋别墅，这让她十分满意，最后她出资四万美元将其买下了。伯顿也喜欢这个地方，于是建了一栋与伊丽莎白的别墅隔街相望的别墅，还在两栋别墅之间修建了天桥，堪比威尼斯的叹息桥。伯顿的打算是，如果伊丽莎白发怒了，他就可以从桥上跑回家。

一天晚上，剧组主演聚在一起喝酒，一位专栏作家问起在场所有人的梦想。休斯顿回答说是"兴趣"，艾娃说是"健康"，伯顿挑了"冒险"，维尔德想要"成功"，蔻儿选择"幸福"，而伊丽莎白则渴望"财富"。好莱坞知名记者詹姆斯也来到了片场，见过大阵仗的他被伯顿吓到了，他在一家小酒馆里亲眼见到伯顿一口气喝掉了二十五杯龙舌兰酒，关键是喝酒用的杯子有啤酒杯那么大。剧组不断受到记者们的骚扰，伊丽莎白说："他们比这里的蜥蜴还多。"

10月，威廉斯向伊丽莎白和伯顿吻别，踏上了回纽约的旅程。他拜托伊丽莎白一定要每天都去片场，跟伯顿共进午餐，并且看好伯顿，主要是限制他饮酒。于是，大多数清晨，饱饱睡个懒觉之后，伊丽莎白就会离开家，朝着片场进发。汉利提着午餐篮，装上几瓶酒，陪她一同前往。他们需要坐小船才能抵达拍摄的小岛。上岸之后，他们还要爬一段陡峭的山路。作家南希·肖恩贝格（Nancy Schoenberger）写道："伯顿一出现，艾娃的情绪立马高涨。在遥远的墨西哥乡村，新闻界并不仅仅报道这些才华横溢的演员。他们也在观望，期待着伯顿和泰勒大肆宣扬的爱情被艾娃搅黄。"因此，只要伯顿与艾娃演对手戏，伊丽莎白一定会出现。她还会打扮得妖艳性感，穿上修身的艳丽裙子，把四分之三的胸都露在外边，并戴上很多钻石首饰，把伯顿迷得神魂颠倒。

休斯顿的秘书每天都会写日记，记录片场的点点滴滴。她说伊丽莎白来的时候带了四十套从巴黎购置的高档比基尼，伊丽莎白的很多个下午都是在海滩上度过的，人们经常能看到她。在1963年10月24日的日记中，休斯顿的秘书这样写道：

伊丽莎白穿了低胸衣和绣满花纹的亚麻比基尼泳裤。她没穿胸罩，傲人的双峰清晰可见，真是太宏伟了。她戴着一枚金晃晃的戒指，上面满布珍珠，似乎还有一些钻石或者红宝石。她说这是印尼国王送她的。伯顿说道："她又来勾引我了。"

她走到伯顿身边，在他的唇边吻了吻。她说："在《埃及艳后》的片场里与伯顿重逢时，我心灰意冷。这是白马王子亲吻沉睡公主的故事。经历了四年与艾迪·费舍的痛苦婚姻后，我终于被伯顿唤醒了。"

1963 年 11 月 10 日是伯顿的生日。当天，伊丽莎白送了他一个图书馆，馆内囊括了一系列小牛皮封面的经典书籍，总价值为三万五千美元。他给了她深深一吻，以表谢意。然而喝醉了之后，伯顿对伊丽莎白大发脾气。两人总是争吵，却仍然爱着对方。诚如 1964 年 12 月伊丽莎白对《生活》杂志所说的那样："我喜欢跟伯顿打架。这就像引爆了一枚小型炸弹，火花乱飞、墙体震荡，地板也在反弹！"

1963 年 12 月 5 日，伯顿与西比尔的离婚手续终于办完了，离婚理由是伯顿对妻子"背弃、残忍和虐待"。与此同时，伊丽莎白和费舍却一直在争夺财产。

离开伯顿后，西比尔成了全伦敦最受欢迎的女性。大家时常看到她与玛格丽特公主及其丈夫用餐。雷克斯·哈里森虽然已经成婚，但时常邀请她跳舞。另外，埃姆林·威廉姆斯和斯坦利·贝克（Stanley Baker）也频频陪同她出席各种活动。她厌倦了伦敦，因此把家搬到了纽约。离婚后，她有过短暂的约会，后来在纽约第 54 街开了一家迪斯科舞厅。很快，它便成了 20 世纪 60 年代独领风骚的迪厅，吸引了大批名人前来。西比尔后来嫁给了帅气性感的流行歌手乔丹·克里斯托夫（Jordan Christopher），克里斯托夫当时年仅 24 岁，比西比尔小了 14 岁。这段恋情让两人的粉丝们大吃一惊。大部分朋友都预测两人的婚姻不会长久，然而两人的婚姻却非常幸福。1996 年，克里斯托夫弥留之际，正是西比尔陪在他身边。

在连续拍摄了几部电影后，伯顿宣布重回《哈姆雷特》的舞台，而导演正是和他合作过《雄霸天下》的约翰·吉尔古德（John Gielgud）。借助伯顿的名气，舞台剧在一天之内就筹集到了运行经费。百老汇最知名的制片人亚历山大·科恩（Alexander Cohen）就是投资者之一，面对伯顿提出的一万美元的周薪要求，他眼睛都没眨就答应了，另外还承诺每张门票给伯顿15%的分红，这是百老汇历史上最丰厚的报酬。伯顿对酬劳很满意，但有点担心吉尔古德会倚老卖老，这位资深导演曾参演过六部知名影片，在五百多场舞台剧中扮演过哈姆雷特，而且是出了名的固执己见的人。

伊丽莎白陪伯顿到多伦多进行了《哈姆雷特》的排练。1964年1月28日，两人入住多伦多爱德华国王酒店，选了有五个房间的豪华套房，每晚六十五美元。这一套房多年来由艾森豪威尔总统和肯尼迪总统居住。正式排练期间，吉尔古德强烈要求在片中加入莎士比亚的诗歌，而伯顿更乐于发掘那位吟游诗人的本性。两人截然不同的意见造就了一个举止散漫、阴晴不定，偶尔还要让其他人都围着他团团转的哈姆雷特。

伊丽莎白注意到了这一点，她立马给伯顿的养父菲利普·伯顿打了电话。菲利普是莎士比亚研究专家，也是理查德·伯顿的长期指导者。伊丽莎白说服他前来为伯顿进行指导。"另一位导演"的到来激怒了吉尔古德。不过菲利普似乎有魔力，在他的指导下，伯顿的表演有了很大的提高和改善。

1964年2月，伊丽莎白迎来了自己的32岁生日，并热切期待着伯顿的礼物。这个月也是《哈姆雷特》的首映之月。首映之夜，伊丽莎白盛装出席，不料遭到观众们喝倒彩，为此，大幕推迟了半个小时才拉开。伊丽莎白笔挺地坐在位子上，丝毫没有被观众吓到。对那些蔑视她的人，她毫不畏惧，依旧勇敢地坚守爱情。演出受到了广泛关注，《多伦多星报》评价伯顿的表演"毫无美感"，而《多伦多消息》却认为他的表现堪称杰作。事实证明，《哈姆雷特》在多伦多上演期间相当受欢迎，场场座无虚席。

现在对我来说，表演是假的，人们遭受
的痛苦是真实的。没有比这个再真实的
了。有些人不喜欢面对这些，因为太令
人痛苦了。但如果没人正视它的话，一
切都不会发生改变。

>>> part **0 6**

永 恒 的 紫 罗 兰

完 美 伴 侣

泰勒可是世上最佳的伴侣。她可爱风趣，还是个全能冠军。对她而言，外表比什么都重要。

——演员 乔治·汉弥尔顿在自传《做了不后悔》中写道

1964 年 3 月 6 日，伊丽莎白做出让步，终于与费舍离婚了。费舍对媒体说："伊丽莎白会嫁给伯顿，不过迟早会甩掉他的。然后她会再找其他人，随后再甩掉他，这就是她的模式。她是美丽的女王，不过她总是要把男人们榨干。"

3 月 15 日，伊丽莎白和伯顿要结婚了，这位好莱坞巨星即将第五次走进婚姻的殿堂。不过，多伦多所在的安大略省否认在墨西哥离婚的法律效力，因此，伊丽莎白只好和伯顿前往蒙特利尔，那是法语区魁北克省的属地，环境相对自由开放。在美国最知名的公关约翰·斯普林格（John Springer）的陪同下，两人于清晨乘坐专机出发。飞行途中，伯顿告诉斯普林格，自己在拍摄《雄霸天下》的时候就已经向伊丽莎白求婚了，那是在温莎城堡附近的一家酒吧里，伯顿当着彼德·奥图（Peter O'Toole）的面向伊丽莎白求的婚，伊丽莎白当场就答应了。

这对最受瞩目的明星在蒙特利尔举行了两场婚礼，一场举办于墨西哥领事馆，是为了完成法律程序；另一场举办于当地酒店，是为了完成宗教仪式。

伯顿出其不意地选了非裔美籍的罗伯特·威尔逊（Robert Wilson）做伴郎，威尔逊是他的服装设计师。伊丽莎白当天的婚纱是一件康乃馨黄色的雪纺裙，裙子的饰物非常华丽，它是从《埃及艳后》中伊丽莎白和伯顿的一场对手戏中得到的设计灵感。伊丽莎白的头发被高高束起，配饰约值六百美元，头发上还别了一圈风信子花，制造出了一种王冠的效果。她还佩戴了一串钻石项链，搭配了钻石和祖母绿相间的耳环，这是伯顿送她的礼物。第一场仪式结束后，伯顿说："这简直是一场童话，无名小子居然娶了绝代美女。"

随后，伊丽莎白回到卧室整理妆容，准备下一场仪式。其他客人则耐心地等待着她的到来。伯顿似乎不够耐心，他问汉利："那个小胖妞怎么还没来？我敢发誓，她绝对赶不上仪式了。"这场小规模的婚礼只邀请了十位来宾，他们是伊丽莎白的父母、伯顿的经纪人、演员休姆·克罗宁等。伊丽莎白的朋友奥斯卡·黎凡特（Oscar Levant）没有出席，但他远隔千里送来了祝福。

离开蒙特利尔前，伯顿公开宣称："伊丽莎白风华绝代，仿佛地球引力一般，有着令人无法抵抗的魔力。她是我的完美伴侣，并且绝对独一无二。相信我，她会让男人们对其他女人都失去兴趣。我对她日思夜想。她会成为我永恒的幸福之源。"伊丽莎白也再一次宣称，这是她最幸福的时刻，她将认真对待这次婚姻。只可惜，没几个人相信她的话。

从蒙特利尔回来的第一晚，在《哈姆雷特》开演之前，伯顿走到台上对所有观众说："可能有些人是来看艾尔弗雷德·德雷克（Alfred Drake）的，有些人是来看艾琳·赫利（Eileen Herlie）的，还有一些人是来看休姆·克罗宁的，不过肯定有些人是来看伊丽莎白·泰勒的。"伊丽莎白几乎是被众人推上舞台的，但是，这次迎接她的不是嘘声，而是震耳欲聋的掌声。伯顿后来称之为"疯狂的欢呼"。当晚的演出结束后，伯顿进行了六次返场谢幕。前三次谢幕过后，他站在大幕中间，对观众说道："我想引用本剧中的一句话。第三幕，第一场。'我们再也没有婚礼了。'"此话一出，台下的气氛更加热烈。

之后，伯顿带伊丽莎白离开安大略省，前往波士顿继续演出《哈姆雷特》。

伊丽莎白原本以为波士顿人比加拿大人更保守，他们或许会在那里受到冷遇。然而这一次她错了，她从未遇到过如此大规模的粉丝群，两人连飞机都下不了。一小时后，飞行员得到指令，将飞机移入仓库，乘客们才安全出了机舱。

伯顿和伊丽莎白乘车来到科普利广场酒店，两人一进入大厅，就受到了上千名粉丝的围堵。警方与保安通力合作，但还是没能控制住疯狂的人群。在推搡的过程中，伊丽莎白被扯下了一缕头发，钻石耳环也被人硬生生抢走了，耳朵都流血了，并且被人撞到了墙上，导致肩膀脱臼。伯顿费劲地挤到她身边，在两名警察的协助下，护送她进了电梯。很快，医生就来了，为忍受着剧痛的伊丽莎白处理了伤口。

第二天清晨，伯顿进了一家枪械商店，买了一支手枪和大量弹药。他愤怒到了极点，打电话向罗伯特·肯尼迪抱怨这起事故，希望罗伯特可以跟波士顿警方打个招呼，维持一下治安。罗伯特的影响力还是有的，尤其是在他的"老家"马萨诸塞州。因此，当伯顿夫妇出现在剧院时，警方迅速拉起了"人肉大幕"，为两人开辟出一条安全通道。

夫妻俩又到了曼哈顿，入住了公园大道 61 街的丽晶酒店，这次依然要了两间套房。1964 年 4 月，《哈姆雷特》在曼哈顿的首映之夜，大批观众涌入剧院，只为一睹伊丽莎白及其新任丈夫的真容。纽约警方封锁了街道，成千上万的粉丝聚集在时代广场附近，场面盛大如同跨年夜。"离开百老汇时，我是卡米洛特之王，而再回来之时，我变成了丹麦王子哈姆雷特。"伯顿对媒体说。百老汇知名制片人哈罗德·克勒曼（Harold Clurman）观看了表演，但在表演还未结束时，他就起身离席了。在剧院大厅里，他对一位记者说："伯顿已经对自己的职业失去了兴趣。"伯顿得知后自嘲道："我是在演自己——扮演哈姆雷特的理查德·伯顿。"相比之下，《纽约先驱论坛报》的评论就温和了许多，说伯顿是"当下装扮最精致的男演员之一"。其他媒体则使用了"震撼""阳刚之气十足"等词语来形容伯顿的表现。

伊丽莎白已经好几个月没见蒙蒂了，于是邀请他来参加《哈姆雷特》的首映。看到蒙蒂饱受蹂躏的脸庞后，伊丽莎白惊得说不出话来。自上次一别，他似乎老了 10 岁。他一见到伊丽莎白，就投入了她的怀抱。演出结束后，伊丽莎白让他陪自己参加《哈姆雷特》制片人亚历山大举办的小型派对。《新闻周刊》报道说，派对举行于大厦的六十五层，那是纽约少有的景致美妙的好地方。怀尔登和爱人玛格丽特·莱顿以及杰奎琳·肯尼迪（Jacqueline Kennedy）总统夫人的妹妹——李·拉齐维尔（Lee Radziwill）公主都受到了邀请，甚至连好莱坞默片时期的著名女影星多萝西·吉许（Dorothy Gish）和丽莲·吉许（Lillian Gish）姐妹也出席了派对。

第二天，伊丽莎白到蒙蒂家中喝酒。蒙蒂已经四年没有拍电影了，没有保险公司愿意为他投保。伊丽莎白希望他能重新工作，而不是继续消沉下去。田纳西给了伊丽莎白一个剧本，名为《禁房情变》(*Reflections in a Golden Eye*)，作者是田纳西的密友卡森·麦卡勒斯（Carson McCullers）。伊丽莎白希望和蒙蒂一同出演这部电影，她对制片人雷·斯塔克（Ray Stark）说，她愿意拿出一百万美元为自己和蒙蒂投保。整整两年，他们一直在筹划这部电影，然而影片还未开拍，蒙蒂便于 1966 年 7 月 23 日去世了。之后，马龙·白兰度接手了这一角色，与伊丽莎白出演对手戏，约翰·休斯顿担任了影片的导演。影片最终于 1967 年由华纳兄弟发行。

《哈姆雷特》上演期间，杜鲁门·卡波特特地赶来祝贺伯顿夫妇。百老汇的街上被粉丝们堵得水泄不通。卡波特说："大家只是醉心财富、钻石、貂皮外套和沁人心脾的异域香水，而非对伯顿的表演感兴趣。"与此同时，电影《巫山风雨夜》也在纽约上映了，并成了年度大片。

1964 年 6 月，这对沉浸在幸福中的完美伴侣进行了一场慈善表演。表演的门票价格为一百美元，所得款项全都用于资助菲利普即将倒闭的学校——美国音乐戏剧学院。受邀的还有迪娜·梅瑞尔、玛娜·洛伊、丽·莱米克（Lee Remick）、彼特·劳福德的妻子帕特里夏·肯尼迪·劳福德（Patricia

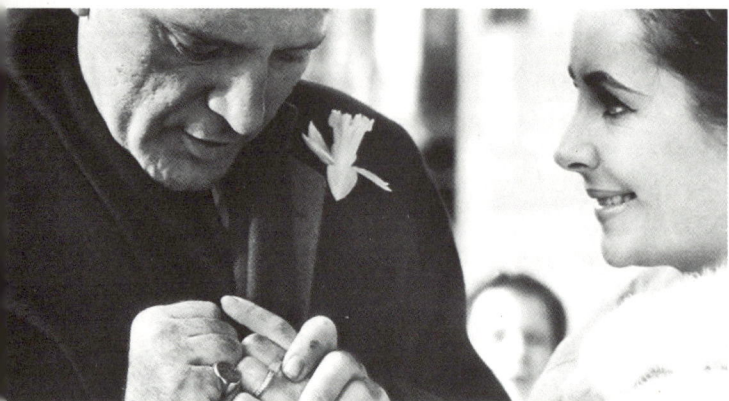

伊丽莎白和伯顿的「世纪之恋」得到了圆满的结局。婚后的生活充满了甜蜜、欢笑，以及争吵

Kennedy Lawford）、劳伦·白考尔（Lauren Bacall）、安尼塔·卢斯（Anita Loos）等人。伯顿在活动中朗诵了莎士比亚和戴维·赫伯特·劳伦斯（David Herbert Lawrence）的作品，以及约翰·列侬（John Lennon）的"智慧之言"。伊丽莎白身穿希腊式裙子，打扮得珠光宝气。她朗诵了威廉·巴特勒·叶芝（William Butler Yeats）及伊丽莎白·芭蕾特·布朗宁（Elizabeth Barrett Browning）的经典诗歌。她还笨拙地念了几句托马斯·哈代的《被毁了的姑娘》（*The Ruined Maid*）。虽然伊丽莎白中间卡了壳，但她表现得相当有格调，然而，《纽约先驱论坛报》却说她"嘻嘻哈哈、磕磕巴巴地勉强念了下来"。

一天晚上，伊丽莎白得了感冒，只得在酒店休息。当晚伯顿在演出时遇到了捣乱分子，因此演出结束后，他就和另外两名演员一起去喝酒消气。他带着满身酒气回到酒店，走进客厅时，他看见伊丽莎白正在看彼得·塞勒斯（Peter Sellers）1959 年的电影。心情不好的伯顿要伊丽莎白关掉电视，伊丽莎白没有理会他，只是安慰了他一下。十五分钟后，伯顿回到客厅时，伊丽莎白还在看电视。他恼火地将电视机踢翻了，自己的脚也被碎玻璃划破了。看到他流血不止，伊丽莎白大惊失色，立刻叫来救护车把他送进医院。伯顿承认自己患有血友病，还戏称自己得的是"百病之王"。欧洲许多近亲通婚的王室后代都患有此病。伯顿说，自己的多位家族成员也都患有此病，包括他的四个兄弟。伯顿缝了很多针才止住流血，为此，《哈姆雷特》被迫停演了两周。

出院五天后的那个晚上，伯顿在曼哈顿一家餐厅遇到了艾迪·费舍，于是邀请他到自己的套房小酌一杯。费舍后来写道："我到的时候他们正在吵架。伊丽莎白的妆容已经模糊了，她的声音高亢尖锐，似乎在因为什么而大发脾气。'我竟然娶了这么个疯女人。'伯顿说。我走到伯顿身边，说道：'这是我曾经走过的路。'"当时的费舍迫切希望让伊丽莎白知道，自己找到了一位"顶级女友"——帕梅拉·特纳（Pamela Turnure），杰奎琳·肯尼迪总统夫人的新闻秘书。

伯顿在纽约上演的《哈姆雷特》堪称戏剧史上的最高场次纪录——高达一百三十六场，要知道，吉尔古德在百老汇的任何演出都未能突破这个纪录。《哈姆雷特》在百老汇各大知名剧院上演了十七周，总收入达到六百万美元，伯顿分到了其中15%。对此，伊丽莎白的看法是："在这个瞬息万变的世界，唯有成功才能永垂不朽。"之后，伯顿对伊丽莎白说："《哈姆雷特》已经日薄西山了，我们应该重归电影业。我们俩合演的下一部电影名为《春风无限恨》（*The Sandpiper*）。"

巅峰辉煌

泰勒无疑是光影世界中永恒不朽的明星。自九岁初登大银幕起,她
逐渐从一个脆弱的孩子变成了性感的电影女王。在长达七十年拍摄的
五十多部电影中,泰勒的每一部作品都伴随着巨大的飞跃,使得她从一
个小小的童星成功蜕变为地位无法撼动的好莱坞女王。

——《纽约时报》

《春风无限恨》是伊丽莎白和伯顿合作的第三部电影,伊丽莎白要价
一百万美元,伯顿要价七十五万美元。按照合同的规定,伊丽莎白可以挑选
自己中意的导演,她因此选择了明奈利。明奈利曾执导她出演的《岳父大人》
和《玉女弄璋》。伯顿对此不太满意,他认为明奈利极有可能会把《春风无限
恨》拍成音乐剧。后来在影片拍摄过程中,伯顿与明奈利相处不怎么融洽,
还发生过几次争执。制片人兼编剧马丁·兰索霍夫(Martin Ransohoff)早早
就计划开拍,但延迟了八个月,对此,他的解释是"伊丽莎白希望全程陪伴
伯顿完成《哈姆雷特》和《巫山风雨夜》"。

影片的外景是在加州中部海岸的大苏尔拍摄的。然而由于税务原因,伯
顿和伊丽莎白要求转移到巴黎继续拍摄。继《雄霸天下》和《巫山风雨夜》
之后,伯顿再次饰演神职人员。这一次,他臣服在由伊丽莎白饰演的未婚
妈妈的石榴裙下,甚至愿意为她解去神职。片中,伊丽莎白9岁的儿子丹
尼·雷诺斯由摩根·梅森(Morgan Mason)出演,他是詹姆斯·梅森的儿

子。明奈利本打算在伊丽莎白的两个儿子中选一个出演这个角色，但是伊丽莎白拒绝了他。片中伊丽莎白的另一位情人由查尔斯·布朗森（Charles Bronson）出演，而被伯顿抛弃的妻子则由爱娃·玛丽·森特出演。在明奈利看来，影片的某些情节与伊丽莎白和伯顿的故事简直如出一辙。与现实不同的是，片中的牧师最终回到了妻子的身边。

为了拍摄《春风无限恨》的内景，伊丽莎白和伯顿搭乘"伊丽莎白女王"二号前往巴黎。两人预订了六个奢华客舱中的五个，剩下的一个则被黛比·雷诺斯占据了。伊丽莎白和雷诺斯在船上的酒会上相遇，两人相当和气，且看法一致——没人关心艾迪·费舍。

抵达巴黎后，伊丽莎白和伯顿带着孩子们住进了酒店。他们租下了二十一间屋子，每周的租赁费用高达一万美元。一位法国记者问伊丽莎白，如何看待自己的美貌和伯顿的性感。"我不是绝顶美女。我胳膊腿儿都是短粗短粗的，下巴上也满是赘肉，手脚也都是胖乎乎的。至于伯顿，他的性感并非来自肌肉，而来自他的所思所言。"伊丽莎白随后又做了一件出人意料的事，她宣称自己将放弃美国国籍，重新成为英国人，"这并不是一时冲动的决定。我更喜欢英国，因为我的丈夫是英国人，另外，我也是在英国出生的。"不过，大部分媒体认为，这是她自私自利的表现。《巴黎竞赛》指出："她只是为了税务。"在当时，身居海外的英国公民可以比美国公民享有更多的有利政策，例如更低的税率。

人一旦有名有钱，往日的纠葛就会不请自来。伊丽莎白收养的先天残疾的女童玛丽亚会走路了，这是伊丽莎白为她进行手术的结果。然而，玛丽亚的亲生父母意外地出现了。他们从德国飞到巴黎，在律师的帮助下，他们宣称伊丽莎白应支付更多的收养费。伊丽莎白没有起诉，而是选择了庭外和解。她又花了一大笔钱，总算摆平了这对德国夫妇。不过，在回忆录中，伊丽莎白否认自己给过那对夫妇一大笔钱，她把这次事件归咎于一家法国小报的胡言乱语。伊丽莎白写道："他们希望拍下孩子妈妈站在我劳斯莱斯前的场景。

她褴褛的衣衫与我的皮毛外套会形成鲜明的对比。这个小女人在寒风中等了那么多天，只为了看自己的孩子一眼。"然而，由于这个插曲，伊丽莎白和伯顿被弄得很狼狈，他们迫切希望离开巴黎。

影片杀青当天，拍完最后一幕后，伯顿走出片场，他说："演这个通奸牧师快烦死我了。"影片情节枯燥乏味，毫无新意，遭到了广泛的批评。影评家朱迪斯·克里斯特说："伊丽莎白和伯顿的片酬是一百七十五万美元，除非给我比这还要多的钱，否则我是不会看的。"伊丽莎白也公开承认自己很讨厌这部电影。但因为片中影星丑闻不断，影片收益竟然非常可观。时至今日，人们再回顾《春风无限恨》时，印象最深刻的是由乔尼·曼德尔（Johnny Mandel）和保罗·弗朗西斯·韦伯斯特（Paul Francis Webster）合作的电影主题曲《笑之影》（*The Shadow of Your Smile*），这首歌曲获得了第 38 届奥斯卡最佳原创歌曲奖。

拍摄完成后，伊丽莎白和伯顿飞往意大利的那不勒斯，住进了一家高出海平面三十多米的酒店。据《纽约邮报》报道，两人在那里进行了一次史无前例的激烈争吵，酒店的客人们都听到了伊丽莎白愤怒的尖叫声。在巴黎时，伊丽莎白为伯顿量身定做了三十七件礼服，然而在争吵中，她把它们连带衣架全都丢进了海里。她还隔着窗子丢掉了他的一些配饰，其中包括两块价值不菲的手表、几枚戒指和其他物品，总价估计高达七万五千美元。伊丽莎白之所以如此愤怒，是因为听说伯顿在午夜前带着一位女孩离开了酒吧。据酒店经理说，那位女孩"酷似索菲娅·罗兰"。当晚，伯顿回到伊丽莎白的套房时，她对他拳打脚踢，伯顿也出手反击。然而神奇的是，第二天早上，两人竟然又和好如初了。

离开那不勒斯，夫妻俩搭乘飞机去了都柏林，伯顿将在那里拍摄电影《冷战谍魂》（*The Spy Who Came In from the Cold*）。影片改编自约翰·勒卡雷（John Le Carré）的同名畅销书。伯顿给勒卡雷打了电话，说剧本中的对话"有气无力"。因此，这位英国小说家特地飞往都柏林，为剧本进行"整形"。伊丽

莎白拜访了导演马丁·里特（Martin Ritt），要求出演女一号——一名共产党图书馆馆长。里特拒绝了，"我必须拒绝她，伊丽莎白的魅力与这部黑白电影格格不入"。最终，女一号由曾与伯顿合拍过电影《愤怒回首》（*Look Back in Anger*）的女演员克莱尔·布鲁姆（Claire Bloom）出演。她和伯顿曾有过一段长时间的恋情，因此，伊丽莎白每天都会出现在片场，确保他们不会旧情复燃。事实上，伊丽莎白完全不必担心，他们之间的激情多年前就消失殆尽了，更何况，当时布鲁姆已经和罗德·斯泰格尔（Rod Steiger）成婚了。

拍摄期间，伯顿常常饮酒过度，因而和导演发生了多次冲突。他吹嘘说自己即使一瓶威士忌下肚，也仍能驾驭任何角色。大部分时间，伊丽莎白都会坐在片场观望，从上午 11 点开始，她就不停地喝香槟。午餐时间，伯顿会跟伊丽莎白一起喝酒，等到再回片场时，他就已经有些头晕眼花了。

之后的一周，伯顿把自己变成了一个"不受欢迎的人"。他曾在酩酊大醉之后调戏一位模样标致的女服务员，伊丽莎白不得不处理伯顿惹下的麻烦，而她自己也是问题多多。在都柏林期间，伊丽莎白接到了母亲萨拉的电话，说父亲弗朗西斯得了中风，估计还能再挺一周，最多一个月。虽然伊丽莎白和父亲并不是很亲近，但她还是立刻飞回洛杉矶去看望父亲。再次回到都柏林时，伊丽莎白发现伯顿对玛丽安·曼内斯（Marya Mannes）产生了兴趣。曼内斯高挑靓丽，她代表《麦考尔》杂志专程从美国赶来采访伯顿。伊丽莎白还听说两人曾一同到郊外度假，这让她非常恼火。

《冷战谍魂》一上映便赢得了满堂彩，评论员们称其为"伯顿参演的最棒影片"。伯顿凭借这部影片得到了奥斯卡最佳男主角提名，但他并没有参加奥斯卡颁奖典礼。在巴黎的套房中，他再次喝得大醉，等着公布最后的赢家，但不是他。

回美国之前，伊丽莎白想去度假，于是伯顿订了蔚蓝海岸的一栋别墅。他们来到尼斯，在当地受到了狗仔和记者们的欢迎。

度假期间，恩斯特·莱赫曼（Ernest Lehman）送来了一个剧本，希望邀请伯顿夫妇出演。伯顿夫妇是在拍摄《春风无限恨》期间与他相识的。莱赫曼此前创作了一系列出色的剧本，如 1956 年的《回头是岸》（*Somebody Up There Likes Me*）、1957 年的《成功的滋味》（*Sweet Smell of Success*）、1959 年的《西北偏北》（*North by Northwest*）和他当时刚刚完成的《音乐之声》（*The Sound of Music*）等。伯顿当天去了海滩，在炽热的阳光下喝了很多啤酒，伊丽莎白则因为感冒卧病在床。汉利把莱赫曼的剧本拿给伊丽莎白，他认为伊丽莎白太过年轻貌美，不适合扮演片中的女主角。但伊丽莎白却兴趣浓厚，认为自己正需要改变。这个剧本，就是舞台剧《灵欲春宵》（*Who's Afraid of Virginia Woolf?*）的电影版。该舞台剧是知名剧作家爱德华·阿尔比（Edward Albee）的作品，时长为 3 个小时。自 1962 年 10 月上演以来，场场都是座无虚席，并赢得了多个奖项。

伊丽莎白和伯顿同意出演，但他们都希望让迈克·尼科尔斯（Mike Nichols）执导《灵欲春宵》。尼科尔斯曾经从事卡巴莱歌舞表演，后来执导过一些百老汇舞台剧，不过从来没有执导过电影。但伊丽莎白和伯顿执意如此，发行人杰克·华纳（Jack Warner）同意了两人的要求。这部影片让伊丽莎白和伯顿得到了四百万美元的片酬。艾迪·费舍未来的妻子康妮·史蒂文斯（Connie Stevens）希望出演女二号，不过这一怨妇角色最终给了桑迪·丹尼斯（Sandy Dennis），男二号则给了乔治·席格（George Segal）。

《灵欲春宵》的拍摄从 1965 年 7 月持续到当年 12 月，第一幕是在马萨诸塞州北安普敦完成的，片场设置在郁郁葱葱的史密斯大学校园内。一开始，校长并不同意让这部"下流的"电影来自己的学校取景，担心史密斯大学会因此成为笑柄。后来华纳送去了十五万美元的"礼物"，校长或许也意识到了影片的艺术价值，因此改变了心意。

为了扮演中年妇女玛莎，伊丽莎白开心地大吃大喝，很快便增重了二十五磅。这是伊丽莎白的巨大转型——她要出演矮胖、低俗、苛刻的玛莎。对此，尼科尔斯有所疑虑，"这就好像要求巧克力奶昔扮演杜松子酒的角色"。

（左上）伯顿夫妇一起度过愉快的假期。生活中，两人总是形影不离，伯顿忙于拍摄电影时，伊丽莎白会放弃工作，陪在他身边

（左下）伊丽莎白深情地望着自己最爱的男人——理查德·伯顿。虽然婚后的伯顿不够忠诚，但伊丽莎白总能包容他的荒唐

（右图）伊丽莎白曾说，当她的理发师外出的时候，她很喜欢自己修剪头发，也曾为身边的很多人修剪过头发

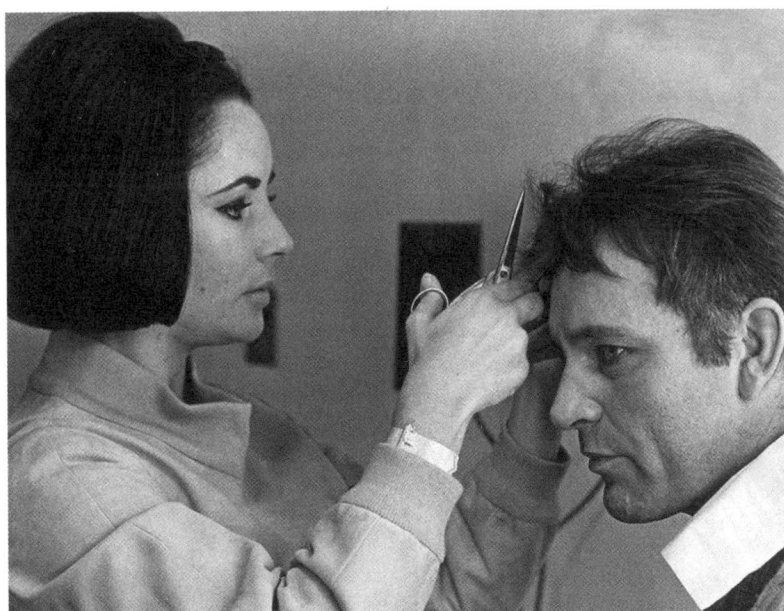

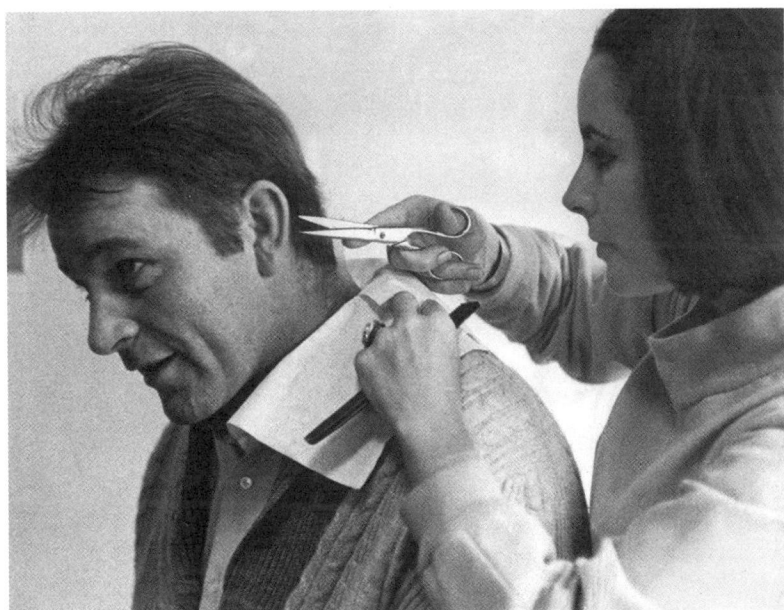

服装组特意制作了八顶假发，供尼科尔斯和伊丽莎白挑选。伊丽莎白对角色的理解相当深刻，她认为："玛莎肯定非常饥渴，她的温柔堪比幼年海龟的肚子。不过她总是喜欢把自己用硬硬的外壳武装起来，还要将其涂成彪悍的红色。她外表浪荡低俗，然而有些时候，你会看到她脆弱和痛苦的一面。"

开拍第一周，伊丽莎白和伯顿在戏里戏外都互相攻击，汉利由此得出结论，这部片子确实非常适合自己的两位雇主："他俩只需要把戏外的争斗搬到银幕上就好了。"专栏作家亚历山大·沃克（Alexander Walker）对伯顿夫妇的关系评价道："对伊丽莎白来说，如果《灵欲春宵》意味着全新的起点，那绝不仅仅只有事业，更有爱情。伯顿的心中已经播下了不满的种子。他渴望自身的成功，而不是做成功女人的丈夫——不管是玛莎的丈夫，还是伊丽莎白的丈夫。"

1965 年 9 月 23 日，剧组离开北安普敦，飞回洛杉矶继续拍摄。华纳兄弟为伯顿庆祝了 40 岁生日，不过他似乎没什么兴致。为了让他高兴起来，伊丽莎白送了他一辆白色的奥兹莫比尔汽车。

《灵欲春宵》耗资七百五十万美元，是当时最贵的黑白电影。百老汇能接受爱德华·阿尔比低俗下流的台词，而好莱坞不能。华纳担心影片不能通过审查，因为片中出现了各种各样的低俗字眼，如"去你的""浑蛋"等，当然，在今天这个年代，这些词并不算很低俗。犹豫再三，华纳还是决定公然违抗审查制度，原封不动地发行电影。

1966 年 6 月，《灵欲春宵》正式上映，《纽约时报》评论道："伯顿一张嘴，好莱坞陈腐的审查制度便走到头了。"确实，这部电影彻底打破了统治电影业 36 年之久的审核法典。影片在商业运营上和艺术价值上都取得了巨大的成功，还为伯顿夫妇赢得了奥斯卡最佳男、女主角的提名。专栏作家詹姆斯·培根写道："伊丽莎白此次的对手们真是史无前例的弱小。"当年获得最佳女主角提名的还包括出演《乔琪姑娘》（Georgy Girl）的琳恩·雷德格瑞夫（Lynn Redgrave）等，但从一开始伊丽莎白得奖的呼声就很高。与伊丽莎白不同，伯顿面临了激烈的竞争。媒体盛赞保罗·斯科菲尔德（Paul Scofield）是"英国舞台上的巨人"。尽管伯顿很不开心，但他也不得不承认，斯科菲尔德在《日月精忠》（*A Man for All Seasons*）里的表现非同一般。他有预感，觉得斯科菲尔德能胜出，而结果确实如他所料。

奥斯卡颁奖典礼于 1966 年 4 月 10 日晚举行。伊丽莎白当时正在法国南部拍摄《孽海游龙》（*The Comedians*）。为了跟伯顿在一起，她只是出演了这部电影的配角，把风头让给了伯顿。她原本打算飞回洛杉矶参加颁奖典礼的，但是伯顿不让她去，他甚至撒谎说自己做了个噩梦，预感她会像迈克尔·托德那样遭遇空难。伯顿后来向汉利吐露了自己不愿出席颁奖典礼的原因："我预感自己会输，不想被一亿五千万电视观众羞辱，而伊丽莎白肯定会赢的。"伊丽莎白以前总是扮演或高贵、或精致、或理性的漂亮女人，而在《灵欲春宵》中却将粗野鄙俗的玛莎演绎得非常完美，因而受到了颁奖委员会的赞赏。最佳男、女主角获奖者名单一宣布，彼特·劳福德就给伊丽莎白打了电话，向她报告好消息，同时告诉她伯顿没有获奖。伊丽莎白没有因自己获得了第二个奥斯卡奖而心花怒放，反而破口大骂，为伯顿的落选而愤愤不平。

伊丽莎白的缺席引来了一片骂声，大家纷纷指责她对委员会毫无敬意。桑迪·丹尼斯凭借《灵欲春宵》获得最佳女配角奖，但她也没有出现，这让批评声更加凶猛了。当晚，奥斯卡金像奖主持人鲍勃·霍普（Bob Hope）嘲讽伊丽莎白："我知道为何伊丽莎白未能前来——把伯顿一个人留在巴黎就像把一个贪食之徒留在熟食店。"

伊丽莎白意识到，第二个奥斯卡奖杯意味着自己事业巅峰的到来。她会有更多的财富、更多的珠宝，或许还有更多的丈夫，但像玛莎这样的角色绝对不会有了。伊丽莎白的得意与伯顿的失意形成了鲜明的对比。正如电影中的乔治一样，伯顿将永远都在伊丽莎白之下。电影完成后，伊丽莎白不再是那个矮矮胖胖的玛莎，但伯顿却无法从乔治的阴影中走出来。夫妇俩未来还会有更多的合作，然而高潮已经过去，那些黯淡无光的影片没有一部可以超越《灵欲春宵》。

缘尽情未了

一年多来，我们事事争吵。一到晚上她就开始吸毒，继而言语混乱，我实在是讨厌她这样。更可怕的是，她开始对任何东西都不感兴趣。长期以来我一直过量饮酒，而现在我喝的是以前的两倍。最后，我估计会因酗酒而死，而她则继续醉生梦死。

——1969 年，理查德·伯顿在日记中写道

1966 年春，伯顿夫妇接拍了电影《驯悍记》，影片改编自莎士比亚的同名喜剧，片中，由伊丽莎白饰演的悍妇凯特性格暴躁、脾气倔强，因为名声不好，只好嫁给了理查德·伯顿饰演的皮图丘。最终，在皮图丘的努力下，凯特变成了百依百顺的好妻子。影片的导演是佛朗哥·泽菲雷里（Franco Zeffirelli），他的影片以视觉形象著称，多采用华丽浪漫派风格。这一次，伊丽莎白和伯顿没有索要高昂的片酬，而是要求分享影片的利润。这部电影剧情老套，但票房成绩相当不错，伊丽莎白和伯顿也因此分到了三百多万美元的报酬。影片最终获得了两项奥斯卡奖的提名，分别是最佳服装设计和最佳艺术指导。

同年 7 月 23 日，蒙蒂因心脏衰竭逝世，年仅 45 岁。就在几天前，他还在和伊丽莎白商量下一部要合作的电影，即《禁房情变》。得知这个噩耗，伊丽莎白非常痛苦。她声称，蒙蒂是她生命中最重要的男人，甚至超过了她的丈夫。蒙蒂的葬礼在布鲁克林贵格公墓举行，为了不让葬礼成为一场闹剧，

伊丽莎白以工作繁忙为由没有参加。

1967 年 10 月，《浮士德游地狱》（*Doctor Faustus*）上映。这部电影是由伯顿导演并制作的，而男女主角就是伯顿夫妇。影片是在罗马拍摄的，夫妻俩投入了一百万美元，然而，影片上映后遭到了评论家们不留情面的批评。《纽约时报》的评论家说："她的眼球和牙齿都是暗粉色的，眼睛仿佛患了结膜炎，嘴巴也是土灰色的，看上去毛骨悚然。"这部电影成为伊丽莎白第一部连制作费都没能收回的电影。

伯顿夫妇随后又投资了电影《富贵浮云》（*Boom*），影片改编自田纳西·威廉斯的百老汇舞台剧《牛奶车不再在此停留》（*The Milk Train Does Not Stop Here*）。由伊丽莎白饰演的女主角非常疯狂，但她表现得还可以，而伯顿却演得非常糟糕。诺埃尔·考沃德饰演了片中卡普里岛的巫师，演技也没好到哪里去。影片最终成了伯顿夫妇的"失败代表作"。

1968 年，伯顿仍是伊丽莎白的丈夫，但他向朋友们坦承："一到中年，我总是会对某些金发小女郎有三分钟热度。"年初的时候，伯顿接下了影片《安妮的千日》（*Anne of the Thousand Days*），出演男主角亨利八世。伊丽莎白本想出演剧中的女主角安妮·博林，然而伯顿拒绝了她，选择了更为年轻的詹妮薇芙·布卓（Geneviève Bujold）。最终，詹妮薇芙凭借这部影片获得了奥斯卡最佳女主角的提名，伯顿也凭此片获得了最佳男主角提名。

伯顿的拒绝让伊丽莎白忧心忡忡，她怀疑丈夫与詹妮薇芙有暧昧关系，毕竟他一直都偷偷在外鬼混。詹妮薇芙还提出希望伊丽莎白不要在拍摄现场出现，以避免现场出现混乱，这更加深了伊丽莎白的疑虑。伯顿和伊丽莎白的争吵变得越来越频繁，两人的婚姻问题逐渐升级。但实际上，伯顿和詹妮薇芙之间没有恋情。当然，这不代表伯顿没有和别人鬼混。

就在生活一团糟的时候，又发生了一件不幸的事，弗朗西斯自从中风后就一直没能康复，于 9 月底去世了。

伯顿夫妇陆续合作的影片虽然没有取得口碑上的成功，但为两人积累了

大量的财富。拍摄完《安妮的千日》后，为表达自己对伊丽莎白绵绵无尽的爱，伯顿飞往纽约，与美国知名珠宝商哈利·温斯顿（Harry Winston）展开谈判，他最终花费了三十万五千美元买下了 33.19 克拉的克虏伯钻石。回到伦敦后，他登上停泊在泰晤士河上的自家游艇"凯丽兹玛"号，把礼物送给了伊丽莎白。这一举动引起了极大争议，因为这颗钻石与德国军火制造商克虏伯家族有着不光彩的联系，克虏伯家族曾涉嫌在纳粹时期驱逐和压迫犹太人，而伊丽莎白在 1959 年就已经皈依犹太教，伯顿送给她这样一颗钻石多少有些讽刺。当然，伊丽莎白绝不会让伯顿失望，看到这颗钻石后，她表现得欣喜万分，还说这钻石"如此完美、如此醉人，就像通往永恒的道路"。然而在十年之后的 1978 年，伊丽莎白以五百万美元的价格，把它卖给了钻石交易商亨利·朗博利特（Henry Lamberet）。她向朋友们坦言："我从没真正喜欢过这个破玩意儿。"三十三年后，这颗钻石的价值达到了三千万美元。

　　1969 年情人节，伯顿以三万七千美元的价格又购买了一件举世闻名的珠宝——漫游者珍珠——世界上最大最对称的梨形珍珠之一。漫游者珍珠来自 16 世纪的西班牙，是西班牙国王菲利普二世结婚前送给英格兰女王玛丽一世的礼物。在玛丽一世的很多画像中都能看到这颗珍珠。玛丽一世被称为"血腥玛丽"，她的残酷手段令这颗珍珠也被人们赋予了血腥和杀戮的含义。伊丽莎白用红宝石和钻石与这颗珍珠重新组合，打造出一条全新的、价值十万美元的奢华项链。随后，伯顿又送给伊丽莎白一颗更惊人的钻石——一颗重达 69.42 克拉的梨形钻石。这颗钻石厚度达到了一英寸，伯顿为它花费了一百一十万美元。伯顿把它命名为泰勒-伯顿钻石，这颗钻石也因此被很多人视为两人爱情的象征。伊丽莎白自己也买了一条钻石项链以掩盖气管切开术后留下的伤疤，这条项链花费了她十万美元。除了钻石，两人还在世界多地拥有房产。在购置了一艘价值四十二万美元的豪华游艇后，两人又买下了一架特制的喷气式飞机，价值一百万美元，并把它命名为"伊丽莎白"号。伊丽莎白和父亲一样，喜欢投资艺术品，她购买了莫奈、毕加索、雷诺阿和凡·高等人的画作，并把它们装饰在各地的房产中。夫妇两人拥有各自的劳

（右上）伯顿送给伊丽莎白的克虏伯钻石，玛格丽特公主首次目睹伊丽莎白的克虏伯钻石时说："这太大了。好俗气……您不介意我试着戴一下吧？"

（左下）伊丽莎白佩戴着泰勒－伯顿钻石项链。这颗钻石原本被制作成了戒指，后来又加工成了项链

（右下）在收到漫游者珍珠后，伊丽莎白用红宝石和多颗珍珠将它重新打造成了一条奢华项链

斯莱斯汽车，他们还品尝从世界各地空运来的美味食物，生活奢华至极。

同样是在 1968 年，伊丽莎白接下了影片《云雨巫山数落红》（*Secret Ceremony*），她将与米娅·法罗（Mia Farrow）和罗伯特·米彻姆（Robert Mitchum）合作。伯顿看上了米彻姆饰演的角色，试图顶替他，然而被拒绝了。之后，伊丽莎白受邀出演电影《人间游戏》（*The Only Game in Town*），她将与弗兰克·西纳特拉出演对手戏。伊丽莎白要求得到一百二十五万美元的报酬，作为影片制片公司的福克斯电影公司答应了这一要求。这实在让人诧异，要知道，《埃及艳后》让福克斯电影公司损失惨重，他们还曾将伊丽莎白和伯顿告上法庭，声称再也不和这两人合作。伯顿也被邀请出演影片《楼梯》（*Staircase*）中的一个理发师，他将与雷克斯·哈里森合作。伯顿同意了，但他要求和伊丽莎白得到一样的片酬，福克斯电影公司很快就答应了他的要求。

很多邀请方都会分别邀请伊丽莎白和伯顿出演不同的电影，因为他们觉得个体价值比"夫妻效应"要好些。但是，夫妻俩拒绝分开活动，这是他们维持婚姻的一种方式，因此，他们明确要求两人必须在同一地点工作，这给邀请方带来了极大的麻烦。《人间游戏》原本计划在拉斯维加斯拍摄，《楼梯》原计划在伦敦拍摄，由于伯顿夫妇的要求，这两部影片最终在巴黎的郊区开拍，显然，这给两部影片都增加了不少预算。

伯顿在《楼梯》中饰演的是一个同性恋者，他对这个角色很不满意，担心会被自己的影迷们误解。而且，他的身体因为长期酗酒已经非常糟糕，但他还是不听医生的忠告，沉溺于酒精。然而，在他因酗酒而住进医院之前，伊丽莎白先病倒了。她因肛门出血而住院治疗。

1970 年 7 月，伊丽莎白康复了，她陪同伯顿飞往墨西哥拍摄伯顿的电影《沙漠之狐隆美尔》（*Raid on Rommel*）。随后，两人又飞往伦敦，伊丽莎白要在那里拍摄电影《爱情你我他》（*X, Y and Zee*），伯顿也在那里拍摄了电影《硬汉》（*Villain*）。

10 月 6 日，伊丽莎白和第二任丈夫的儿子小迈克·怀尔登结婚了。伯顿夫妇大方地买下了价值七万美元的别墅，送给新人作为结婚贺礼。1971 年 8

月，伊丽莎白的第一个孙女出生了，39 岁的伊丽莎白成功荣升为奶奶，被誉为"全世界最具魅力的祖母"。当时，伯顿夫妇正好在威尔士拍摄《牛奶树下》（*Under Milk Wood*），因此，孙女出生的时候，伊丽莎白也在场。

1972 年，伊丽莎白迎来了 40 岁生日，伯顿送了一条泰姬陵钻石项链作为她的生日礼物。这条项链是心形的，中间镶嵌着一颗黄色沙赫钻石。伯顿说："我本想把泰姬陵买来送给她，但是运费太贵了。"伊丽莎白在自己的生日晚会上佩戴了这条项链，引得宾客无不称赞。作为媒体关注的焦点，伊丽莎白当天接受了采访，她说："我喜欢现在的生活，一切都那么顺利。"确实，除了身体状况和夫妻间的吵架，一切看起来还是非常和谐与美满的。伊丽莎白似乎已经收获了她一直渴望的家庭和引以为傲的事业，然而很快，一些被刻意掩藏起来的裂痕逐渐变得清晰。

伊丽莎白和伯顿还合拍了电影《奇男奇女奇情》（*Hammersmith Is Out*），虽然影片上映后评价很一般，但伊丽莎白凭借这部影片获得了柏林国际电影节最佳女演员奖。随后，伊丽莎白和劳伦斯·哈维一起出演了影片《守夜》（*Night Watch*）。伊丽莎白再次扮演了一个疯狂的女人，不过，这个角色没有任何突破。在此期间，伊丽莎白被纷杂的家庭问题弄得疲惫不堪：儿子小迈克·怀尔登因为种植大麻被捕；伯顿的兄弟因病去世；伯顿和前总统夫人杰奎琳·肯尼迪·奥纳西斯正在秘密交往。

伯顿夫妇离婚前最后合拍的一部电影是《缘尽情未了》（*Divorce His - Divorce Hers*），影片讲述了一个婚姻破裂的故事。影片分为两部分，从双方角度叙述了这段婚姻。电影拍摄完成后，伊丽莎白和伯顿在瑞士过了圣诞节。

1973 年 2 月，两人飞往意大利，伊丽莎白在那里拍摄电影《圣灰星期三》（*Ash Wednesday*），合作者是亨利·方达（Henry Fonda）和赫尔穆特·贝格（Helmut Berger）。伯顿则在那里和索菲娅·罗兰拍摄电影《相见恨晚》（*Viaggio*）。虽然还是在同一地点拍摄，但两人的婚姻已经岌岌可危，伊丽莎白在片场时常愁眉不展。7 月 4 日，就在美国独立纪念日的当天，伊丽莎白在媒体上发表了一份声明：

> 我认为，对我和伯顿来说，暂时分开一段时间是一个合适的、很有建设性的选择。或许是因为我们太爱对方了，我从未想过有一天会发生这样的事情。我们一直在一起，只有生与死才能将我们分开……我相信我们终会度过这段难过的日子。为我们祈祷吧！

伊丽莎白的声明立刻引起了轩然大波，连续几天，这份声明都占据了新闻的头版头条，甚至将尼克松总统的水门事件都挤了下去。伯顿在不久后对此事做了公开回应："这是无法避免的事情。一对脾气火暴的夫妇如果喜欢用言语刺激对方，还不时用武力解决问题，那么，这是必然要发生的事情。"

两人都没有提离婚的事，甚至在伊丽莎白发表声明后没多久，媒体还在罗马的菲乌米奇诺机场拍到两人在一起的场景。那天，媒体似乎事先就得到了两人将要会面的消息，围观人群也早早地出现在现场。为了维持秩序，大约两百名警察也被派往那里。伊丽莎白佩戴着泰勒 - 伯顿钻石，搭乘私人飞机抵达机场。伯顿早就在那里等候了，伊丽莎白一到就立刻进了伯顿的车中。媒体拍到两人拥抱的场景，看起来似乎有复合的迹象。伯顿在罗马拍摄《相见恨晚》，伊丽莎白则在那里拍摄《全体一致》（Identikit）。

1973 年 8 月，伊丽莎白飞回洛杉矶，彼特·劳福德为她介绍了一名二手车经销商。两人很快就谈起了恋爱，还一起出游。得知消息后，伯顿在罗马的片场冷嘲热讽了一番，但他没什么立场指责别人，他在片场的混乱生活，伊丽莎白早就知道了。同年 11 月，伊丽莎白因突发急症被送往医院，医生诊断她得了卵巢囊肿，需要动手术。伯顿得知这个消息后立刻从片场赶往洛杉矶，他说自己一想到会失去伊丽莎白就受不了，伯顿还送给她一条梵克雅宝的钻石项链，伊丽莎白十分开心。她的肿瘤被诊断为良性，很快就出院了。

这对好莱坞明星夫妇兼银幕恋人似乎正式复合了。伊丽莎白陪伯顿飞回罗马，完成了《相见恨晚》的拍摄。随后，两人又前往加利福尼亚，伯顿在那里拍摄了《三K党徒》（The Klansman）。

1974年3月15日，这对波折不断的夫妇在加利福尼亚庆祝了结婚十周年纪念日。然而，伯顿并没有收敛自己的行为，他仍频繁地与别的女人勾搭。伊丽莎白的努力打了水漂，她终于下决心要和伯顿离婚。4月26日，伊丽莎白和伯顿对外宣布，两人将结束为期十年的婚姻。伯顿没有计较财产的分配，他很大方，就像当年对待西比尔那样。伊丽莎白得到了游艇、墨西哥的房子、她收藏的全部艺术品和珠宝，还取得了养女玛利亚的监护权。

离婚后，伊丽莎白和伯顿仍然保持着联系，在拍摄《青鸟》（The Blue Bird）期间，两人还特地见了一面。1974年10月，伯顿宣布与南斯拉夫的伊丽莎白公主结婚，但没过多久，婚约就取消了，原因是公主发现伯顿对自己不忠。

事实上，这对昔日的"完美伴侣"就像他们合作的最后一部电影的名字一样，虽然缘尽，但余情未了。1975年8月，两人再次走到了一起。10月10日，他们在博兹瓦纳的乔贝国家公园举行了婚礼，当地的行政长官充当了婚礼的证婚人。这是伊丽莎白第六次结婚，也是她与伯顿的第二次婚礼。和第一次婚礼相比，这次简单多了。伊丽莎白满心希望这段失而复得的婚姻能够长久，然而，伯顿再次出轨，让伊丽莎白伤透了心，她也终于决定不再对伯顿抱有幻想。这段婚姻仅维持了三个月，伊丽莎白说："我们深深相爱，只是无法在一起。"

从影后到爱心大使

我知道她对伯顿的离世极为伤心，却没料到她近乎歇斯底里。我也没办法劝她不要哭泣——她完全无法自拔。我这才意识到，她与伯顿是多么恩爱。这个男人在她的生命中扮演了极为重要的角色。

——律师 维克多·露娜

    1976 年是美国独立两百周年，伊丽莎白受邀参加白宫为招待英国女王而举行的宴会。主办方专门为她安排了一位男伴——纪念独立两百周年管理委员会的主席约翰·威廉·华纳（John William Warner），后来，他成了伊丽莎白的第七任丈夫。

    华纳出生于 1927 年 2 月 18 日，他的父亲是个牧师。1945 年 1 月，华纳加入美国海军，并且参加了"二战"。退役后，他努力学习法律，于 1953 年获得弗吉尼亚法学院法学士学位。1957 年，华纳和凯瑟琳·梅隆（Catherine Mellon）结婚，婚后育有三个孩子。凯瑟琳的父亲是富有的慈善家保罗·梅隆（Paul Mellon），有传言称，华纳之所以能在 1972 年被任命为美国海军部长，就是多亏了岳父。不过，华纳和妻子在 1973 年和平分手。

    伊丽莎白和华纳在活动上相处得很愉快，华纳还邀请伊丽莎白到自己的农场做客，之后，两人陷入热恋。这多少有些让人吃惊，因为两人几乎没有共同点——华纳是共和党人，而伊丽莎白是民主党人；华纳是一个偏于保守型的政客，而伊丽莎白是一位开朗的明星。

两人交往期间，伊丽莎白去维也纳拍摄了电影《小夜曲》（*A Little Night Music*）。这是一部歌舞片，改编自史蒂芬·乔舒亚·桑德海姆（Stephen Joshua Sondheim）的音乐剧。伊丽莎白在片中饰演了一个女演员，为了结婚，她想要放弃舞台。赫米奥妮·金戈尔德（Hermione Gingold）出演了伊丽莎白的母亲，起初，她对绯闻缠身的伊丽莎白很反感，但真正合作后，两人却相处得很好。影片上映后，一向爱批评伊丽莎白的媒体没找到她演技上的问题，因而把重点放在了伊丽莎白的身材上，讽刺她日渐丰腴的腰。

1976 年 8 月 22 日，理查德·伯顿又一次结婚了。伊丽莎白得知这个消息后，给伯顿打去电话，祝贺他新婚快乐。表面上看起来，伊丽莎白似乎不在乎前夫再婚，但事实上，她深受刺激，很快就与华纳商定，于同年 10 月 10 日订婚。两人于 12 月 4 日举行了婚礼。

伊丽莎白的第七次婚礼在华纳的农场里举行，仪式很简单，只邀请了为数不多的宾客。两人为保护各自的孩子，在婚前签署了一份协议，上面规定两人一旦离婚，双方都不需要支付给对方钱财。伊丽莎白对记者宣称，自己终于找到了"家的感觉"。

为了帮助丈夫的事业，伊丽莎白努力扮演一个政客的妻子。她减少了工作，经常参加慈善活动。在丈夫的要求下，她不再佩戴昂贵的珠宝，很多时候都穿着朴素。她成了丈夫的配角，逐渐失去了自己的光芒，体重也直线上升。因此，她成了众人调侃的对象，媒体不留情面地嘲笑她，这让伊丽莎白非常难过。而她在这段时间拍摄的为数不多的影片也没能让她的演艺事业有什么起色。

1979 年 7 月 8 日，67 岁的迈克·怀尔登去世了。伊丽莎白参加了怀尔登的葬礼。1980 年，伊丽莎白接拍了《破镜谋杀案》（*The Mirror Crack'd*），电影改编自阿加莎·克里斯蒂（Agatha Christie）的悬疑小说。影片集合了众多大牌明星，包括洛克·赫德森、卓别林的女儿杰拉丁·卓别林（Geraldine Chaplin）、安吉拉·兰斯伯瑞（Angela Lansbury）、托尼·柯蒂斯等。伊丽莎

白在影片中表现出色，这部影片因此成为伊丽莎白晚期演艺生涯中最知名的作品。

在苦闷中沉寂了许久，伊丽莎白终于意识到，自己是属于舞台的，是属于电影的，即使结了婚，有了家，她也不能放弃自己的追求。因此，她下决心要找回自己的位置。她开始努力减肥，并决定出演舞台剧《小狐狸》（*The Little Foxes*），这是丽莲·海尔曼（Lillian Hellman）的作品。

1981 年 2 月 27 日，《小狐狸》在华盛顿肯尼迪中心公演。伊丽莎白以全新的形象出现在众人面前，她恢复了自己鼎盛时期的形象，让在场观众震惊不已。伊丽莎白的表现也大大出乎了所有人的预料，她将恶毒的女主角演得十分生动。当晚，她的丈夫华纳出现在观众席中，时任总统罗纳德·里根也偕夫人一同观看了演出。《小狐狸》大获成功，四十七场表演门票全都卖了出去。随后，伊丽莎白又在纽约的马丁·贝克剧院继续演出这部舞台剧。其间，伊丽莎白得知了老朋友洛克·赫德森生病的消息。赫德森的心脏出了问题，伊丽莎白第一个赶到医院看望了他，甚至愿意放弃自己的演出陪伴他。幸运的是，赫德森的身体逐渐康复了。

1981 年 12 月 21 日，伊丽莎白与华纳正式分手，这是一场和平的离婚，双方都没有指责或抹黑对方。1982 年 2 月 27 日，伊丽莎白迎来了自己的 50 岁生日，理查德·伯顿陪在她身边。伊丽莎白身材又走样了，不过，她已经变得更加从容了。她坦然回答了媒体关于酗酒和滥用药品的提问。面对那些中伤自己的评论、恶毒的嘲讽，伊丽莎白显得相当宽容。

后来，伯顿同意和伊丽莎白合作舞台剧《私生活》（*Private Lives*），这让伊丽莎白开心了很久。她始终是爱着伯顿的。这部舞台剧于1983年4月7日在波士顿开演，受到了热烈的欢迎。之后，《私生活》又在纽约上演，但是，伊丽莎白身体不适，演出不得不暂停。这期间，伯顿对剧场助理动了心，两人在拉斯维加斯结了婚。伊丽莎白表现得很平静，经历了这么多事，她已经不会为这种事劳神伤心了。

由于早些年的放纵，伊丽莎白的身体越来越差。为了找回健康，她进了贝蒂福特诊所接受治疗。经过一段时间的休养，出院时，她看起来精神好多了，身材也恢复了。她开始用自己的经历作为反面教材，告诫人们爱惜身体，不要像她一样。

1984年8月4日，伯顿因脑出血病逝，享年58岁。伊丽莎白很难过，但没有出席伯顿的葬礼，因为伯顿的遗孀不希望她出现。大约一周后，她去了伯顿的墓地，随后又去看望了伯顿的家人。伯顿的家人都很欢迎她，也一直都和她保持着联系。

1985年10月2日，伊丽莎白的好友洛克·赫德森因艾滋病去世。此前，赫德森一直对公众和朋友隐瞒自己的病情，伊丽莎白也是在1月份的时候才知道的。7月，赫德森的病因曝光，媒体用恶毒的语言攻击他。伊丽莎白坚守着两人的友谊，她每天都去医院看望赫德森，温柔地安慰他。9月19日，伊丽莎白和雪莉·麦克雷恩为赫德森举办了一场慈善晚宴，很多明星都不敢参加，只用匿名的方式为晚宴捐款。伊丽莎白维护赫德森的举动使她遭到了更多媒体的攻击，很多人都觉得，伊丽莎白是在拿自己的事业冒险。赫德森去世后，媒体蜂拥出现在赫德森家的门口。伊丽莎白拒绝媒体拍摄，她雇用了一支保安队来隔绝媒体的骚扰。卫生部门要求将赫德森的遗体及时火化，伊丽莎白为赫德森举办了纪念活动，并亲手将赫德森的骨灰撒进了大海。

赫德森的去世让伊丽莎白开始关注艾滋病，并号召人们和自己一起行动。为了让更多的人认识和了解艾滋病，她主持并建立了世界上第一个艾滋病慈善基金会——美国艾滋病研究基金会。她还出现在各种艾滋病慈善活动中，她的名气让这些活动备受关注，也让更多的人正视艾滋病。

在关注慈善事业的同时，伊丽莎白陆续出演了《那儿一定有匹小马驹》（*There Must Be a Pony*）和《雌雄双赌棍》（*Poker Alice*）等影片。此外，她还涉足商业，发售了自己创立的品牌香水。1987 年，她推出了第一款香水——"激情"（Passion），之后又陆续推出"钻石和红宝石"（Diamonds and Rubies）、"黑珍珠"（Black Pearls）、"白钻"（White Diamonds）等香水，这些香水受到众多女性的青睐。

伊丽莎白晚年最令人意想不到的朋友大概就是迈克·杰克逊（Michael Jackson），人们很难把他俩联系在一起。迈克·杰克逊于 1958 年 8 月 29 日出生于美国印第安纳州加里市的一个黑人家庭，他从小就展露出了过人的音乐天赋。1982 年，他发行了专辑《战栗》（*Thriller*），这是世界上最畅销的专辑之一；他还获过格莱美奖、全美音乐奖、MTV 音乐录像带大奖等各类奖项。迈克尔一直都很关注慈善事业，是吉尼斯世界纪录里"全球捐助慈善事业金额最高的艺人"，结识伊丽莎白后，他多次为艾滋病慈善活动慷慨解囊。伊丽莎白和迈克的友谊，或许就得益于两人对慈善事业的热情。迈克为伊丽莎白创作了歌曲《伊丽莎白，我爱你》（*Elizabeth, I Love You*），而当他因猥亵儿童的罪名遭到指控时，伊丽莎白挺身而出，坚定地相信他是无辜的。

伊丽莎白一直把迈克看作是一个孩子，她经常去迈克的梦幻庄园做客，她的第八次婚礼也是在那里举行的。那是 1991 年 10 月 6 日，新郎是拉里·福藤斯基（Larry Fortensky）——一名卡车司机。伊丽莎白是在贝蒂福特诊所认识福藤斯基的，当时，福藤斯基因为酒后驾驶，也在那里接受治疗。福藤斯基比伊丽莎白小 20 岁，两人的生活方式和背景完全不同，可以说他们是来自两个世界的人，但这并未影响伊丽莎白想要和他在一起的决心。

前来参加婚礼的宾客有丽莎·明尼里、罗迪·麦克道尔、艾迪·墨菲（Eddie Murphy）、格里高里·派克和弗兰克·西纳特拉等，都是非常有名的明星。迈克尔派了很多保安，以保证婚礼顺利进行，然而各家电视台还是派出直升机试图拍摄婚礼场面。当伊丽莎白穿着华伦天奴的黄色婚纱出现在众人面前时，场面一度十分混乱，好在婚礼还是正常进行了下去。然而，这段婚姻也如大家预料的那样，仅维持了五年。两人于1996年10月离婚，福藤斯基按照婚前协议得到了一百万美元的财产。

至此，伊丽莎白的八段婚姻、七位丈夫都成了历史，而其中的幸福与辛酸、微笑与泪水，都成了她璀璨人生中不可或缺的点缀。

尾 声 幸福到永远

她在电影事业上的辉煌成就和塑造的经典形象，她在商界取得的巨大成功，以及她在筹款和与艾滋病展开斗争中表现出的勇气和不懈努力，都让我们为她深感自豪。我们知道，对母亲来说，生活在另一个世界会更加美好。她留下的遗产永不会消逝，她的灵魂和我们同在。她将永远活在我们心中。

——泰勒的儿子迈克·怀尔登

晚年的伊丽莎白逐渐淡出银幕，更多的是出现在慈善募捐场合。她的善举使她收获了很多肯定和荣誉。1992 年，伊丽莎白·泰勒获得了琼·赫肖尔特人道主义奖，这是为了表彰她在慈善事业上做出的努力。2000 年，英国女王伊丽莎白二世授予伊丽莎白·泰勒爵士称号。

伊丽莎白出演的最后一部电影是 2001 年的《这些老婆娘》(These Old Broads)，编剧是黛比·雷诺斯和艾迪·费舍的女儿凯丽·费舍 (Carrie Fisher)。伊丽莎白和费舍曾经轰动全球的恋情早已成为过去，因此可以说，这是一次摒弃前嫌的合作。伊丽莎白在片中饰演了一个难以相处的犹太经理。编剧把曾经发生在女演员身上的丑闻和别人对她们的指责都编进了电影，并以搞笑的形式表现出来。作为伊丽莎白的最后一部作品，这也算是圆满之作。

由于疾病缠身，外界总是谣传伊丽莎白去世的消息，但伊丽莎白一次又一次证明自己仍在努力生活。2006 年，她参加了拉里·金的访谈节目，狠狠驳斥了那些谣言。2010 年 4 月，伊丽莎白参加了在白金汉宫举行的周年纪念活动，在活动上，她久久凝视着理查德·伯顿的半身像。2011 年 2 月，她被紧急送进了医院，3 月 23 日，伊丽莎白·泰勒去世，享年 79 岁。

伊丽莎白的葬礼于 3 月 24 日在洛杉矶〝森林草坪〞墓园举行。葬礼比原定时间推迟了十五分钟才开始，这是伊丽莎白的遗愿。她生前总是迟到，因此，她颇富幽默感地要求主持人在自己的葬礼上宣布：〝泰勒连参加自己的葬礼都要迟到。〞仪式拒绝媒体参加，仅邀请了伊丽莎白的家人和朋友。为了让葬礼顺利进行，警方派出了大量警力维持秩序。伊丽莎白下葬时带着伯顿去世前寄给她的最后一封信，那是一封想要再度回到她身边的告白，伊丽莎白一直很仔细地保存着这封信。这不禁让人想起 1973 年伊丽莎白在〝凯丽兹玛〞游艇上和伯顿的对话：

〝时间这个老对手正在朝我进军，我迟早要面对最终的一幕。你一直会陪伴我的，对吗？〞

〝我绝不会弃你而去。〞

〝我们会幸福到永远，是吗？〞

〝当然了。〞

（左下）年迈的伊丽莎白和孩子们

（右下）晚年的伊丽莎白热心于慈善事业，为艾滋病做出了诸多努力。右下图是克林顿总统在为她颁发总统公民奖章，以表彰她为艾滋病事业所做的贡献。此外，她和迈克尔·杰克逊关系要好，在她的影响下，迈克尔为艾滋病基金捐助了50万美元

（对页图）伊丽莎白获得奥斯卡特别奖中的琼·赫肖尔特人道主义奖，这一奖项是为给电影事业带来信誉而做出人道主义努力的电影人士而专门设立的